今注本二十四史

晉書

一七

傳〔七〕

唐　房玄齡等　撰
梁滿倉　主持校注

中国社会科学出版社

晋書　卷六七

列傳第三十七

温嶠 子放之　郗鑒 子愔 愔子超 愔弟曇 曇子恢[1] 鑒叔父隆

温嶠

温嶠，字太真，司徒羡弟之子也。[2]父憺，河東太守。[3]嶠性聰敏，有識量，博學能屬文，[4]少以孝悌稱於邦族。風儀秀整，美於談論，見者皆愛悦之。年十七，州郡辟召，皆不就。司隸命爲都官從事。[5]散騎常侍庾敳有重名，[6]而頗聚斂，嶠舉奏之，京都振肅。後舉秀才、灼然。[7]司徒辟東閣祭酒，[8]補上黨潞令。[9]

[1]原本、宋本、殿本總目録及卷首目録均無“子放之”“曇子恢”，據中華本目録及正文補。

[2]司徒：官名，西漢哀帝元壽二年（前1）改丞相爲大司徒，東漢光武帝時改名爲司徒，東漢末又改爲丞相。三國魏恢復三公制，改丞相爲司徒，管理民政。兩晋沿制，爲八公之一，在太尉之下、司空之上。與丞相通職，一般不並置，爲名譽宰相。一品。羡：温羡，字長卿，本書卷四四有傳。

［3］河東：郡名，治所在安邑縣（今山西省夏縣西北禹王城）。

［4］屬文：寫文章。

［5］司隸：官名，即司隸校尉，三國魏時先治弘農，後治河南，轄司州所屬河南、河東、河内、弘農、平陽五郡。掌監察京師，糾察京都百官。西晋沿置。三品。　都官從事：官名，司隸校尉的屬官，舉奏彈劾不法官員。

［6］散騎常侍：官名，三國魏文帝黄初年間置，侍從皇帝左右，諫諍得失，顧問應對，與侍中等共平尚書奏事。也用作宰相、諸公等加官，入宫議政。三品。　庾敳：字子嵩，本書卷五〇有傳。

［7］秀才：察舉科目，州舉秀才，郡舉孝廉。　灼然：晋代舉試科目名。殿本於“灼然”下有“二品”二字。

［8］東閤祭酒：官名，王府、公府、丞相府、將軍府僚屬。曹操時置。晋朝東、西置兩閤祭酒，西晋時西閤爲上，東晋時東閤爲上。

［9］上黨：郡名，治所在潞縣（今山西省黎城縣南）。　潞：縣名，治所在今山西省黎城縣南。

平北大將軍劉琨妻，[1]嶠之從母也。琨深禮之，請爲參軍。[2]琨遷大將軍，[3]嶠爲從事中郎、上黨太守，[4]加建威將軍、督護前鋒軍事。[5]將兵討石勒，[6]屢有戰功。琨遷司空，[7]以嶠爲右司馬。[8]于時并土荒殘，寇盗群起，石勒、劉聰跨帶疆埸，[9]嶠爲之謀主，琨所憑恃焉。

［1］平北大將軍：官名，職掌與平北將軍同，唯資深者得任之，二品，開府位從公者一品。　劉琨：字越石，本書卷六二有傳。

［2］參軍：官名，亦作參軍事，謂參謀軍事。兩晋公府、軍府皆置。

［3］大將軍：官名，高級軍事統帥。曹魏時多以之屯駐長安，對付蜀漢，蜀漢以其爲最高軍事長官，孫吴則别置上大將軍居其上。西晋時爲八公之一，位居上公、大司馬下，三公之上。東晋時常專擅軍政事務。一品。

［4］從事中郎：官名，東漢時爲大將軍屬官，地位較高。魏晋時爲將軍府或公府屬官。六品。

［5］建威將軍：官名，領兵征戰，曹魏、孫吴、西晋皆置。四品。　督護前鋒軍事：即前鋒督護，統率前鋒部隊的主將。

［6］石勒：字世龍，本書卷一〇四有載記。

［7］司空：官名，魏晋南北朝爲名譽宰相，多爲大臣加官。晋八公之一，位在三公之末。一品。

［8］右司馬：官名，此指司空府右司馬。司空府的高級幕僚，與左司馬掌參讚軍務、管理府内武職，位僅次於長史。六品。

［9］劉聰：字玄明，一名載，本書卷一〇二有載記。

屬二都傾覆，社稷絶祀，元帝初鎮江左，[1]琨誠繫王室，謂嶠曰："昔班彪識劉氏之復興，[2]馬援知漢光之可輔。[3]今晋祚雖衰，天命未改，吾欲立功河朔，使卿延譽江南，子其行乎？"對曰："嶠雖無管張之才，[4]而明公有桓文之志，[5]欲建匡合之功，豈敢辭命。"乃以爲左長史，[6]檄告華夷，奉表勸進。嶠既至，引見，具陳琨忠誠，志在效節，因説社稷無主，天人係望，辭旨慷慨。舉朝屬目，帝器而嘉焉。王導、周顗、謝鯤、庾亮、桓彝等並與親善。[7]于時江左草創，綱維未舉，嶠殊以爲憂。及見王導共談，歡然曰："江左自有管夷吾，吾復何慮！"屢求反命，不許。會琨爲段匹磾所害，[8]嶠表琨忠誠，雖勛業不遂，然家破身亡，宜在褒崇，以慰海内之望。帝然之。

[1]江左：江東。因自北方視之，江東在左，江西在右，故稱。

[2]班彪識劉氏之復興：《後漢書》卷四〇《班彪列傳》載：新莽末年，更始政權喪敗，三輔大亂。隗囂擁衆天水，班彪乃避難從之。隗囂問彪曰："天下分崩，誰將承運興起？"班彪説："十餘年間，中外搔擾，遠近俱發，假號雲合，咸稱劉氏，不謀同辭。"

[3]馬援知漢光之可輔：馬援，東漢扶風茂陵（今陝西省興平市東北）人，字文淵。先依凉州隗囂，受隗囂派遣到洛陽給劉秀送信。認爲劉秀"恢廓大度，同符高祖，乃知帝王自有真也"。

[4]管：管仲，春秋初潁上（今安徽省潁水之濱）人，名夷吾。齊桓公時任卿相，進行一系列改革，使齊國國力大增，齊桓公成爲春秋五霸之首。　張：張良，秦末人，字子房，韓國貴族後裔。隨劉邦起兵反秦，爲重要謀士。屢出奇策，劉邦稱其"運籌帷幄之中，决勝千里之外"。劉邦稱帝後封爲留侯。管張，殿本作"管鮑"。

[5]桓：齊桓公，春秋時齊國國君，名小白，僖公之子，襄公之弟。公元前685至前643年在位。爲公子時因國家内亂出走至莒，襄公死後被迎回立爲國君。在位時任用管仲，改革内政，國力漸强。九合諸侯，尊王攘夷，成爲春秋五霸之首。　文：晋文公，名重耳，晋獻公之子，因受迫害而流亡在外十九年，歷盡艱難險阻。回國即位後改革朝政，加强軍備，國力漸强，終成春秋五霸之一。

[6]左長史：官名，長史爲所在官署掾屬之長，總管府内諸曹。分左、右，左高於右。此爲公府長史，六品。

[7]王導：字茂弘，本書卷六五有傳。　周顗：字伯仁，本書卷六九有傳。　謝鯤：字幼輿，本書卷四九有傳。鯤，原本、宋本作"琨"，殿本作"鯤"，據殿本、中華本校勘記改。　庾亮：字

元規，本書卷七三有傳。　桓彝：字茂倫，本書卷七四有傳。

[8]段匹磾：晋鮮卑段部酋帥，段務勿塵子，本書卷六三有傳。

除散騎侍郎。[1]初，嶠欲將命，其母崔氏固止之，嶠絶裾而去。其後母亡，嶠阻亂不獲歸葬，由是固讓不拜，苦請北歸。詔三司、八坐議其事，[2]皆曰："昔伍員志復私仇，[3]先假諸侯之力，東奔闔閭，[4]位爲上將，然後鞭荆王之尸。[5]若嶠以母未葬没在胡虜者，乃應竭其智謀，仰憑皇靈，使逆寇冰消，反哀墓次，豈可稍以乖嫌廢其遠圖哉！"嶠不得已，乃受命。

[1]散騎侍郎：官名，三國魏置。隸屬散騎省，侍從皇帝左右，顧問應對，諫諍拾遺，與散騎常侍、侍中等共平尚書奏事。五品。

[2]三司：太尉、司空、司徒合稱三司。　八坐：即八座，尚書省高級官員的合稱。東漢用以稱尚書令、僕射、六曹尚書。魏晋以後，用以稱尚書令、左右僕射、諸曹尚書。無論共有幾人，皆沿用八座之稱。

[3]伍員：春秋時人，名員，字子胥。楚國大夫伍奢之次子，伍尚之弟。楚平王七年（前522）費無忌誣蔑伍奢與太子建叛亂，結果伍尚和伍奢被殺，伍子胥逃入吴國。助公子闔閭刺殺吴王僚，奪取王位。後被闔閭任爲行人，率兵攻楚，大敗越國。後因多次勸諫闔閭子夫差而被疏遠，最終自殺。

[4]闔閭：春秋末吴國君，名光。得伍子胥之助，用專諸刺殺吴王僚后自立爲王。任用伍子胥、孫武等人，强國强兵，曾一度攻破楚國郢都。在攻打越國戰爭中兵敗傷重而死。

[5]鞭荆王之尸：春秋時，楚國伍子胥受楚平王迫害，逃離楚國至吴。後率兵攻入楚國郢都。"伍子胥求昭王，既不得，乃掘楚平王墓，出其尸，鞭之三百，然後已。"事見《史記》卷六六《伍

子胥列傳》。

後歷驃騎王導長史，[1]遷太子中庶子。[2]及在東宫，深見寵遇，太子與爲布衣之交。數陳規諷，又獻侍臣箴，甚有弘益。時太子起西池樓觀，頗爲勞費，嶠上疏以爲朝廷草創，巨寇未滅，宜應儉以率下，務農重兵，太子納焉。王敦舉兵内向，[3]六軍敗績，太子將自出戰，嶠執鞚諫曰："臣聞善戰者不怒，善勝者不武，如何萬乘儲副而以身輕天下！"太子乃止。

[1]驃騎：官名，即驃騎將軍。西漢時爲重號將軍，東漢以後，居諸名號將軍之首，僅作爲軍府名號加授大臣或重要州郡長官。長史：官名，掌顧問參謀，爲所在官署掾屬之長。魏晋南北朝時王府、公府、軍府、邊郡均置。此爲驃騎將軍府長史，六品。

[2]太子中庶子：官名，太子侍從，掌侍從、奏事、諫議等。五品。

[3]王敦：字處仲，本書卷九八有傳。

明帝即位，拜侍中，[1]機密大謀皆所參綜，詔命文翰亦悉豫焉。俄轉中書令。[2]嶠有棟梁之任，帝親而倚之，甚爲王敦所忌，因請爲左司馬。[3]敦阻兵不朝，多行陵縱，嶠諫敦曰："昔周公之相成王，[4]勞謙吐握，[5]豈好勤而惡逸哉！誠由處大任者不可不爾。而公自還輦轂，入輔朝政，闕拜覲之禮，簡人臣之儀，不達聖心者莫不於邑。昔帝舜服事唐堯，伯禹竭身虞庭，文王雖盛，[6]臣節不訾。[7]故有庇人之大德，必有事君之小心，俾芳烈奮乎百世，休風流乎萬祀。至聖遺軌，所不宜忽。願思舜、禹、文王服事之勤，惟公旦吐握之事，則天下幸甚。”敦不納。嶠知其終不悟，於是謬爲設敬，綜其府事，干説密謀，以附其欲。深結錢鳳，[8]爲之聲譽，每曰：“錢世儀精神滿腹。”嶠素有知人之稱，鳳聞而悦之，深結好於嶠。會丹楊尹缺，[9]嶠説敦曰：“京尹輦轂喉舌，宜得文武兼能，公宜自選其才。若朝廷用人，或不盡理。”敦然之，問嶠誰可作者。嶠曰：“愚謂錢鳳可用。”鳳亦推嶠，嶠僞辭之。敦不從，表補丹楊尹。嶠猶懼錢鳳爲之奸謀，因敦餞别，嶠起行酒，至鳳前，鳳未及飲，嶠因僞醉，以手版擊鳳幘墜，作色曰：“錢鳳何人，温太真行酒而敢不飲！”敦以爲醉，兩釋之。臨去言别，涕泗橫流，出閤復入，如是再三，然後即路。及發後，鳳入説敦曰：“嶠於朝廷甚密，而與庾亮深交，未必可信。”敦曰：“太真昨醉，小加聲色，豈得以此便相讒貳。”由是鳳謀不行，而嶠得還都，乃具奏敦之逆謀，請先爲之備。

[1]侍中：官名，東漢建安中與給事黄門侍郎出入禁中，省尚書事。曹魏時爲門下之侍中省長官。常侍衛皇帝左右，掌顧問應對、諫諍糾察、平議奏事、駁奏異議等，權力甚重。三品。

[2]中書令：官名，掌收納尚書奏事、傳達皇帝詔旨。三國魏文帝初年分秘書置中書省，設中書監和中書令，職權甚重。三品。

[3]左司馬：官名，府署高級幕僚。與右司馬掌參讚軍務、管理府内武職，位僅次於長史。八至六品。

[4]周公：即周公旦，亦稱文公、叔旦。周武王弟，與吕尚同

爲西周開國元勛。以魯公封於曲阜。武王去世，輔佐成王，平定叛亂，營建洛邑，制禮作樂，功勛卓著。　成王：周成王，姬姓，名誦。周武王之子，繼位時年幼，由周公旦輔政。

[5]勞謙：勤勞謙恭。《易·謙》："勞謙，君子有終，吉。"　吐握：《韓詩外傳》卷三："成王封伯禽於魯，周公誡之曰：'往矣，子無以魯國驕士。吾文王之子，武王之弟，成王之叔父也，又相天下，吾於天下亦不輕矣，然一沐三握髮，一飯三吐哺，猶恐失天下之士。'"後遂以"吐哺握髮"形容禮賢下士，求才心切。

[6]文王雖盛：雖，宋本作"雄"。

[7]不諐（qiān）：不違禮，不逾越。

[8]錢鳳：字世儀，王敦鎧曹參軍。知王敦有不臣之心，因進邪説，遂相朋構，專弄威權，言成禍福。

[9]丹楊尹：官名，東晋京城所在郡府長官，掌京城行政諸務並詔獄，亦稱"京尹"。三品。楊，殿本作"陽"。下文"表補丹楊尹"同。

及敦構逆，加嶠中壘將軍、持節、都督東安北部諸軍事。[1]敦與王導書曰："太真别來幾日，作如此事！"表誅奸臣，以嶠爲首。募生得嶠者，[2]當自拔其舌。及王含、錢鳳奄至都下，[3]嶠燒朱雀桁以挫其鋒，[4]帝怒之，嶠曰："今宿衛寡弱，徵兵未至，若賊豕突，危及社稷，陛下何惜一橋。"賊果不得渡。嶠自率衆與賊夾水戰，擊王含，敗之，復督劉遐追錢鳳於江寧。[5]事平，封建寧縣開國公，賜絹五千四百匹，進號前將軍。[6]

[1]中壘將軍：官名，三國魏置。初領中壘營兵，正始六年（245）曹芳解散中壘營後，僅作爲名號。四品。　持節：官員外出

持有皇帝授予的節杖，代表高等權威，常用於軍事長官出征。　都督東安北部諸軍事：東安北部最高軍事行政長官。

[2]募生得嶠者：生，宋本作“主”。

[3]王含：字處弘，王敦兄，歷任衛將軍、都督沔南軍事、領南蠻校尉、荆州刺史、征東將軍、都督揚州江西諸軍事，王敦兵敗後，被王舒沉江淹死。

[4]朱雀桁：又稱大桁，六朝都城建康南城門朱雀門外的浮橋，横跨秦淮河上。三國吴時稱南津橋，晋改名朱雀桁。桁爲連船而成，長九十步，廣六丈。因在臺城南，又稱“南航”。秦淮河上二十四航，此爲最大，又稱“大航”。

[5]劉遐：字正長，本書卷八一有傳。　江寧：縣名，治所在今江蘇省南京市江寧區。

[6]前將軍：官名，漢代重號將軍之一，與左、右、後將軍並爲上卿。魏晋時常設，權位較兩漢時漸低，僅爲武官名號，略高於一般雜號將軍，不典禁兵，不與朝政。三品。

時制王敦綱紀除名，參佐禁固，嶠上疏曰：“王敦剛愎不仁，忍行殺戮，親任小人，疏遠君子，朝廷所不能抑，骨肉所不能間。處其朝者恒懼危亡，故人士結舌，道路以目，誠賢人君子道窮數盡，遵養時晦之辰也。且敦爲大逆之日，拘録人士，自免無路，原其私心，豈遑晏處，如陸玩、羊曼、劉胤、蔡謨、郭璞常與臣言，[1]備知之矣。必其凶悖，自可罪人斯得；如其枉入奸黨，[2]宜施之以寬。加以玩等之誠，聞於聖聽，當受同賊之責，實負其心。陛下仁聖含弘，思求允中；臣階緣博納，干非其事，誠在愛才，不忘忠益。”帝從之。

[1]陸玩：字士瑶，本書卷七七有傳。　羊曼：字祖延，本書卷四九有傳。曼，殿本作“㬅”。　劉胤：字承胤，本書卷八一有傳。　蔡謨：字道明，本書卷七七有傳。　郭璞：字景純，本書卷七二有傳。

[2]奸黨：黨，宋本作“常”。

是時天下凋弊，國用不足，詔公卿以下詣都坐論時政之所先，嶠因奏軍國要務。其一曰：“祖約退舍壽陽，[1]有將來之難。今二方守御，爲功尚易。淮泗都督，[2]宜竭力以資之。選名重之士，配征兵五千人，又擇一偏將，將二千兵，以益壽陽，可以保固徐豫，[3]援助司土。”其二曰：“一夫不耕，必有受其饑者。今不耕之夫，動有萬計。春廢勸課之制，冬峻出租之令，下未見施，惟賦是聞。賦不可以已，當思令百姓有以殷實。司徒置田曹掾，[4]州一人，勸課農桑，察吏能否，今宜依舊置之。必得清恪奉公，足以宣示惠化者，則所益實弘矣。”其三曰：“諸外州郡將兵者及都督府非臨敵之軍，且田且守。又先朝使五校出田，[5]今四軍五校有兵者，及護軍所統外軍，[6]可分遣二軍出，并屯要處。緣江上下，皆有良田，開荒雖一年，之後即易。且軍人累重者在外，有樵采蔬食之人，於事爲便。”其四曰：“建官以理世，不以私人也。如此則官寡而材精。周制六卿莅事，春秋之時，入作卿輔，出將三軍。後代建官漸多，誠由事有煩簡耳。然今江南六州之土，尚又荒殘，方之平日，數十分之一耳。三省軍校無兵者，[7]九府寺署可有并相領者，[8]可有省半者，粗計閑劇，隨事減之。

荒殘之縣，或同在一城，可并合之。如此選既可精，禄俸可優，令足代耕，然後可責以清公耳。”其五曰：“古者親耕籍田以供粢盛，[9]舊致籍田、廩犧之官。[10]今臨時市求，既上黷至敬，下費生靈，非所以虔奉宗廟蒸嘗之旨。[11]宜如舊制，立此二官。”其六曰：“使命愈遠，益宜得才，宣揚王化，延譽四方。人情不樂，遂取卑品之人，虧辱國命，生長患害。故宜重其選，不可減二千石見居二品者。”其七曰：“罪不相及，古之制也。近者大逆，誠由凶戾。凶戾之甚，一時權用。今遂施行，非聖朝之令典，宜如先朝除三族之制。”議奏，多納之。

[1]祖約：字士少，本書卷一〇〇有傳。　壽陽：即壽春縣，秦置。治所在今安徽省壽縣東南。

[2]淮泗都督：即都督淮泗諸軍事，淮泗地區最高軍事行政長官。

[3]徐：徐州，治所在彭城縣（今江蘇省徐州市）。　豫：豫州，曹魏時治所在安城縣（今河南省正陽縣東北），西晋移治陳縣（今河南省周口市淮陽區）。

[4]田曹：此田曹非尚書省之田曹，爲王公、將軍府僚屬諸曹之一。西晋楊駿太尉府始置，其後相國府、丞相府等均置，以掾、屬領之。西晋末改以參軍主曹事。

[5]五校：即屯騎、越騎、步兵、長水、射聲五校尉。

[6]護軍：官名，領兵武職。魏晋時常隨征伐目的，置諸雜號護軍統兵，如征蜀護軍、平虜護軍、揚威護軍等，職如將軍，而地位稍遜同號將軍，資歷稍淺之統帥常授此。四品。

[7]三省：即尚書省、中書省、門下省合稱。三省並存自三國魏始，此時尚書已成朝官，爲政務機構；中書也逐漸分局問政，却

未轉爲朝官；門下亦漸染指政事，仍以宫職尤多。國事運轉須經三省而實現。南北朝後期三省分職逐漸明朗。

[8]九府：九卿所掌官署。

[9]籍田：皇帝親耕之田，每逢春耕前，皇帝躬耕籍田，以示對農業的重視。籍，殿本作“耤”，本卷下文“舊致籍田、廪犧之官”同。　粢盛：古代盛在祭器内以供祭祀的穀物。

[10]舊致籍田、廪犧之官：致，原本、殿本作“制”，宋本作“致”，中華本作“置”，據宋本改。廪犧，即廪犧令、廪犧丞等負責掌藏穀養牲以供祭祀之官。西漢隸屬大司農，東漢隸屬河南尹，東晋、南朝隸屬太常。

[11]蒸嘗：本指秋冬二祭。後泛指祭祀。宋本作“蒸蒸”。

帝疾篤，嶠與王導、郗鑒、庾亮、陸曄、卞壼等同受顧命。[1]時歷陽太守蘇峻藏匿亡命，[2]朝廷疑之。征西將軍陶侃有威名於荆楚，[3]又以西夏爲虞，故使嶠爲上流形援。咸和初，代應詹爲江州刺史、持節、都督、平南將軍，[4]鎮武昌，[5]甚有惠政，甄異行能，親祭徐孺子之墓。[6]又陳：“豫章十郡之要，宜以刺史居之。尋陽濱江，[7]都督應鎮其地。今以州帖府，進退不便。且古鎮將多不領州，皆以文武形勢不同故也。宜選單車刺史别撫豫章，[8]專理黎庶。”詔不許。在鎮見王敦畫像，曰：“敦大逆，宜加斲棺之戮，受崔杼之刑。[9]古人闔棺而定謚，春秋大居正，崇王父之命，未有受戮於天子而圖形於群下。”命削去之。

[1]郗鑒：郗，原本、宋本、殿本作“郄”，據中華本改。本卷下文此姓字同。　陸曄：字士光，本書卷七七有傳。　卞壼：字

望之，本書卷七〇有傳。　受顧命：接受臨終遺命。

［2］歷陽：縣名，治所在今安徽省和縣。　蘇峻：字子高，本書卷一〇〇有傳。

［3］征西將軍：官名，東漢永元年間置，地位與雜號將軍、偏將軍、裨將軍等同。建安年間與征東、征南、征北將軍合稱四征將軍，地位提高。三品，加持節都督者二品。　陶侃：字士行，本書卷六六有傳。

［4］應詹：字思遠，本書卷七〇有傳。　江州：治所在南昌縣（今江西省南昌市）。　都督：領兵將帥。　平南將軍：官名，與平東、平西、平北將軍合稱四平將軍。多持節都督或監某一地區的軍事，有時作爲刺史等地方官員監理軍務的加官。三品，加持節都督者二品。

［5］武昌：郡名，治所在武昌縣（今湖北省鄂州市鄂城區）。

［6］徐孺子：徐穉，東漢豫章南昌（今江西省南昌市）人，字孺子。多次被公府徵辟，不應。有高士之名，在士大夫中影響頗深。士人領袖陳蕃爲太守，以禮請署功曹，徐穉不免之，既謁而退。陳蕃在郡不接賓客，唯徐穉來特設一榻，徐穉走後則懸挂起來。

［7］尋陽：縣名，治所在今湖北省黄梅縣西南。

［8］豫章：郡名，治所在南昌縣（今江西省南昌市）。

［9］崔杼：春秋時人，齊國大夫。得寵於齊惠公。惠公卒後，與高氏、國氏發生衝突，奔衛。靈公時返回齊國，任大夫。靈公病危，崔杼迎太子光繼位，是爲莊公。後殺莊公立景公，自爲右相。後兩年，子輩内訌，左相慶封乘機滅其族，崔杼自縊而死，後被挖出棺材曝尸。

嶠聞蘇峻之徵也，慮必有變，求還朝以備不虞，不聽。未幾而蘇峻果反。嶠屯尋陽，遣督護王愆期、西陽太守鄧嶽、鄱陽内史紀瞻等率舟師赴難。[1]及京師傾覆，嶠聞之號慟。人有候之者，悲哭相對。俄而庾亮來奔，宣太后詔，進嶠驃騎將軍、開府儀同三司。[2]嶠曰："今日之急，殄寇爲先，未效勛庸而逆受榮寵，非所聞也，何以示天下乎！"固辭不受。時亮雖奔敗，嶠每推崇之，分兵給亮。遣王愆期等要陶侃同赴國難，侃恨不受顧命，不許。嶠初從之，後用其部將毛寶説，[3]復固請侃行，語在《寶傳》。初，嶠與庾亮相推爲盟主，嶠從弟充言於嶠曰："征西位重兵强，宜共推之。"嶠於是遣王愆期奉侃爲盟主。侃許之，遣督護龔登率兵詣嶠。嶠於是列上尚書，[4]陳峻罪狀，有衆七千，灑泣登舟，移告四方征鎮曰：

賊臣祖約、蘇峻同惡相濟，用生邪心。天奪其魄，死期將至。譴負天地，自絶人倫。寇不可縱，宜增軍討撲，輒屯次湓口。[5]即日護軍庾亮至，宣太后詔，寇逼宫城，王旅撓敗，出告藩臣，謀寧社稷。後將軍郭默、冠軍將軍趙胤、奮武將軍龔保與嶠督護王愆期、西陽太守鄧嶽、鄱陽内史紀瞻，[6]率其所領，相尋而至。逆賊肆凶，陵蹈宗廟，火延宫掖，矢流太極，二御幽逼，宰相困迫，殘虐朝士，劫辱子女。承問悲惶，[7]精魂飛散。嶠暗弱不武，不能殉難，哀恨自咎，五情摧隕，[8]慚負先帝託寄之重，義在畢力，死而後已。今躬率所統，爲士卒先，催進諸軍，[9]一時電擊。西陽太守鄧嶽、尋陽太守褚誕等連旗相繼，宣城内史桓彝已勒所屬屯濱江之要，[10]江夏相周撫乃心求征，[11]軍已向路。

[1]督護：官名，州郡及出鎮方面將軍府皆設，掌兵事。兩晋時常統軍征伐，衹督一軍。　王愆期：東晋人，歷任都護、南郡太守、陶侃右司馬。　西陽：郡名，治所在西陽縣（今湖北省黄岡市黄州區東）。　鄧嶽：字伯山，本書卷八一有傳。　鄱陽：郡名，治所在廣晋縣（今江西省鄱陽縣東北）。　内史：官名，西晋武帝太康十年（289）改諸王國相爲内史，掌管民政。五品。周家禄《晋書校勘記》認爲："晋制，以郡爲國，内史治民事，若郡太守。國除爲郡，復稱太守。然二名往往混淆，史家亦互稱之。"　紀瞻：字思遠，本書卷六八有傳。　鄱陽内史紀瞻：中華本校勘記："勞校：《成紀》《鄧嶽傳》'紀瞻'作'紀睦'。紀瞻卒於明帝時，距咸和三年已四年矣，且瞻亦未嘗爲鄱陽内史。"

[2]開府儀同三司：官名，三國魏始置。爲大臣加號，意謂與太尉、司徒、司空三司待遇相同，許開設府署，任命僚屬。

[3]毛寶：字碩真，本書卷八一有傳。

[4]尚書：官名，東漢尚書臺六曹各置尚書，秩六百石。魏晋出爲朝官，分掌尚書省諸曹，品秩提高。三品。

[5]湓口：一名湓浦口，位於今江西省九江市西北，即湓浦水入長江之口。

[6]後將軍：官名，漢代爲重號將軍，與前、左、右將軍並爲上卿。魏晋以後權位漸低，僅爲將軍名號，略高於一般雜號將軍。三品。　郭默：本書卷六三有傳。　冠軍將軍：官名，曹魏、孫吴、西晋皆置。西晋時領營兵。三品。　趙胤：東晋時歷任建威將軍、右衛將軍、冠軍將軍、歷陽太守、護軍將軍等職。　奮武將軍：官名，雜號將軍，地位較高。四品。

[7]承問：接到消息。

[8]五情：五内。

[9]催進諸軍：催，原本、宋本作“摧”，殿本作“催”，據殿本改。

[10]宣城：郡名，治所在宛陵縣（今安徽省宣城市）。

[11]江夏：郡名，三國魏治所在上昶城（今湖北省雲夢縣），西晋移治安陸縣（今湖北省安陸市西南）。　相：官名，郡國相，也稱内史。五品。　周撫：字道和，本書卷五八有傳。

昔包胥楚國之微臣，[1]重趼致誠，[2]義感諸侯。藺相如趙邦之陪隸，[3]耻君之辱，按劍秦庭。皇漢之季，董卓作亂，[4]劫遷獻帝，虐害忠良，關東州郡相率同盟。廣陵功曹臧洪，[5]郡之小吏耳，登壇啗血，涕淚横流，慷慨之節，實厲群后。况今居臺鼎，[6]據方州，列名邦，受國恩者哉！不期而會，不謀而同，不亦宜乎！

[1]包胥：申包胥，春秋時楚國人，與伍員是好朋友。伍員受迫害逃離楚國，臨行對申包胥發誓將來一定顛覆楚國。申包胥説若伍員能顛覆楚國，他一定能復興楚國。後伍員率吴軍在柏舉大敗楚軍，攻入郢都。申包胥入秦告急，求救於秦。秦不許。包胥立於秦廷，晝夜哭，七日七夜不絶其聲。秦哀公憐之，乃發兵救楚擊吴。敗吴兵於稷。

[2]重趼：亦作“重繭”，手脚上的厚繭，喻跋涉辛苦。應劭《風俗通·十反》：“干木息偃以藩魏，包胥重繭而存郢。”

[3]藺相如：戰國時趙國人。趙惠文王時，秦昭王謊稱以十五城换趙國和氏璧，藺相如奉璧入秦，又完璧歸趙，使秦國謊言没有得逞。秦趙澠池會，又捍衛了趙國的尊嚴，因此被拜爲上卿，位在將軍廉頗之上。廉頗不服，欲辱之。藺相如屢次退讓，認爲“應先國家之急”。廉頗乃悟，負荆請罪。　陪隸：微賤罪隸。

[4]董卓：東漢末隴西臨洮（今甘肅省岷縣）人，字仲穎。本爲凉州豪强，靈帝時任中郎將、前將軍、并州牧等職。應何進之招進京殺宦官，進京後專權，廢少帝立獻帝。因受關東諸侯討伐，焚燒洛陽宫室，遷獻帝於長安。後爲部將吕布所殺。

[5]廣陵：郡名，治所在廣陵縣（今江蘇省揚州市西北蜀岡上）。 功曹：官名，即功曹史。郡縣屬官，職掌人事，參與郡縣政務。兩晋時，不開府將軍、太子二傅、特進、郡縣皆置。 臧洪：東漢廣陵射陽（今江蘇省寶應縣東北）人，字子源。初舉孝廉，補即丘長。後棄官歸家。後任廣陵太守張超功曹。以後又被袁紹任爲東郡太守。曹操圍張超於雍丘，袁紹坐視不救，臧洪因此與袁紹相絶。終爲袁紹所殺。

[6]臺鼎：三公。

二賊合衆，不盈五千，且外畏胡寇，城内饑乏，後將軍郭默即於戰陣俘殺賊千人。賊今雖殘破都邑，其宿衛兵人即時出散，不爲賊用。且祖約情性褊阨，[1]忌克不仁，蘇峻小子，惟利是視，殘酷驕猜，[2]權相假合。江表興義，[3]以抗其前，强胡外寇，以躡其後，運漕隔絶，資食空懸，内乏外孤，勢何得久！

[1]褊阨：心胸狹隘，氣量小。

[2]殘酷驕猜：猜，宋本作“情”。

[3]江表：江外，指長江以南地區。

群公征鎮，職在禦侮。征西陶公，國之耆德，忠肅義正，勛庸弘著。諸方鎮州郡咸齊斷金，[1]同稟規略，以雪國耻，苟利社稷，死生以之。嶠雖怯劣，忝據一方，賴忠賢之規，文武之助，君子竭誠，小人盡力，高操之士被褐而從戎，[2]負薪之徒匍匐而赴命，率其私僕，致其私杖，人士之誠，竹帛不能載也。豈嶠無德而致之哉？士稟義風，人感皇澤。且護軍庾公，帝之元舅，德望隆重，率郭後軍、趙、龔三將，與嶠戮力，得有資憑，且悲且慶，若朝廷之不泯也。其各明率所統，無後事機。賞募之信，明如日月。有能斬約、峻者，封五等侯，賞布萬匹。夫忠爲令德，爲仁由己，萬里一契，義不在言也。

[1]咸齊斷金：同心協力。
[2]被褐：布衣百姓，無官無爵者。

時陶侃雖許自下而未發，復追其督護龔登。嶠重與侃書曰：

僕謂軍有進而無退，宜增而不可減。近已移檄遠近，言於盟府，克後月半大舉，南康、建安、晋安三郡軍並在路次，[1]同赴此會，惟須仁公所統至，便齊進耳。仁公今召軍還，疑惑遠近，成敗之由，將在於此。

[1]南康：郡名，西晋治所在雩都縣（今江西省于都縣東北），東晋永和五年（349）移治贛縣（今江西省贛州市西南）。　建安：郡名，治所在建安縣（今福建省建甌市南松溪南岸）。　晋安：郡

名，西晋武帝置，治所在候官縣（今福建省福州市）。

僕才輕任重，實憑仁公篤愛，遠稟成規。至於首啓戎行，不敢有辭，僕與仁公當如常山之蛇，首尾相衛，又脣齒之喻也。恐惑者不達高旨，將謂仁公緩於討賊，此聲難追。僕與仁公並受方岳之任，安危休戚，理既同之。且自頃之顧，綢繆往來，情深義重，著於人士之口，一旦有急，亦望仁公悉衆見救，况社稷之難！

惟僕偏當一州，州之文武莫不翹企。假令此州不守，約、峻樹置官長於此，荆楚西逼强胡，東接逆賊，因之以饑饉，將來之危乃當甚於此州之今日也。以大義言之，則社稷顛覆，主辱臣死。公進當爲大晋之忠臣，參桓文之義，開國承家，銘之天府；退當以慈父雪愛子之痛。

約、峻凶逆無道，囚制人士，裸其五形。[1]近日來者，不可忍見。骨肉生離，痛感天地，人心齊一，咸皆切齒。今之進討，若以石投卵耳！今出軍既緩，復召兵還，人心乖離，是爲敗於幾成也。願深察所陳，以副三軍之望。

峻時殺侃子瞻，由是侃激勵，遂率所統與嶠、亮同赴京師，戎卒六萬，旌旗七百餘里，鉦鼓之聲震於百里，直指石頭，次于蔡洲。[2]侃屯查浦，[3]嶠屯沙門浦。[4]時祖約據歷陽，與峻爲首尾，見嶠等軍盛，謂其黨曰："吾本知嶠能爲四公子之事，[5]今果然矣。"

[1]五形：指頭和四肢，泛指身体。

[2]蔡洲：位於今江蘇省南京市西南原長江中，現已併入南岸大陸。

[3]查浦：即柤浦，位於今江蘇省南京市西清涼山南。

[4]沙門浦：位於今江蘇省南京市西。

[5]四公子：戰國四公子，齊國孟嘗君、趙國平原君、楚國春申君、魏國信陵君。

峻聞嶠將至，逼大駕幸石頭。時峻軍多馬，南軍杖舟楫，不敢輕與交鋒。用將軍李根計，據白石築壘以自固，[1]使庾亮守之。賊步騎萬餘來攻，不下而退，追斬二百餘級。嶠又於四望磯築壘以逼賊，[2]曰："賊必争之，設伏以逸待勞，是制賊之一奇也。"是時義軍屢戰失利，嶠軍食盡，陶侃怒曰："使君前云不憂無將士，惟得老僕爲主耳。今數戰皆北，良將安在？荆州接胡蜀二虜，倉廩當備不虞，若復無食，僕便欲西歸，更思良算。但今歲計，殄賊不爲晚也。"嶠曰："不然。自古成監，師克在和。光武之濟昆陽，[3]曹公之拔官渡，[4]以寡敵衆，杖義故也。峻、約小豎，爲海内所患，今日之舉，决在一戰。峻勇而無謀，藉驕勝之勢，[5]自謂無前，今挑之戰，可一鼓而擒也。奈何捨垂立之功，設進退之計！且天子幽逼，社稷危殆，四海臣子，肝腦塗地，嶠等與公並受國恩，是致命之日。事若克濟，則臣主同祚；如其不捷，身雖灰滅，不足以謝責於先帝。今之事勢，義無旋踵，騎猛獸，安可中下哉！公若違衆獨反，人心必沮。沮衆敗事，義旗將回指於公矣。"侃無以對，遂留不去。

[1]白石：即白石陂，又名蘇峻湖，位於今江蘇省南京市城區西北部。

[2]四望磯：位於今江蘇省南京市江寧區西北四望山下。

[3]昆陽：縣名，治所在今河南省葉縣。新莽地皇四年（23），劉秀曾在此大敗王莽軍隊，創造了中國歷史上以少勝多的著名戰例。

[4]官渡：古官渡水，位於今河南中牟縣境内。東漢建安五年（200）曹操在此大敗袁紹，創造了中國歷史上以少勝多的著名戰例。

[5]藉驕勝之勢：藉，宋本作“籍”。

嶠於是創建行廟，廣設壇場，告皇天后土祖宗之靈，親讀祝文，聲氣激揚，流涕覆面，三軍莫能仰視。其日侃督水軍向石頭，亮、嶠等率精勇一萬從白石以挑戰。時峻勞其將士，因醉，突陣馬礩，爲侃將所斬。峻弟逸及子碩嬰城自固。嶠乃立行臺，[1]布告天下，凡故吏二千石、臺郎御史以下，皆令赴臺。於是至者雲集。司徒王導因奏嶠、侃録尚書，[2]遣間使宣旨，並讓不受。賊將匡術以臺城來降，爲逸所擊，求救於嶠。江州别駕羅洞曰：[3]“今水暴長，救之不便，不如攻榻杭。[4]榻杭軍若敗，術圍自解。”嶠從之，遂破賊石頭軍。奮威長史滕含抱天子奔于嶠船。[5]時陶侃雖爲盟主，而處分規略一出於嶠，及賊滅，拜驃騎將軍、開府儀同三司，加散騎常侍，封始安郡公，邑三千户。

［1］行臺：臺省在外者。將帥出征時隨其所駐之地設立的代表中央的政務機構。

［2］録尚書：官名，即録尚書事。初爲職銜名，重臣加此名義始得總知國事，綜理政務，成爲真宰相。魏晋多以公卿權重者居之，總領尚書省政務，凡重號將軍、刺史皆得命曹授用，位在三公之上。

［3］别駕：官名，别駕從事、别駕從事史省稱。州部佐官，因從刺史行部，别乘傳車，故稱。位居州吏之右。

［4］榻杭：秦淮河上航橋，位於石頭城附近。參見《讀史方輿紀要》卷二〇《南直二》。

［5］奮威長史：官名，奮威將軍府長史。掌軍府顧問參謀，爲所在官署掾屬之長。七品。　滕含：東晋人，歷任奮威長史、奮武司馬、輕車長史、建威長史、平南將軍、廣州刺史等職。

初，峻黨路永、匡術、賈寧中塗悉以衆歸順，王導將褒顯之，嶠曰："術輩首亂，罪莫大焉。晚雖改悟，未足以補前失。全其首領，爲幸已過，何可復寵授哉！"導無以奪。

朝議將留輔政，嶠以導先帝所任，固辭還藩。復以京邑荒殘，資用不給，嶠借資蓄，具器用，而後旋于武昌。至牛渚磯，[1]水深不可測，世云其下多怪物，嶠遂燬犀角而照之。須臾，見水族覆火，奇形異狀，或乘馬車著赤衣者。嶠其夜夢人謂己曰："與君幽明道别，何意相照也？"意甚惡之。嶠先有齒疾，至是拔之，因中風，至鎮未旬而卒，時年四十二。江州士庶聞之，莫不相顧而泣。帝下册書曰："朕以眇身，纂承洪緒，不能光闡大道，化洽時雍，至乃狂狡滔天，社稷危逼。惟公明鑒特達，識心經遠，懼皇綱之不維，忿凶寇之縱暴，唱率群后，[2]五州響應，首啓戎行，元惡授馘。王室危而復安，三光幽而復明，功格宇宙，勛著八表。方賴大猷以拯區夏，天不慭遺，[3]早世薨殂，朕用痛悼于厥心。夫褒德銘勛，先王之明典，今追贈公侍中、大將軍、持節、都督、刺史，公如故，賜錢百萬，布千匹，謚曰忠武，祠以太牢。"[4]

[1]牛渚磯：《資治通鑑》卷七九《晋紀》泰始元年："吴主皓信之。是月晦，大舉兵出華里，載太后、皇后及後宫數千人，從牛渚西上。"胡三省注引《水經注》："牛渚在姑孰、烏江兩縣界中，今太平州當塗縣北三十里有牛渚山，山下有牛渚磯，與和州横江渡相對。"引杜佑曰："牛渚圻即今當塗縣采石。"

[2]唱率群后：唱，殿本作"倡"。

[3]慭（yìn）遺：留下。

[4]太牢：用牛羊豕三牲祭祀稱太牢。《莊子·至樂》："具太牢以爲膳。"成玄英疏："太牢，牛羊豕也。"

初葬于豫章，後朝廷追嶠勛德，將爲造大墓於元明二帝陵之北，陶侃上表曰："故大將軍嶠忠誠著於聖世，勛義感于人神，非臣筆墨所能稱陳。臨卒之際，與臣書别，臣藏之篋笥，時時省視，每一思述，未嘗不中夜撫膺，臨飯酸噎。'人之云亡'，[1]嶠實當之。謹寫嶠書上呈，伏惟陛下既垂御省，傷其情旨，死不忘忠，身没黄泉，追恨國耻，獎臣戮力，救濟艱難，使亡而有知，抱恨結草，[2]豈樂今日勞費之事。願陛下慈恩，停其移葬，使嶠棺柩無風波之危，魂靈安於后土。”詔從之。其後嶠後妻何氏卒，子放之便載喪還都。詔葬建平陵北，并贈嶠前妻王氏及何氏始安夫人印綬。

[1]人之云亡：語出《詩・大雅・瞻卬》。

[2]結草：報恩。《左傳・宣公十五年》：“魏武子有嬖妾，無子。武子疾，命顆曰：‘必嫁是。’疾病，則曰：‘必以爲殉。’及卒，顆嫁之，曰：‘疾病則亂，吾從其治也。’及輔氏之役，顆見老人結草以亢杜回，杜回躓而顛，故獲之。夜夢之曰：‘余，而所嫁婦人之父也。爾用先人之治命，余是以報。’”

放之嗣爵，少歷清官，[1]累至給事黄門侍郎。[2]以貧，求爲交州，[3]朝廷許之。王述與會稽王箋曰：[4]“放之，温嶠之子，宜見優異，而投之嶺外，[5]竊用愕然。願遠存周禮，近參人情，則望實惟允。”時竟不納。放之既至南海，甚有威惠。將征林邑，[6]交阯太守杜寶、别駕阮朗並不從，放之以其沮衆，[7]誅之，勒兵而進，遂破林邑而還。卒于官。

[1]清官：清顯高貴之官。

[2]給事黄門侍郎：官名，魏晋時爲侍中省或門下省次官。與侍中俱掌門下衆事，職掌略同，地位隨皇帝旨意或侍中地位而定。五品。

[3]交州：又稱交阯，公元前2世紀初南越王趙佗置，後屬西漢。東漢改爲交州，治所在番禺縣（今廣東省廣州市）。三國時移治龍編縣（今越南社會主義共和國河北省仙游縣東）。

[4]王述：字懷祖，本書卷七五有傳。

[5]投之嶺外：嶺，宋本作“領”。

[6]林邑：即占城，在今越南社會主義共和國中部地區。本書卷九七有傳。

[7]以其沮衆：沮，殿本作“阻”。

弟式之，新建縣侯，位至散騎常侍。

郗鑒

郗鑒，字道徽，高平金鄉人，[1]漢御史大夫慮之玄孫也。[2]少孤貧，博覽經籍，躬耕隴畝，吟咏不倦。以儒雅著名，不應州命。趙王倫辟爲掾，[3]知倫有不臣之迹，稱疾去職。及倫篡，其黨皆至大官，而鑒閉門自守，不染逆節。惠帝反正，參司空軍事，[4]累遷太子中舍人、中書侍郎。[5]東海王越辟爲主簿，[6]舉賢良，[7]不行。征東大將軍苟晞檄爲從事中郎。[8]晞與越方以力争，鑒不應其召。從兄旭，晞之别駕，恐禍及己，勸之赴召，鑒終不回，晞亦不之逼也。及京師不守，寇難鋒起，鑒遂陷於陳午賊中。邑人張寔先求交於鑒，鑒不許。至是，寔於午營來省鑒疾，既而卿鑒。[9]鑒謂寔曰：“相與邦壤，[10]義不及通，何可怙亂至此邪！”寔大慚而退。午以鑒有名於世，將逼爲主，鑒逃而獲免。午尋潰散，鑒得歸鄉里。于時所在饑荒，州中之士素有感其恩義者，相與資贍。[11]鑒復分所得，以賉宗族及鄉曲孤老，賴而全濟者甚多，咸相謂曰：“今天子播越，[12]中原無伯，當歸依仁德，可以後亡。”遂共推鑒爲主，舉千餘家俱避難於魯之嶧山。[13]

[1]高平：郡名，治所在昌邑縣（今山東省巨野縣南）。　金鄉：縣名，治所在今山東省嘉祥縣南。

[2]御史大夫：官名，協助丞相處理天下政務，以監察執法爲主要職掌。東漢稱司空，建安年間曹操罷三公，復置此官。三品。　慮：郗慮，漢末山陽高平（今山東省鄒城市西南）人，字鴻豫。少受學於鄭玄。歷任光禄勛、御史大夫等職。

[3]趙王倫：司馬倫，字子彝，本書卷五九有傳。

[4]參司空軍事：官名，司空府參軍事。參軍事，亦作參軍事，謂參謀軍事。兩晋公府、軍府皆置。

[5]太子中舍人：官名，簡稱太子中舍、中舍人、中舍。東宫屬官，其中有才學者與中庶子共掌東宫文翰及奏事文書，侍從規諫太子。位在太子中庶子下、太子洗馬上。六品。　中書侍郎：官名，三國魏文帝黄初初年設中書省，在長官中書監、中書令以下有通事郎，後增設中書郎，亦稱中書侍郎。掌草擬詔書，外出執行重要使命等。五品。

[6]東海王越：司馬越，字元超，本書卷五九有傳。　主簿：官名，開府屬官，典領文書籍簿，省録衆事，職權甚重。

[7]賢良：選舉科目，始於漢代。

[8]征東大將軍：官名，三國魏文帝黄初三年（222）置，職掌與征東將軍同，但位在其上，多統兵出鎮方面，都督數州軍事，不常置。二品，開府位從公者一品。　荀晞：字道將，本書卷六一有傳。

[9]卿鑒：稱郗鑒爲卿。呼“卿”親暱而不敬。

[10]相與邦壤：壤，宋本作“讓”。

[11]相與資贍：贍，殿本作“瞻”。

[12]播越：顛沛流離。

[13]嶧山：一作繹山，又名嶧陽山、鄒山、鄒繹山、朱繹山。位於今山東省鄒城市東南。

元帝初鎮江左，承制假鑒龍驤將軍、兗州刺史，[1]鎮鄒山。[2]時荀藩用李述，[3]劉琨用兄子演，[4]並爲兗州，各屯一郡，以力相傾，闔州編户，莫知所適。又徐龕、石勒左右交侵，日尋干戈，外無救援，百姓饑饉，或掘野鼠蟄燕而食之，終無叛者。三年間，衆至數萬。帝就加輔國將軍、都督兗州諸軍事。[5]

[1]承制：秉承皇帝旨意便宜行事。　龍驤將軍：官名，高級軍事將領。三品。　兗州：魏晋時期治所在廩丘縣（今山東省鄆城縣西北），晋惠帝末，兗州闔境淪没於石勒。東晋元帝僑置兗州，治京口（今江蘇省鎮江市）。

[2]鄒山：即嶧山，位於今山東省鄒城市東南。

[3]荀藩：字大堅，本書卷三九有傳。　李述：西晋人，司馬冏故吏，任鎮軍將軍司馬。

[4]演：劉演，劉琨之兄子，任北中郎將、兗州刺史等職。後被石勒打敗，投奔文鴦。

[5]輔國將軍：官名，屬將軍名號，三國兩晋皆置。三品。　都督兗州諸軍事：兗州地區最高軍事行政長官。

永昌初，徵拜領軍將軍，[1]既至，轉尚書，以疾不拜。時明帝初即位，王敦專制，内外危逼，謀杖鑒爲外援，由是拜安西將軍、兗州刺史、都督揚州江西諸軍、假節，[2]鎮合肥。[3]敦忌之，表爲尚書令，[4]徵還。道經姑孰，[5]與敦相見，敦謂曰："樂彦輔短才耳。[6]後生流宕，言違名檢，考之以實，豈勝滿武秋邪？"[7]鑒曰："擬人必於其倫。[8]彦輔道韵平淡，體識冲粹，處傾危之朝，不可得而親疏。及愍懷太子之廢，可謂柔而有正。

武秋失節之士，[9]何可同日而言！”敦曰：“愍懷廢徙之際，交有危機之急，人何能以死守之乎！以此相方，其不減明矣。”鑒曰：“丈夫既潔身北面，義同在三，[10]豈可偷生屈節，靦顔天壤邪！苟道數終極，固當存亡以之耳。”敦素懷無君之心，聞鑒言，大忿之，遂不復相見，拘留不遣。敦之黨與譖毁日至，鑒舉止自若，初無懼心。敦謂錢鳳曰：“郗道徽儒雅之士，名位既重，何得害之！”乃放還臺。鑒遂與帝謀滅敦。

[1]領軍將軍：官名，三國曹丕置，職掌同於中領軍，但任職者資位重於中領軍，簡稱領軍。爲禁衛軍最高統帥，常由皇帝親信或宗室擔任。兩晋沿置。三品。

[2]安西將軍：官名，東漢建安年間置，與安東、安南、安北將軍合稱四安將軍，爲出鎮某一地區的軍事長官，或作爲刺史等兼理軍務的加官，權任頗重。三品，加持節都督者二品。　都督揚州江西諸軍：揚州轄下江西地區最高軍事行政長官。　假節：假以節杖。指大臣臨時持節出巡，爲權臣掌軍、秉政的地位象徵和政治待遇。

[3]合肥：縣名，治所在今安徽省合肥市西。

[4]尚書令：官名，秦漢時爲尚書署長官。秩位雖低，權力甚重。魏晋時沿置，爲尚書省長官，綜理全國政務，參議大政，爲高級政務長官。三品。

[5]姑孰：姑孰城，位於今安徽省當塗縣。

[6]樂彦輔：樂廣，字彦輔，本書卷四三有傳。

[7]滿武秋：滿奮，西晋人，歷任司隸校尉、尚書令。滿奮既收東宫官屬之辭太子者，趙王倫之簒，奮又奉璽綬，故謂之失節。

[8]擬人必於其倫：擬，殿本作“儗”。

［9］武秋失節之士：士，殿本作“日”。

［10］在三：尊敬君、父、師。典出《國語·晋語一》：“‘民生於三，事之如一。’父生之，師教之，君食之。非父不生，非食不長，非教不知，生之族也，故一事之，唯其所在，則致死焉。”韋昭注：“三，君、父、師也。”

既而錢鳳攻逼京都，假鑒節，加衛將軍、都督從駕諸軍事。[1]鑒以無益事實，固辭不受軍號。時議者以王含、錢鳳衆力百倍，苑城小而不固，[2]宜及軍勢未成，大駕自出距戰。鑒曰：“群逆縱逸，其勢不可當，可以算屈，難以力競。且含等號令不一，抄盗相尋，百姓懲往年之暴，皆人自爲守。乘逆順之勢，何往不克！且賊無經略遠圖，惟恃豕突一戰，曠日持久，必啓義士之心，令謀猷得展。今以此弱力敵彼强寇，决勝負於一朝，定成敗於呼吸，雖有申胥之徒，義存投袂，何補於既往哉！”帝從之。鑒以尚書令領諸屯營。

［1］衛將軍：官名，魏晋時位在名號將軍之上，多爲軍府名號，加給大臣、重要州郡長官。二品，開府位從公者一品。　都督從駕諸軍事：皇帝隨從部隊的最高統帥。

［2］苑城：又名臺城，位於今江蘇省南京市鷄鳴山南，乾河沿北。

及鳳等平，温嶠上議，請宥敦佐吏。鑒以爲先王崇君臣之教，故貴伏死之節；昏亡之主，故開待放之門。王敦佐吏雖多逼迫，然居逆亂之朝，[1]無出關之操，準之前訓，宜加義責。又奏錢鳳母年八十，宜蒙全宥。乃從之。封高平侯，賜絹四千八百匹。帝以其有器望，萬機動静輒問之，乃詔鑒特草上表疏，[2]以從簡易。王導議欲贈周札官，[3]鑒以爲不合，語在《札傳》。導不從。鑒於是駁之曰："敦之逆謀，履霜日久，緣札開門，令王師不振。若敦前者之舉，義同桓文，則先帝可爲幽厲邪？"[4]朝臣雖無以難，而不能從。俄而遷車騎將軍、都督徐兖青三州軍事、兖州刺史、假節，[5]鎮廣陵。尋而帝崩，鑒與王導、卞壼、温嶠、庾亮、陸曄等並受遺詔，輔少主，進位車騎大將軍、開府儀同三司，[6]加散騎常侍。

[1]居逆亂之朝：逆，殿本作"迷"。

[2]特草上表疏：可以上表疏的草稿。古時所上表疏須整潔無塗改，可以上草稿乃是特權。

[3]周札：字宣季，本書卷五八有傳。

[4]幽厲：周幽王和周厲王。周幽王，名宫涅，周宣王之子。西周最後一個國王，寵愛褒姒，廢太子申侯，立褒姒子伯服爲太子。申侯聯合犬戎將其推翻。周厲王，名胡。周夷王之子。在位監視國人言行，國人不敢講話，道路以目。後被國人驅逐，死於彘(今山西省霍州市東北)。

[5]俄而：原本、宋本無"而"字，殿本有，據殿本補。　車騎將軍：官名，魏晋南北朝時位次於驃騎將軍，在諸名號將軍之上，多作爲軍府名號，以加授大臣及重要州郡長官。二品，開府位從公者一品。　都督徐兖青三州軍事：上述三州最高軍事行政長官。

[6]車騎大將軍：官名，西晋置，位在車騎將軍之上，多授予元老重臣，以示尊崇。開府置僚屬，一般不領兵。二品，開府位從

公者一品。

咸和初，領徐州刺史。及祖約、蘇峻反，鑒聞難，便欲率所領東赴。詔以北寇不許。於是遣司馬劉矩領三千人宿衛京都。尋而王師敗績，矩遂退還。中書令庾亮宣太后口詔，進鑒爲司空。鑒去賊密邇，城孤糧絶，人情業業，莫有固志，奉詔流涕，設壇場，刑白馬，大誓三軍曰："賊臣祖約、蘇峻不恭天命，不畏王誅，凶戾肆逆，[1]干國之紀，陵汨五常，[2]侮弄神器，遂制脅幽主，拔本塞原，殘害忠良，禍虐黎庶，使天地神祇靡所依歸。是以率土怨酷，兆庶泣血，咸願奉辭罰罪，以除元惡。昔戎狄泯周，齊桓糾盟；[3]董卓陵漢，群后致討。義存君親，古今一也。今主上幽危，百姓倒懸，忠臣正士，志存報國。凡我同盟，既盟之後，戮力一心，以救社稷。若二寇不梟，義無偷安。有渝此盟，明神殛之！"鑒登壇慷慨，三軍争爲用命。乃遣將軍夏侯長等間行，謂平南將軍温嶠曰："今賊謀欲挾天子東入會稽，[4]宜先立營壘，屯據要害，既防其越逸，又斷賊糧運，然後静鎮京口，[5]清壁以待賊。賊攻城不拔，野無所掠，東道既斷，糧運自絶，不過百日，必自潰矣。"嶠深以爲然。

[1]凶戾肆逆：逆，殿本作"迸"。

[2]陵汨五常：禍亂五常。五常，仁、義、禮、智、信。

[3]齊桓：齊桓公，春秋時齊國國君，名小白，僖公之子，襄公之弟。公元前685至前643年在位。爲公子時因國家内亂出走至莒，襄公死後被迎回立爲國君。在位時任用管仲，改革内政，國力

漸强。九合諸侯，尊王攘夷，成爲春秋五霸之首。

［4］會稽：郡名，治所在山陰縣（今浙江省紹興市）。

［5］京口：地名，在今江蘇省鎮江市。

及陶侃爲盟主，進鑒都督揚州八郡軍事。[1]時撫軍將軍王舒、輔國將軍虞潭皆受鑒節度，[2]率衆渡江，與侃會于茄子浦。[3]鑒築白石壘而據之。會舒、潭戰不利，鑒與後將軍郭默還丹徒，[4]立大業、曲阿、庱亭三壘以拒賊。[5]而賊將張健來攻大業，城中乏水，郭默窘迫，遂突圍而出，三軍失色。參軍曹納以爲大業京口之扞，一旦不守，賊方軌而前，勸鑒退還廣陵以俟後舉。鑒乃大會僚佐，責納曰："吾蒙先帝厚顧，荷託付之重，正復捐軀九泉不足以報。今强寇在郊，衆心危迫，君腹心之佐，而生長異端，當何以率先義衆，鎮一三軍邪！"將斬之，久而乃釋。會峻死，大業圍解。及蘇逸等走吴興，[6]鑒遣參軍李閎追斬之，降男女萬餘口。拜司空，加侍中，解八郡都督，更封南昌縣公，以先爵封其子曇。

［1］都督揚州八郡軍事：揚州轄下八個郡最高軍事行政長官。

［2］撫軍將軍：官名，三國蜀漢、孫吴皆置，爲加官，以示權重。晋沿置，與中軍將軍、鎮軍將軍並爲三名號將軍。三品。　王舒：字處明，本書卷七六有傳。　虞潭：字思奥，本書卷七六有傳。

［3］茄子浦：即茄子洲。《讀史方輿紀要》卷二〇《南直二》："茄子洲，在府西南十三里。亦曰茄子浦，昔時周回十一里。陶侃等討蘇峻，軍於茄子浦，郗鑒自廣陵帥衆渡江，與侃會於此。"

［4］丹徒：縣名，治所在今江蘇省鎮江市東南丹徒鎮。

［5］大業：大業壘，位於今江蘇省丹陽市北。 曲阿：曲阿壘，位於今江蘇省丹陽市。 庱（chēng）亭：庱亭壘，位於今江蘇省丹陽市東南。 拒賊：拒，殿本作“距”。

［6］吴興：郡名，治所在烏程縣（今浙江省湖州市南）。

時賊帥劉徵聚衆數千，浮海抄東南諸縣。鑒遂城京口，加都督揚州之晋陵吴郡諸軍事，[1]率衆討平之。進位太尉。[2]

［1］都督揚州之晋陵吴郡諸軍事：揚州轄下晋陵、吴郡二郡最高軍事行政長官。

［2］太尉：官名，曹操爲丞相後，太尉府屬官歸相府，晋時太尉雖爲八公之一、三公之首，實爲名譽宰相，多爲大臣加官。一品。

後以寢疾，上疏遜位曰：“臣疾彌留，遂至沉篤，自忖氣力，差理難冀。有生有死，自然之分。但忝位過才，曾無以報，上慚先帝，下愧日月。伏枕哀嘆，抱恨黄泉。臣今虚乏，救命朝夕，輒以府事付長史劉遐，乞骸骨歸丘園。惟願陛下崇山海之量，弘濟大猷，任賢使能，事從簡易，使康哉之歌復興於今，[1]則臣雖死，猶生之日耳。臣所統錯雜，率多北人，[2]或逼遷徙，或是新附，百姓懷土，皆有歸本之心。臣宣國恩，示以好惡，處與田宅，漸得少安。聞臣疾篤，衆情駭動，若當北渡，必啓寇心。太常臣謨，[3]平簡貞正，素望所歸，謂可以爲都督、徐州刺史。臣亡兄息晋陵内史邁，[4]謙愛養士，甚爲流亡所宗，又是臣門户子弟，堪任兖州刺史。公家之事，知無不爲，是以敢希祁奚之舉。”[5]疏奏，以蔡謨爲鑒軍司。[6]鑒尋薨，時年七十一。帝朝晡哭于朝堂，遣御史持節護喪事，贈一依温嶠故事。册曰：“惟公道德冲邃，體識弘遠，忠亮雅正，行爲世表，歷位内外，勛庸彌著。乃者約、峻狂狡，毒流朝廷，社稷之危，賴公以寧。功侔古烈，勛邁桓文。方倚大猷，藩翼時難，昊天不吊，[7]奄忽薨殂，朕用震悼于厥心。夫爵以顯德，謚以表行，所以崇明軌迹，丕揚徽劭。今贈太宰，謚曰文成，祠以太牢。[8]魂而有靈，嘉兹寵榮。”

[1]康哉之歌：《尚書·益稷》：“乃賡載歌曰：‘元首明哉，股肱良哉，庶事康哉。’”歌詞稱頌君明臣良，諸事安寧。後遂以“康哉”爲歌頌太平之詞。

[2]率多北人：多，宋本作“安”。

[3]太常：官名，漢代稱奉常，本掌禮樂宗廟、社稷祭祀，魏晋時此職掌歸尚書裁定，太常成爲閑職。三品。

[4]息：兒子。　晋陵：郡名，治所在京口（今江蘇省鎮江市）。

[5]祁奚：春秋時晋國人，食邑在祁（今山西省祁縣）。晋厲公時任中軍尉，晋悼公時告老，舉薦仇人解狐。又舉薦兒子祁午。人稱其舉薦賢人不避仇、不諱親。

[6]軍司：官名，即軍師，因避司馬師諱，故改。爲軍府主要屬僚，佐主帥統軍隊，負有匡正監察主帥之責，地位很高，常繼任主帥。

[7]昊天不吊：上天不庇佑。

[8]祠以太牢：太，原本、宋本作“大”，殿本作“太”，據殿本改。

初，鑒值永嘉喪亂，在鄉里甚窮餒，鄉人以鑒名德，傳共飴之。時兄子邁、外甥周翼並小，常携之就食。鄉人曰：“各自饑困，以君賢，欲共相濟耳，恐不能兼有所存。”鑒於是獨往，食訖，以飯著兩頰邊，還吐與二兒，後並得存，同過江。邁位至護軍，翼爲剡縣令。[1]鑒之薨也，翼追撫育之恩，解職而歸，席苫心喪三年。二子：愔、曇。

[1]剡縣：治所在今浙江省嵊州市西南曹娥江北岸。

愔，字方回。少不交競，弱冠，[1]除散騎侍郎，不拜。性至孝，居父母憂，殆將滅性。服闋，[2]襲爵南昌公，徵拜中書侍郎。驃騎何充輔政，[3]征北將軍褚裒鎮京口，[4]皆以愔爲長史。再遷黄門侍郎。[5]時吴郡守闕，[6]欲以愔爲太守。愔自以資望少，不宜超莅大郡，朝議嘉之。轉爲臨海太守。[7]會弟曇卒，益無處世意，在郡優游，頗稱簡默，與姊夫王羲之、高士許詢並有邁世之風，[8]俱棲心絶穀，修黄老之術。後以疾去職，乃築宅章安，[9]有終焉之志。十許年間，人事頓絶。

[1]弱冠：指男子二十歲時。《禮記·曲禮上》：“二十曰弱，冠。”年少爲弱，待至二十，即爲成年，舉行冠禮。

[2]服闋：守喪期滿除去孝服。

[3]驃騎：驃騎將軍。　何充：字次道，本書卷七七有傳。

[4]征北將軍：官名，與征東、征西、征南將軍合稱四征將軍。三國魏蜀吴兩晋皆置，出鎮方面，地位顯要。三品，加持節都督者二品。　褚裒：字季野，本書卷九三有傳。

[5]黄門侍郎：官名，魏晋時爲侍中省或門下省次官。侍從皇帝，顧問應對，多以重臣或外戚子弟擔任，位頗重要。五品。

[6]吴郡：治所在吴縣（今江蘇省蘇州市）。

[7]臨海：郡名，三國吴置，治所在臨海縣（今浙江省臨海市），尋移置章安縣（今浙江省臨海市東南）。

[8]王羲之：字逸少，本書卷八〇有傳。　許詢：東晋高陽北新城（今河北省保定市徐水區）人，字玄度。僑居會稽，與劉惔、王羲之、孫安、郗愔文字交游，清談往返。詢，原本、宋本、殿本作“恂”，據中華本校勘記改。

[9]章安：縣名，治所在今浙江省臨海市張安鎮。

簡文帝輔政，與尚書僕射江虨等薦愔，[1]以爲執德存正，識懷沉敏，而辭職遺榮，有不拔之操，成務須才，豈得遂其獨善，宜見徵引，以參政術。於是徵爲光禄大夫，[2]加散騎常侍。既到，更除太常，固讓不拜。深抱冲退，樂補遠郡，從之，出爲輔國將軍、會稽内史。大司馬桓温以愔與徐兖有故義，乃遷愔都督徐兖青幽揚州之晋陵諸軍事、領徐兖二州刺史、假節。[3]雖居藩鎮，非其好也。

[1]尚書僕射：官名，秦漢爲尚書令副貳，東漢建安四年（199）分置左、右，爲尚書省次官。三品。　江虨：字思玄，本書卷五六有傳。

［2］光禄大夫：官名，三公等大臣告老回家即拜此職，或作爲在朝顯職的加官。三品，開府位從公者一品。

［3］都督徐兖青幽揚州之晋陵諸軍事：上述徐、兖、青、幽四州及揚州轄下晋陵郡之最高軍事行政長官。揚，原本、宋本作“楊”，殿本作“揚”，據殿本改。　領：以職位較高的官員兼理較低的職務。

俄屬桓温北伐，愔請督所部出河上，用其子超計，以己非將帥才，不堪軍旅，又固辭解職，勸温并領己所統。轉冠軍將軍、會稽内史。

及帝踐阼，就加鎮軍、都督浙江東五郡軍事。[1]久之，以年老乞骸骨，因居會稽。徵拜司空，詔書優美，敦奬殷勤，固辭不起。太元九年卒，[2]時年七十二。追贈侍中、司空，謚曰文穆。三子：超、融、冲。超最知名。

［1］鎮軍：官名，即鎮軍將軍。三國時始置，西晋罷又復置。位在鎮軍大將軍下，與中軍將軍、撫軍將軍並爲三名號將軍，位比四鎮將軍。三品。　都督浙江東五郡軍事：浙江東五郡地區最高軍事行政長官。

［2］太元九年：太，殿本作“大”。

超，字景興，一字嘉賓。少卓犖不羈，有曠世之度，交游士林，每存勝拔，[1]善談論，義理精微。愔事天師道，[2]而超奉佛。愔又好聚斂，積錢數千萬，嘗開庫，任超所取。超性好施，一日中散與親故都盡。其任心獨詣，皆此類也。

［1］每存勝拔：勝，宋本作“膠”。

［2］天師道：東漢張道陵創立，以《老子》爲經典。教主自稱“天師”或“師君”。因入道要交五斗米，又稱“五斗米道”。

桓温辟爲征西大將軍掾。[1]温遷大司馬，[2]又轉爲參軍。温英氣高邁，罕有所推，與超言，常謂不能測，遂傾意禮待。超亦深自結納。時王珣爲温主簿，[3]亦爲温所重。府中語曰：“髯參軍，短主簿，能令公喜，能令公怒。”超髯，珣短，故也。尋除散騎侍郎。時愔在北府，[4]徐州人多勁悍，温恒云“京口酒可飲，兵可用”，深不欲愔居之。而愔暗於事機，遣箋詣温，欲共獎王室，修復園陵。超取視，寸寸毁裂，乃更作箋，自陳老病，甚不堪人間，乞閑地自養。温得箋大喜，即轉愔爲會稽太守。温懷不軌，欲立霸王之基，超爲之謀。謝安與王坦之嘗詣温論事，[5]温令超帳中卧聽之，風動帳開，安笑曰：“郗生可謂入幕之賓矣。”

［1］征西大將軍：官名，屬將軍名號，多授予統兵出鎮在外，都督數州諸軍事者。位在征西將軍之上。二品，開府位從公者一品。

［2］大司馬：官名，八公之一，位在上公之下、大將軍及三公之上，高級將帥，多爲大臣加官。一品。

［3］王珣：字元琳，本書卷六五有傳。

［4］北府：東晋初指北中郎將府。《世説新語・排調》“郗司空拜北府”注引《南徐州記》：“舊徐州都督以東爲稱，晋氏南遷，徐州刺史加北中郎將，北府之號自此起也。”後習慣稱駐在京口、廣陵的軍府。

[5]謝安：字安石，本書卷七九有傳。　王坦之：字文度，本書卷七五有傳。

太和中，温將伐慕容氏於臨漳，[1]超諫以道遠，汴水又淺，[2]運道不通。温不從，遂引軍自濟入河，[3]超又進策於温曰："清水入河，[4]無通運理。若寇不戰，運道又難，因資無所，實爲深慮也。今盛夏，悉力徑造鄴城，[5]彼伏公威略，必望陣而走，退還幽朔矣。若能決戰，呼吸可定。設欲城鄴，難爲功力。百姓布野，盡爲官有。易水以南，[6]必交臂請命。但恐此計輕決，公必務其持重耳。若此計不從，便當頓兵河濟，控引糧運，令資儲充備，足及來夏，雖如賒遲，終亦濟克。若舍此二策而連軍西進，進不速決，退必愆乏。賊因此勢，日月相引，僶俛秋冬，船道澀滯，且北土早寒，三軍裘褐者少，恐不可以涉冬。此大限閡，非惟無食而已。"温不從，果有枋頭之敗，[7]温深慚之。尋而有壽陽之捷，問超曰："此足以雪枋頭之耻乎？"超曰："未厭有識之情也。"既而超就温宿，中夜謂温曰："明公都有慮不？"温曰："卿欲有所言邪？"超曰："明公既居重任，天下之責將歸於公矣。若不能行廢立大事、爲伊霍之舉者，[8]不足鎮壓四海，震服宇内，豈可不深思哉！"温既素有此計，深納其言，遂定廢立，超始謀也。

[1]温將伐：伐，宋本作"戈"。　臨漳：縣名，西晋建興初改鄴縣置，治所在今河北省臨漳縣西南鄴鎮。

[2]汴水：即今河南省滎陽市西索河。

[3]濟：濟水，一作泲水，又作兖水、沇水。古爲“四瀆”之一，包括黄河南、北兩部分。河北部分仍名濟水，源出今河南省濟源市西王屋山，唯其下游入黄河處歷代屢有變遷。河南部分原係黄河所分支流，源出今河南省滎陽市北，東流經原陽、封丘等縣，至今山東省定陶縣西，折東北經今平陰、長清、齊河、歷城、鄒平、博興等縣，而入於海，經歷代屢次變遷故道或堙，或爲他河所奪。

[4]清水：河名，漢魏以前於今河南省淇縣南入黄河，晋以後改道東會淇水入白溝。

[5]鄴城：地名，在今河北省臨漳縣西南，曾是曹魏五都之一。

[6]易水：即今中易水。源出今河北省易縣西南，東流經興定縣南、雄安新區等地。

[7]枋頭：地名，在今河南省浚縣西南淇門渡。

[8]伊：伊尹，輔佐商湯及其後代外丙、仲壬、太甲的賢臣。霍：霍光。西漢人，字子孟，爲武帝所親信。武帝死後輔佐少主昭帝。期間輕徭薄賦，與民休息，社會較安定。

遷中書侍郎。謝安嘗與王文度共詣超，日旰未得前，文度便欲去，安曰：“不能爲性命忍俄頃邪！”其權重當時如此。轉司徒左長史，[1]母喪去職。常謂其父名公之子，位遇應在謝安右，而安入掌機權，愔優游而已，恒懷憤憤，發言慷慨，由是與謝氏不穆。安亦深恨之。服闋，除散騎常侍，不起。以爲臨海太守，加宣威將軍，[2]不拜。年四十二，先愔卒。

[1]司徒左長史：官名，司徒長史爲司徒府掾屬之長，佐司徒總管府内諸曹。分左、右，左高於右。六品。

[2]宣威將軍：官名，三國魏置，爲雜號將軍。八品。

初，超雖實黨桓氏，以愔忠於王室，不令知之。將亡，出一箱書，付門生曰："本欲焚之，恐公年尊，必以傷慼爲弊。我亡後，若大損眠食，可呈此箱。不爾，便燒之。"愔後果哀悼成疾，門生依旨呈之，則悉與溫往反密計。愔於是大怒曰："小子死恨晚矣!"更不復哭。凡超所交友，皆一時秀美，雖寒門後進，亦拔而友之。及死之日，貴賤操筆而爲誄者四十餘人，其爲衆所宗貴如此。王獻之兄弟，[1]自超未亡，見愔，常躡履問訊，甚修舅甥之禮。及超死，見愔慢怠，屐而候之，[2]命席便遷延辭避。愔每慨然曰："使嘉賓不死，鼠子敢爾邪!"性好聞人棲遁，[3]有能辭榮拂衣者，超爲之起屋宇，作器服，畜僕豎，費百金而不吝。[4]又沙門支遁以清談著名于時，[5]風流勝貴，莫不崇敬，以爲造微之功，足參諸正始。而遁常重超，以爲一時之俊，甚相知賞。超無子，從弟儉之以子僧施嗣。

[1]王獻之：字子敬，本書卷八〇有傳。

[2]屐而候之：屐，殿本作"展"。

[3]棲遁：棲，原本作"捷"，宋本、殿本作"棲"，據宋本、殿本改。

[4]費百金而不吝：吝，殿本作"足"。

[5]沙門：僧人。　支遁：即支道林，東晉陳留（今河南省開封市東）人，一説河東林慮（今河南省林州市）人，俗姓關，名遁，以字行。家世事佛，自幼讀經，二十五歲出家。般若學即色宗創始人。

僧施，字惠脱，襲爵南昌公。弱冠，與王綏、桓胤齊名，[1]累居清顯，領宣城内史，入補丹楊尹。[2]劉毅鎮江陵，[3]請爲南蠻校尉、假節。[4]與毅俱誅，國除。

[1]王綏：王戎之子。《世説新語·賞譽》劉孝標注："《晋諸公贊》曰：'王綏，字萬子，辟太尉掾，不就。年十九卒。'《晋書》曰：'戎子萬，有美號而太肥，戎令食糠，而肥愈甚也。'"　桓胤：字茂遠，本書卷七四有傳。

[2]丹楊尹：楊，原本、殿本作"陽"，宋本作"楊"，據宋本改。

[3]劉毅：字希樂，本書卷八五有傳。　江陵：縣名，治所在今湖北省江陵縣。

[4]南蠻校尉：官名，亦稱護南蠻校尉，府鎮襄陽，東晋改鎮江陵。掌荆州及江州少數民族事務，統兵。四品。

曇，字重熙，少賜爵東安縣開國伯。司徒王導辟秘書郎。[1]朝論以曇名臣之子，每逼以憲制，年三十，始拜通直散騎侍郎，[2]遷中書侍郎。簡文帝爲撫軍，[3]引爲司馬。尋除尚書吏部郎，[4]拜御史中丞。[5]時北中郎荀羡有疾，[6]朝廷以曇爲羡軍司，加散騎常侍。頃之，羡徵還，仍除北中郎將，都督徐、兖、青、幽、揚州之晋陵諸軍事，領徐兖二州刺史，假節，鎮下邳。[7]後與賊帥傅末波等戰失利，降號建威將軍。尋卒，年四十二。追贈北中郎，謚曰簡。子恢嗣。

[1]秘書郎：官名，秘書令屬官，掌管文書機要，亦掌整理典籍、考核舊文。六品。

[2]通直散騎侍郎：官名，亦稱通直散騎郎，簡稱通直郎，東晋元帝太興元年（318）使員外散騎侍郎二人與散騎侍郎通員當值，故名。後增至四人，屬散騎省，職同散騎侍郎，參平尚書奏事，兼掌侍從、諷諫，地位較高。三品。

[3]撫軍：官名，即撫軍將軍。三國蜀漢、孫吴皆置，爲加官，以示權重。晋沿置，與中軍將軍、鎮軍將軍並爲三名號將軍。三品。

[4]尚書吏部郎：官名，尚書省吏部曹長官通稱。亦稱郎中，資深者可轉侍郎。屬吏部尚書，主管官吏選任、銓叙、調動事務，對五品以下官吏之任免有建議權。六品。

[5]御史中丞：官名，御史大夫副手，掌監察、執法，爲京師顯官，職權甚重。四品。

[6]北中郎：官名，即北中郎將。與東、西、南中郎將並稱四中郎將，統兵征戰，權職甚重。四品。　荀羨：字令則，本書卷七五有傳。

[7]下邳：縣名，治所在今江蘇省睢寧縣古邳鎮東。

恢，字道胤，少襲父爵，散騎侍郎，累遷給事黄門侍郎，領太子右衛率。[1]恢身長八尺，美鬚髯，孝武帝深器之，以爲有藩伯之望。會朱序自表去職，[2]擢恢爲梁秦雍司荆揚并等州諸軍事、建威將軍、雍州刺史、假節，[3]鎮襄陽。[4]恢甚得關隴之和，[5]降附者動有千計。

[1]太子右衛率：官名，西晋武帝泰始五年（269）分太子衛率而置太子左右衛率，領精兵萬人，宿衛東宫，亦任征伐。五品。

[2]朱序：字次倫，本書卷八一有傳。

[3]梁秦雍司荆揚并等州諸軍事：即都督數州諸軍事，上述七州最高軍事行政長官。　雍州：治所在姑臧縣（今甘肅省武威市）。

東漢建安十八年（213）移治長安縣（今陝西省西安市西北）。

［4］襄陽：郡名，東漢建安十三年（208）置，治所在襄陽縣（今湖北省襄陽市），西晋移治宜城縣（今湖北省宜城市南）。

［5］關隴：地區名，指關中和甘肅省東部一帶。

初，姚萇將竇衝來降，[1]拜東羌校尉。[2]衝後舉兵反，入漢川，[3]襲梁州。[4]時關中有巴蜀之衆，皆背萇，據弘農以結苻登。[5]而登署衝爲左丞相，徙屯華陰。[6]河南太守楊佺期遣上黨太守荀静戍皇天塢以距之。[7]衝數來攻，恢遣將軍趙睦守金墉城，[8]而佺期率衆次湖城，[9]討衝，走之。

［1］姚萇：字景茂，本書卷一一六有載記。　竇衝：十六國前秦人，歷任苻堅左將軍、車騎大將軍、南秦州牧、大司馬、驃騎將軍、前鋒大都督、都督隴東諸軍事等職。苻堅死後，苻登任之爲右丞相。後叛變，自稱秦王，建年號。

［2］東羌校尉：官名，亦稱護東羌校尉，掌管雍、秦、梁等州内羌族事務，領兵，下設東羌督、東羌獵將等部屬。四品。

［3］漢川：泛指今陝西省漢中平原。川，殿本作“州”。

［4］梁州：三國曹魏治所在沔陽縣（今陝西省勉縣東），西晋移治南鄭縣（今陝西省漢中市東）。

［5］弘農：郡名，治所在弘農縣（今河南省靈寶市）。　苻登：字文高，本書卷一一五有載記。苻登，原本、宋本作“苻堅”，殿本作“苻登”，據殿本改。

［6］華陰：縣名，治所在今陝西省華陰市東南。

［7］河南：郡名，治所在洛陽縣（今河南省洛陽市東北）。楊佺期：本書卷八四有傳。　皇天塢：《匡謬正俗》卷七引《述征記》：“皇天塢在閺鄉東南。或云衛太子始奔，揮涕仰呼皇天，百姓

憐之，因以名塢。”

[8]金墉城：三國魏明帝時築。位於今河南省洛陽市東北漢魏洛陽城故址西北角。三面開門，南曰乾光門，東曰含春門，北曰暹門。城内又置西宫，西晋改爲永昌宫。魏晋時被廢的皇帝及后妃都安置於此。城小而固，爲攻占戍守要地。

[9]湖城：湖縣城，在今河南省靈寶市西北。

尋而慕容垂圍慕容永於潞川，[1]永窮蹙，遣其子弘求救於恢，并獻玉璽一紐。恢獻璽於臺，又陳“垂若并永，其勢難測。今於國計，謂宜救永。永垂並存，自爲仇讎，連鷄不栖，無能爲患。然後乘機雙斃，則河北可平。”孝武帝以爲然，詔王恭、庾楷救之，[2]未及發而永没。楊佺期以疾去職。

[1]慕容垂：字道明，本書卷一二三有載記。　慕容永：字叔明，十六國時西燕國主，被後燕慕容垂攻殺。　潞川：即潞水，即今山西省濁漳河。

[2]王恭：字孝伯，本書卷八四有傳。　庾楷：庾亮之孫，本書卷八四有傳。

恢以隨郡太守夏侯宗之爲河南太守，[1]戍洛陽。姚萇遣其子略攻湖城及上洛，[2]又使其將楊佛嵩圍洛陽。恢遣建武將軍辛恭靖救洛陽，[3]梁州刺史王正胤率衆出子午谷，[4]以爲聲援。略懼而退。恢以功進征虜將軍，[5]又領秦州刺史，[6]加督隴上軍。[7]

[1]隨郡：西晋太康九年（288），析義陽郡之隨、平林二縣

置，治所在隨縣（今湖北省隨縣）。 夏侯宗之：東晋人，歷任隨郡、河南、襄陽等郡的太守。

[2]略：姚興，字子略，本書卷一一七有載記。 上洛：縣名，治所在今陝西省商洛市商州區。

[3]建武將軍：官名，東漢末曹操置，統兵征伐。四品。 辛恭靖：靖，原本、宋本、殿本作“静”，據中華本校勘記改。

[4]子午谷：位於今陝西省長安市長安區西南子午鎮通往安康市的秦嶺山谷。

[5]征虜將軍：既是武官名，也作爲高級文職官員的加官。三品。

[6]秦州：治所在冀縣（今甘肅省甘谷縣東）。

[7]督隴上軍：都督隴上之軍。

時魏氏强盛，[1]山陵危逼，恢遣江夏相鄧啓方等以萬人距之，[2]與魏主拓跋珪戰于滎陽，[3]大敗而還。

[1]魏氏：即拓跋鮮卑建立的政權。

[2]鄧啓方：東晋人，任江夏相、寧朔將軍等職。

[3]拓跋珪：北魏創建者。其先世拓跋猗盧曾建代國，後爲前秦苻堅所滅。淝水之戰後拓跋珪恢復代國，又改稱魏。死後謚號道武帝，廟號太祖。 滎陽：郡名，治所在滎陽縣（今河南省滎陽市東北）。

及王恭討王國寶，[1]桓玄、殷仲堪皆舉兵應恭，[2]恢與朝廷掎角玄等。襄陽太守夏侯宗之、府司馬郭毗並以爲不可，恢皆殺之。既而玄等退守尋陽。以恢爲尚書，將家還都，至楊口，仲堪陰使人於道賊之，[3]及其四子，託以群蠻所殺。喪還京師，贈鎮軍將軍。子循嗣。

[1]王國寶：王坦之第三子，本書卷七五有傳。

[2]桓玄：字敬道，本書卷九九有傳。　殷仲堪：本書卷八四有傳。

[3]道賊之：賊，殿本作“殺”。

隆，字弘始，謇亮有匪躬之節。初爲尚書郎，轉左丞，在朝爲百寮所憚，坐漏洩事免。頃之，爲吏部郎，復免。補東郡太守。[1]

[1]東郡：治所在濮陽縣（今河南省濮陽市西南）。

隆少爲趙王倫所善，及倫專擅，召爲散騎常侍。倫之簒也，以爲揚州刺史。寮屬有犯，輒依臺閣峻制繩之，遠近咸怨。尋加寧東將軍，[1]未拜，而齊王冏檄至，[2]中州人在軍者皆欲赴義，隆以兄子鑒爲趙王掾，諸子悉在京洛，故猶豫未決。主簿趙誘、前秀才虞潭白隆曰：“當今上計，明使君自將精兵徑赴齊王；中計，明使君可留督攝，速遣猛將率精兵疾赴；下計，示遣兵將助，而稱背倫。”隆素敬别駕顧彦，密與謀之。彦曰：“趙誘下計，乃上策也。”西曹留承聞彦言，[3]請見，曰：“不審明使君當令何施？”隆曰：“我俱受二帝恩，無所偏助，惟欲守州而已。”承曰：“天下者，世祖皇帝之天下也。太上承代已積十年，今上取四海不平，齊王應天順時，成敗之事可見。使君若顧二帝，自可不行，宜急下檄文，速遣精兵猛將。若其疑惑，此州豈可得保也！”隆無所言，而停檄六日。時寧遠將軍陳留王邃領東海都尉，[4]鎮石頭，隆軍人西赴邃甚衆。[5]隆遣從事於牛渚禁之，[6]不得止。將士憤怒，夜扶邃爲主而攻之，隆父子皆死，顧彦亦被害，誣隆聚合遠近，圖爲不軌。隆之死也，時議莫不痛惜焉。

[1]寧東將軍：官名，屬將軍名號，西晋趙王司馬倫建始元年（301）置。

[2]齊王冏：司馬冏，字景治，本書卷五九有傳。

[3]西曹留承：中華本校勘記："《校文》：《趙誘傳》作'治中留寶'。"

[4]寧遠將軍：官名，屬名號將軍。五品。　東海：郡名，治所在郯縣（今山東省郯城縣北）。　都尉：官名，統兵武職，不常置。

[5]軍人西赴：西，宋本作"四"。

[6]從事：官名，州部屬吏。東漢稱從事史，由州部長官自己選拔任命。　牛渚：地名，在今安徽省馬鞍山市西長江南岸采石磯。

史臣曰：忠臣本乎孝子，奉上資乎愛親，自家刑國，於斯極矣。太真性履純深，譽流邦族，始則承顔候色，老萊弗之加也；[1]既而辭親蹈義，申胥何以尚焉！封狐萬里，投軀而弗顧；猰窳千群，[2]探穴而忘死。竟能宣力王室，揚名本朝，負荷受遺，繼之全節。言念主辱，義聲動於天地；祇赴國屯，[3]信誓明於日月。枕戈雨泣，若雪分天之仇；皇輿旋軫，[4]卒復夷庚之躅。[5]微夫人之誠懇，大盗幾移國乎！道徽儒雅，柔而有正，協德始安，頗均連璧。[6]方回踵武，奕世登臺。[7]露冕爲飾，援高人以同志，抑惟大隱者歟！愛子云亡，省遺文而輟泣，殊有大義之風矣。

[1]老萊：老萊子，春秋時楚國人，與孔子同時。相傳居住蒙山之陽，自耕而食，有孝行。

[2]猰（yà）貐（yǔ）：喻凶惡的人。猰，原本作“猰”，宋本、殿本作“猰”，據宋本、殿本改。

[3]祇赴國屯：奔赴國家危難。

[4]皇輿旋軫：旋，殿本作“從”。

[5]卒復夷庚之躅：重新踏上平坦大道。

[6]連璧：璧，原本、宋本作“壁”，殿本作“璧”，據殿本改。

[7]奕世：奕，原本、宋本作“弈”，殿本作“奕”，據殿本改。

贊曰：太真懷貞，勤宣乃誠。謀敦翦峻，奮節摛名。道徽忠勁，高芬遠映。愔克負荷，超慚雅正。

晋書　卷六八

列傳第三十八

顧榮　紀瞻　賀循 楊方　薛兼

顧榮

顧榮，字彦先，吴國吴人也，[1]爲南土著姓。祖雍，[2]吴丞相。父穆，宜都太守。[3]榮機神朗悟，弱冠仕吴，[4]爲黄門侍郎、太子輔義都尉。[5]吴平，與陸機兄弟同入洛，[6]時人號爲“三俊”。例拜爲郎中，[7]歷尚書郎、太子中舍人、廷尉正。[8]恒縱酒酣暢，謂友人張翰曰：“惟酒可以忘憂，但無如作病何耳。”

[1]吴國：郡國名，治所在吴縣（今江蘇省蘇州市）。　吴：縣名，治所在今江蘇省蘇州市吴中區。

[2]雍：顧雍，三國時吴郡吴縣（今江蘇省蘇州市）人，字元嘆。少從蔡邕學琴書，歷任孫吴大理、奉常、領尚書令、丞相。

[3]宜都：郡名，治所在夷陵縣（今湖北省宜昌市東南長江北岸）。

[4]弱冠：指男子二十歲時。《禮記・曲禮上》：“二十曰弱，

冠。”年少爲弱，待至二十，即爲成年，舉行冠禮。

[5]黄門侍郎：官名，魏晋時爲侍中省或門下省次官。侍從皇帝，顧問應對，多以重臣或外戚子弟擔任，位頗重要。五品。　太子輔義都尉：三國吴置，東宫屬官，張純、鍾離牧都曾任過此官。

[6]陸機：字士衡，本書卷五四有傳。

[7]郎中：官名，尚書省郎曹長官。位次尚書、左右丞，分曹執行政務。與“尚書郎”互稱。六品。

[8]尚書郎：官名。東漢之制，取孝廉中之有才能者入尚書臺，在皇帝左右處理政務，初入臺稱守尚書郎中，滿一年稱尚書郎，滿三年稱侍郎。魏晋以後尚書各曹有侍郎、郎中等官，綜理職務，通稱爲尚書郎。六品。　太子中舍人：官名，簡稱太子中舍、中舍人、中舍。東宫屬官，其中有才學者與中庶子共掌東宫文翰及奏事文書，侍從規諫太子。位在太子中庶子下、太子洗馬上。六品。　廷尉正：官名，廷尉副貳，高級審判官員，地位相當於列卿丞。可代表廷尉參加詔獄會審，或獨立决斷疑獄，平反冤案，參議案例律條。六品。正，宋本作“王”。

會趙王倫誅淮南王允，[1]收允寮屬付廷尉，[2]皆欲誅之，榮平心處當，多所全宥。及倫篡位，倫子虔爲大將軍，[3]以榮爲長史。[4]初，榮與同寮宴飲，見執炙者貌狀不凡，有欲炙之色，榮割炙啖之。坐者問其故，榮曰：“豈有終日執之而不知其味！”及倫敗，榮被執，將誅，而執炙者爲督率，遂救之，得免。

[1]趙王倫：司馬倫，字子彝，本書卷五九有傳。　淮南王允：司馬允，字欽度，本書卷六四有傳。

[2]廷尉：官名，中央最高司法審判機構長官，負責會審朝中有罪文武大臣，覆核審决郡國疑獄等。三品。

[3]大將軍：官名，高級軍事統帥。曹魏時多以之屯駐長安，對付蜀漢，蜀漢以其爲最高軍事長官，孫吴則别置上大將軍居其上。西晋時爲八公之一，位居上公、大司馬下，三公之上。東晋時常專擅軍政事務。一品。

[4]長史：官名，掌顧問參謀，爲所在官署掾屬之長。魏晋南北朝時王府、公府、軍府、邊郡均置。八至六品。

齊王冏召爲大司馬主簿。[1]冏擅權驕恣，榮懼及禍，終日昏酣，不綜府事，以情告友人長樂馮熊。[2]熊謂冏長史葛旟曰：[3]"以顧榮爲主簿，所以甄拔才望，委以事機，不復計南北親疏，欲平海内之心也。今府大事殷，非酒客之政。"旟曰："榮江南望士，且居職日淺，不宜輕代易之。"熊曰："可轉爲中書侍郎，[4]榮不失清顯，而府更收實才。"旟然之，白冏，以爲中書侍郎。在職不復飲酒。人或問之曰："何前醉而後醒邪？"榮懼罪，乃復更飲。與州里楊彦明書曰：[5]"吾爲齊王主簿，恒慮禍及，見刀與繩，每欲自殺，但人不知耳。"[6]及冏誅，榮以討葛旟功，封嘉興伯，轉太子中庶子。[7]

[1]齊王冏：司馬冏，字景治，本書卷五九有傳。　大司馬：官名，八公之一，位在上公之下、大將軍及三公之上，高級將帥，多爲大臣加官。一品。　主簿：官名，開府屬官，典領文書籍簿，省録衆事，職權甚重。

[2]長樂：封國名，治所在信都縣（今河北省衡水市冀州區）。

[3]葛旟：司馬冏長史、從事中郎，因有功於司馬冏，被封牟平公。

[4]中書侍郎：官名，三國魏文帝黄初初年設中書省，在長官

中書監、中書令以下有通事郎，後增設中書郎，亦稱中書侍郎。掌草擬詔書，外出執行重要使命等。五品。

[5]楊彦明：彦，原本、宋本作“産”，殿本作“彦”，據殿本改。

[6]但：原本作“伹”，宋本、殿本作“但”，據宋本、殿本改。

[7]太子中庶子：官名，太子侍從，掌侍從、奏事、諫議等。五品。

長沙王乂爲驃騎，[1]復以榮爲長史。乂敗，轉成都王穎丞相從事中郎。[2]惠帝幸臨漳，[3]以榮兼侍中，[4]遣行園陵。會張方據洛，[5]不得進，避之陳留。[6]及帝西遷長安，徵爲散騎常侍，[7]以世亂不應，遂還吴。東海王越聚兵於徐州，[8]以榮爲軍諮祭酒。[9]

[1]長沙王乂：司馬乂，字士度，本書卷五九有傳。　驃騎：官名，即驃騎將軍。西漢時爲重號將軍，東漢以後，居諸名號將軍之首，僅作爲軍府名號加授大臣或重要州郡長官。二品，開府位從公者一品。

[2]成都王穎：司馬穎，字章度，本書卷五九有傳。　丞相：官名，原爲最高國務長官，魏晋時省置無常，或分置左、右，或稱大丞相，多用來安置權臣。　從事中郎：官名，東漢時爲大將軍屬官，地位較高。魏晋時爲將軍府或公府屬官。六品。

[3]臨漳：縣名，西晋建興初改鄴縣置，治所在今河北省臨漳縣西南鄴鎮。

[4]侍中：官名，東漢建安中與給事黄門侍郎出入禁中，省尚書事。曹魏時爲門下之侍中省長官，常侍衛皇帝左右，掌顧問應對、諫諍糾察、平議奏事、駁奏異議等，權力甚重。三品。

[5]張方：西晋河間（今河北省獻縣東南）人，本書卷六〇有傳。

[6]陳留：郡國名，治所在小黄縣（今河南省開封市東）。

[7]散騎常侍：官名，三國魏文帝黄初年間置，侍從皇帝左右，諫諍得失，顧問應對，與侍中等共平尚書奏事。出用作宰相、諸公等加官，入宫議政。三品。

[8]東海王越：司馬越，字元超，本書卷五九有傳。　徐州：治所在彭城縣（今江蘇省徐州市）。

[9]軍諮祭酒：官名，即軍師祭酒，晋朝避司馬師名諱而改。亦稱軍咨祭酒、軍謀祭酒、軍祭酒，諸軍府屬官，參謀軍事，位在軍府諸僚佐之上。

屬廣陵相陳敏反，[1]南渡江，逐揚州刺史劉機、丹楊内史王曠，[2]阻兵據州，分置子弟爲列郡，收禮豪桀，有孫氏鼎峙之計。假榮右將軍、丹楊内史。[3]榮數踐危亡之際，恒以恭遜自勉。會敏欲誅諸士人，榮説之曰："中國喪亂，胡夷内侮，觀太傅今日不能復振華夏，百姓無復遺種。江南雖有石冰之寇，[4]人物尚全。榮常憂無竇氏、孫、劉之策，[5]有以存之耳。今將軍懷神武之略，有孫吴之能，[6]功勛效於已著，勇略冠於當世，帶甲數萬，舳艫山積，上方雖有數州，亦可傳檄而定也。若能委信君子，各得盡懷，散蔕芥之恨，塞讒諂之口，則大事可圖也。"敏納其言，悉引諸豪族委任之。敏仍遣甘卓出横江，[7]堅甲利器，盡以委之。榮私於卓曰："若江東之事可濟，[8]當共成之。然卿觀事勢當有濟理不？敏既常才，本無大略，政令反覆，計無所定，然其子弟各已驕矜，其敗必矣。而吾等安然受其官禄，事敗之日，使江西諸軍函首送洛，題曰逆賊顧榮、甘卓之首，豈惟一身顛覆，辱及萬世，可不圖之!”卓從之。明年，周玘與榮及甘卓、紀瞻潛謀起兵攻敏。[9]榮廢橋斂舟於南岸，[10]敏率萬餘人出，不獲濟，榮麾以羽扇，其衆潰散。事平，還吴。永嘉初，[11]徵拜侍中，行至彭城，[12]見禍難方作，遂輕舟而還，語在《紀瞻傳》。

[1]廣陵：郡名，治所在廣陵縣（今江蘇省揚州市西北蜀岡上）。　相：官名，郡國相，也稱内史。五品。　陳敏：字令通，本書卷一〇〇有傳。

[2]揚州：三國魏、吴各置揚州，魏治所在壽春縣（今安徽省壽縣），吴治所在建業縣（今江蘇省南京市）。西晋統一後復合，治所在建鄴縣（今江蘇省南京市）。揚，宋本作“楊”。　丹楊：郡名，治所在建鄴縣（今江蘇省南京市）。楊，原本、宋本、殿本作“陽”，據中華本改。下文“假榮右將軍、丹楊内史”同。　内史：官名，西晋武帝太康十年（289）改諸王國相爲内史，掌管民政。五品。周家禄《晋書校勘記》認爲：“晋制，以郡爲國，内史治民事，若郡太守。國除爲郡，復稱太守。然二名往往混淆，史家亦互稱之。”　王曠：中華本校勘記：“《陳敏傳》作‘王廣’。”

[3]右將軍：官名，漢代重號將軍之一，與前、左、後將軍並爲上卿。魏晋時常設，權位漸低，僅爲武官名號，略高於一般雜號將軍。三品。

[4]石冰：太安二年（303）隨張昌起兵，攻破江州。後被晋將周玘打敗，又被陳敏擊破，乃北投封雲，爲封雲部將張統所殺。

[5]榮常憂無竇氏、孫、劉之策：中華本校勘記：“《通鑑》八六作‘榮常憂無孫劉之主’，較合上下文意。”

[6]孫吴：兵法家孫武和吴起。

[7]敏仍遣：仍，殿本作“乃”。　甘卓：字季思，本書卷七

〇有傳。　横江：今安徽省和縣與馬鞍山市之間的長江。

［8］江東：亦稱江左，因自北方視之，江東在左，江西在右，故稱。

［9］周玘：字宣佩，本書卷五八有傳。

［10］廢橋斂舟於南岸：廢，原本、宋本作“發”，殿本作“廢”，據殿本改。

［11］永嘉：永，宋本作“水”。

［12］彭城：縣名，治所在今江蘇省徐州市。

元帝鎮江東，以榮爲軍司，［1］加散騎常侍，凡所謀畫，皆以諮焉。榮既南州望士，躬處右職，朝野甚推敬之。時帝所幸鄭貴嬪有疾，以祈禱頗廢萬機，榮上箋諫曰：“昔文王父子兄弟乃有三聖，［2］可謂窮理者也。而文王日昃不暇食，［3］周公一沐三捉髮，［4］何哉？誠以一日萬機，不可不理；一言蹉跌，［5］患必及之故也。當今衰季之末，屬亂離之運，而天子流播，豺狼塞路，公宜露營野次，星言夙駕，伏軾怒蛙以募勇士，［6］懸膽於庭以表辛苦。［7］貴嬪未安，藥石實急；禱祀之事，誠復可修；豈有便塞參佐白事，斷賓客問訊？今强賊臨境，流言滿國，人心萬端，去就紛紜。願冲虚納下，廣延俊彦，思畫今日之要，塞鬼道淫祀，弘九合之勤，［8］雪天下之耻，則群生有賴，開泰有期矣。”

［1］軍司：官名，即軍師，因避司馬師諱，故改。爲軍府主要屬僚，佐主帥統軍隊，負有匡正監察主帥之責，地位很高，常繼任主帥。

［2］三聖：指周文王、周武王、周公旦。

[3]日昃：太陽偏西。昃，原本、宋本作“昊”，殿本作“昃”，據殿本改。　不暇食：食，宋本作“湌”，同“餐”。

[4]一沐三捉髮：傳説周公在洗浴過程中，曾三次被亟需處理的國事打斷。原本、宋本無“一”字，殿本有，據殿本補。捉，殿本作“握”。

[5]蹉跌：失誤。

[6]伏軾怒蛙：《韓非子·内儲説上》：“越王勾踐見怒蛙而式之。御者曰：‘何爲式？’王曰：‘蛙有氣如此，可無爲式乎？’士人聞之，曰：‘蛙有氣，王猶爲式，况士人有勇者乎？’”

[7]懸膽：春秋末期，吴越相争，越國兵敗，卑辭厚禮以請和。“吴既赦越，越王句踐反國，乃苦身焦思，置膽於坐，坐卧即仰膽，飲食亦嘗膽。”事見《史記》卷四一《越王句踐世家》。

[8]九合：指春秋齊桓公九合諸侯之功。

時南土之士未盡才用，榮又言：“陸士光貞正清貴，[1]金玉其質；甘季思忠款盡誠，膽幹殊快；殷慶元質略有明規，[2]文武可施用；榮族兄公讓明亮守節，[3]困不易操；會稽楊彦明、謝行言皆服膺儒教，[4]足爲公望；賀生沉潛，青雲之士；陶恭兄弟才幹雖少，實事極佳。凡此諸人，皆南金也。”書奏，皆納之。

[1]陸士光：陸曄，字士光，本書卷七七有傳。　貞正清貴：堅貞端方清正高貴。

[2]殷慶元：《三國志》卷五二《吴書·顧邵傳》注引《文士傳》載：殷禮有三子，少子殷祐，字慶元，吴郡太守。元，原本、宋本作“兄”，殿本作“元”，據殿本改。

[3]榮族兄公讓：即顧謙，《宋書》卷八一《顧覬之傳》：“顧覬之，字偉仁，吴郡吴人也。高祖謙，字公讓，晋平原内史陸機姊

夫。”族兄，宋本作“施兄”。

[4]會稽：郡名，治所在山陰縣（今浙江省紹興市）。

六年，卒官。帝臨喪盡哀，欲表贈榮，依齊王功臣格。[1]吴郡内史殷祐箋曰：[2]

昔賊臣陳敏憑寵藉權，[3]滔天作亂，兄弟姻婭盤固州郡，威逼士庶以爲臣僕，于時賢愚計無所出。故散騎常侍、安東軍司、嘉興伯顧榮經德體道，謀猷弘遠，忠貞之節，在困彌厲。崎嶇艱險之中，逼迫奸逆之下，每惟社稷，發憤慷慨。密結腹心，同謀致討。信著群士，名冠東夏，德聲所振，莫不響應，荷戈駿奔，其會如林。榮躬當矢石，爲衆率先，忠義奮發，[4]忘家爲國，歷年逋寇，一朝土崩，兵不血刃，蕩平六州，勛茂上代，義彰天下。

[1]齊王：齊王司馬攸，字大猷。本書卷三八有傳。

[2]吴郡：治所在吴縣（今江蘇省蘇州市）。　殷祐：東晋人，任吴郡内史、宣城太守等職。

[3]憑寵藉權：憑，原本、宋本作“馮”，殿本作“憑”，據殿本改。

[4]忠義奮發：義，宋本作“乂”。

伏聞論功依故大司馬齊王格，不在帷幕密謀參議之例，下附州征野戰之比，不得進爵拓土，賜拜子弟，遐邇同嘆，江表失望。齊王親則近屬，位爲方岳，杖節握兵，都督近畿，外有五國之援，内有宗室之助，稱兵彌時，役連天下，元功雖建，所喪亦多。榮衆無一旅，任非藩翰，孤絶江外，王命不通，臨危獨斷，以身殉國，官無一金之費，人無終朝之勞。元惡既殄，高尚成功，封閉倉廩，以俟大軍，故國安物阜，[1]以義成俗，今日匡霸事舉，未必不由此而隆也。方之於齊，强弱不同，優劣亦異。至於齊府參佐，扶義助强，非創謀之主，皆錫珪受瑞，或公或侯。榮首建密謀，爲方面盟主，功高元帥，賞卑下佐，上虧經國紀功之班，下孤忠義授命之士。

[1]故國安物阜：故，宋本作“敌”。

夫考績幽明，王教所崇，況若榮者，濟難寧國，應天先事，歷觀古今，未有立功若彼，酬報如此者也。

由是贈榮侍中、驃騎將軍、開府儀同三司，[1]謚曰元。及帝爲晋王，追封爲公，開國，食邑。

[1]開府儀同三司：官名，三國魏始置。爲大臣加號，意謂與太尉、司徒、司空三司待遇相同，許開設府署，任命僚屬。

榮素好琴，及卒，家人常置琴於靈座。吴郡張翰哭之慟，[1]既而上床鼓琴數曲，撫琴而嘆曰：“顧彦先復能賞此不?”因又慟哭，不吊喪主而去。子毗嗣，官至散騎侍郎。[2]

[1]張翰：字季鷹，本書卷九二有傳。

[2]散騎侍郎：官名，三國魏置。隸屬散騎省，侍從皇帝左右，顧問應對，諫諍拾遺，與散騎常侍、侍中等共平尚書奏事。五品。

紀瞻

紀瞻，字思遠，丹楊秣陵人也。[1]祖亮，吴尚書令。[2]父陟，光禄大夫。[3]瞻少以方直知名。吴平，徙家歷陽郡。[4]察孝廉，[5]不行。

[1]丹楊：楊，殿本作“陽”。本卷下文此地名同。　秣陵：縣名，東漢建安十七年（213）孫權改名建業縣，治所在今江蘇省南京市。

[2]尚書令：官名，秦漢時爲尚書署長官。秩位雖低，權力甚重。魏晋時沿置，爲尚書省長官，綜理全國政務，參議大政，爲高級政務長官。三品。

[3]光禄大夫：官名，三公等大臣告老回家即拜此職，或作爲在朝顯職的加官。三品，開府位從公者一品。

[4]歷陽郡：西晋永興元年（304）置，治所在歷陽縣（今安徽省和縣）。

[5]孝廉：漢代選拔人才的科目。

後舉秀才，[1]尚書郎陸機策之曰：“昔三代明王，啓建洪業，文質殊制，而令名一致。然夏人尚忠，忠之弊也朴，救朴莫若敬。殷人革而修焉，敬之弊也鬼，救鬼莫若文。周人矯而變焉，文之弊也薄，救薄則又反之於忠。然則王道之反覆其無一定邪，亦所祖之不同而功業各異也？自無聖王，人散久矣。三代之損益，百姓之變遷，其故可得而聞邪？今將反古以救其弊，明風以蕩其穢，三代之制將何所從？太古之化有何異道？”瞻對曰：“瞻聞有國有家者，皆欲邁化隆政，以康庶績，垂歌億載，永傳于後。然而俗變事弊，得不隨時，[2]雖經聖哲，無以易也。故忠弊質野，敬失多儀。周鑒二王之弊，崇文以辯等差，而流遁者歸薄而無款誠，[3]款誠之薄，則又反之於忠。三代相循，如水濟火，所謂隨時之義，救弊之術也。羲皇簡朴，[4]無爲而化；後聖因承，所務或異。非賢聖之不同，世變使之然耳。今大晋闡元，聖功日隮，承天順時，九有一貫，荒服之君，莫不來同。然而大道既往，人變由久，謂當今之政宜去文存朴，[5]以反其本，則兆庶漸化，[6]大和可致也。”[7]

[1]秀才：察舉科目，州舉秀才，郡舉孝廉。

[2]得不隨時：不，殿本作“失”。

[3]款誠：款，宋本作“隸”。

[4]羲皇：又稱庖犧氏、伏羲、伏戲、伏犧、包羲、宓犧等。即太昊，或稱黄熊氏。神話中的人類始祖，八卦創始人。

[5]當今之政：政，宋本作“救”。

[6]兆庶：百姓。

[7]大和：太平。大，殿本作“太”。

又問：“在昔哲王象事備物，明堂所以崇上帝，清廟所以寧祖考，辟雍所以班禮教，太學所以講藝文，此蓋有國之盛典，爲邦之大司。亡秦廢學，制度荒闕。諸儒之論，損益異物。漢氏遺作，居爲異事，而蔡邕《月令》謂之一物。[1]將何所從？”對曰：“周制明堂，所以宗其祖以配上帝，敬恭明祀，永光孝道也。其大數有六。古者聖帝明王南面而聽政，其六則以明堂爲主。又其正中，皆云太廟，以順天時，施行法令，宗祀養老，訓學講肆，[2]朝諸侯而選造士，備禮辯物，[3]一教化之由也。故取其宗祀之類，則曰清廟；取其正室之貌，則曰太廟；取其室，則曰太室；取其堂，則曰明堂；取其四門之學，則曰太學；取其周水圜如璧，則曰璧雍。異名同事，其實一也。是以蔡邕謂之一物。”

[1]蔡邕：東漢陳留圉（今河南省杞縣西南）人，字伯喈。通天文、數術、音律、辭章。董卓專擅朝政，任蔡邕爲祭酒、尚書、中郎將。董卓被誅後，王允將蔡邕收付廷尉治罪，死於獄中。

[2]講肆：講習。肆，殿本作“肄”。

[3]備禮辯物：辯，殿本作“辨”。

又問：“庶明亮采，[1]故時雍穆唐；有命既集，而多士隆周。[2]故《書》稱明良之歌，[3]《易》貴金蘭之美。[4]此長世所以廢興，有邦所以崇替。夫成功之君勤於求才，立名之士急於招世，理無世不對，而事千載恒背。古之興王何道而如彼？後之衰世何闕而如此？”對曰：“興隆之政務在得賢，清平之化急於拔才，故二八登庸，[5]則百揆序；[6]有亂十人，[7]而天下泰。武丁擢傅巖之徒，[8]周文携渭濱之士，[9]居之上司，委之國政，故能龍奮天衢，垂勛百代。先王身下白屋，[10]搜揚仄陋，使山無扶蘇之才，[11]野無伐檀之咏。[12]是以化厚物感，神祇來應，翔鳳飄飖，甘露豐墜，醴泉吐液，朱草自生，萬物滋茂，日月重光，和氣四塞，大道以成；序君臣之義，敦父子之親，明夫婦之道，别長幼之宜，自九州，被八荒，海外移心，重譯入貢，[13]頌聲穆穆，南面垂拱也。今貢賢之塗已闓，而教學之務未廣，是以進競之志恒鋭，而務學之心不修。若闢四門以延造士，宣五教以明令德，考績殿最，審其優劣，厝之百寮，置之群司，使調物度宜，[14]節宣國典，必協濟康哉，[15]符契往代，[16]明良來應，金蘭復存也。"

[1]庶明亮采：群賢輔佐政事。

[2]多士：典出《詩·大雅·文王》："濟濟多士，文王以寧。"

[3]《書》稱明良之歌：語見《尚書·益稷》："元首明哉，股肱良哉，庶事康哉！"意爲有賢明的君主和忠良的臣子，萬事就順利了。

[4]《易》貴金蘭之美：語見《易·繫辭上》："二人同心，其利斷金；同心之言，其臭如蘭。"

[5]二八登庸：人才被選拔任用。二八，即八元、八愷。八元，上古傳説中的八个才子。《左傳·文公十八年》："高辛氏有才子八人：伯奮、仲堪、叔獻、季仲、伯虎、仲熊、叔豹、季貍，忠肅共懿，宣慈惠和，天下之民謂之'八元'。"八愷，《左傳·文公十八年》："昔高陽氏有才子八人：蒼舒、隤敳、檮戭、大臨、尨降、庭堅、仲容、叔達，齊聖廣淵，明允篤誠，天下之民謂之'八愷'。"登庸，選拔任用。

[6]則百揆序：宋本無"則"。

[7]有亂十人：《尚書·泰誓中》："予有亂臣十人，同心同德。"孔穎達疏："謂我治理之臣有十人也。"

[8]武丁擢傅巖之徒：《史記》卷三《殷本紀》載：武丁夜夢得聖人，名曰説。群臣百官都不是夢中人，便命人在朝廷以外尋求，結果發現一個版築城墻的刑徒，與夢中所見一樣，便舉以爲相，使殷國大治。

[9]周文携渭濱之士：《史記》卷三二《齊太公世家》：吕尚年老且貧，在渭水畔釣魚以等待明主發現。周文王將出獵，占卜，得知將得人才，乃出獵，果遇太公於渭之陽，與語大説，曰："自吾先君太公曰'當有聖人適周，周以興'。子真是邪？吾太公望子久矣。"故號之曰"太公望"，載與俱歸，立爲師。

[10]白屋：指平民或寒士。《後漢書》卷八〇《文苑傳下·高彪傳》："昔周公旦父文兄武，九命作伯以尹華夏，猶揮沐吐餐，垂接白屋，故周道以隆，天下歸德。"李賢注："白屋，匹夫也。"

[11]山無扶蘇之才：意謂使人盡其才，不被冷落在山上。扶蘇，樹名。《詩·鄭風·山有扶蘇》："山有扶蘇，隰有荷華。"

[12]野無伐檀之咏：意謂國中百姓無怨言。伐檀，語見《詩·魏風·伐檀》。

[13]重譯：輾轉翻譯。

[14]使調物度宜：使，宋本作"徒"。

[15]必協濟康哉：濟康，原本、宋本作"康濟"，殿本作"濟康"，據殿本改。

[16]符契往代：符，原本、宋本作"等"，殿本作"符"，據殿本改。

又問："昔唐虞垂五刑之教，[1]周公明四罪之制，[2]故世嘆清問而時歌緝熙。[3]奸宄既殷，法物滋有。叔世崇三辟之文，[4]暴秦加族誅之律，淫刑淪胥，虐濫已甚。

漢魏遵承，因而弗革。亦由險泰不同，而救世異術，不得已而用之故也。寬克之中，將何立而可？族誅之法足爲永制與不？”對曰：“二儀分則兆庶生，兆庶生則利害作。利害之作，[5]有由而然也。太古之時，化道德之教，賤勇力而貴仁義。仁義貴則强不陵弱，衆不暴寡。三皇結繩而天下泰，非惟象刑緝熙而已也。且太古知法，所以遠獄。及其末，不失有罪，是以獄用彌繁，而人彌暴，法令滋章，盗賊多有。《書》曰：‘惟敬五刑，以成三德。’[6]叔世道衰，既興三辟，而文公之弊，[7]又加族誅，淫刑淪胥，感傷和氣，化染後代，不能變改。故漢祖指麾而六合響應，魏承漢末，因而未革，將以俗變由久，權時之宜也。今四海一統，人思反本，漸尚簡樸，則貪夫不競；尊賢黜否，則不仁者遠。爾則斟參夷之刑，除族誅之律，[8]品物各順其生，緝熙異世而偕也。”

[1]五刑：五種刑罰。《尚書·舜典》：“五刑有服。”孔安國傳：“五刑：墨、劓、剕、宫、大辟。”各時期的五刑内容不盡相同。

[2]四罪：周公所明“四罪”不詳。

[3]清問：《尚書·吕刑》：“皇帝清問下民，鰥寡有辭于苗。”孔安國傳：“帝堯詳問民患，皆有辭怨於苗民。”孔穎達疏：“帝堯清審詳問下民所患。”　緝熙：《詩·大雅·文王》：“穆穆文王，於緝熙敬止。”毛亨傳：“緝熙，光明也。”

[4]三辟：謂夏、商、周三代之刑法。《左傳·昭公六年》：“夏有亂政，而作《禹刑》；商有亂政，而作《湯刑》；周有亂政，而作《九刑》。三辟之興，皆叔世也。”

[5]利害之作：宋本無“之”字。

[6]“惟敬五刑”句：語見《尚書·吕刑》。
[7]文公之弊：公，殿本作“網”。
[8]除族誅之律：族，殿本作“挾”。

又問曰：“夫五行迭代，陰陽相須，二儀所以陶育，四時所以化生。《易》稱‘在天成象，在地成形’。形象之作，相須之道也。若陰陽不調，則大數不得不否；一氣偏廢，則萬物不得獨成。此應同之至驗，不偏之明證也。今有温泉而無寒火，其故何也？思聞辯之，以釋不同之理。”對曰：“蓋聞陰陽升降，山澤通氣，初九純卦，潛龍勿用，[1]泉源所託，其温宜也。若夫水潤下，火炎上，剛柔燥濕，自然之性，故陽動而外，陰静而内。内性柔弱，以含容爲資；[2]外動剛直，以外接爲用。是以金水之明内鑒，火日之光外輝，剛施柔受，陽勝陰伏。水之受温，含容之性也。”

[1]初九純卦，潛龍勿用：《易·乾卦》第一爻爲初九，卦辭爲“潛龍勿用”。
[2]以含容爲資：資，殿本作“質”。

又問曰：“夫窮神知化，才之盡稱；備物致用，[1]功之極目。以之爲政，則黄羲之規可踵；以之革亂，則玄古之風可紹。然而唐虞密皇人之闊網，[2]夏殷繁帝者之約法，機心起而日進，淳德往而莫反。豈大樸一離，[3]理不可振，將聖人之道稍有降殺邪？”[4]對曰：“政因時以興，機隨物而動，故聖王究窮通之源，[5]審始終之理，[6]適時之宜，期於濟世。皇代質朴，禍難不作，結繩爲信，人知所守。大道既離，智惠擾物，夷險不同，否泰異數，故唐虞密皇人之網，夏殷繁帝者之法，皆廢興有由，輕重以節，此窮神之道，知化之術，隨時之宜，非有降殺也。”

[1]備物致用：原本、宋本無“備”字，殿本有，據殿本補。
[2]密皇人之闊網：闊，宋本作“闕”。
[3]大樸一離：大，殿本作“太”。
[4]降殺：遞減。
[5]究窮通之源：究，宋本作“救”。
[6]審始終之理：宋本無“審”字。

永康初，州又舉寒素，[1]大司馬辟東閤祭酒。[2]其年，除鄢陵公國相，不之官。明年，左降松滋侯相。太安中，棄官歸家，與顧榮等共誅陳敏，語在《榮傳》。

[1]寒素：漢晋選拔士人的科目名。晋葛洪《抱樸子·審舉》：“故時人語曰：舉秀才，不知書；察孝廉，父别居；寒素清白濁如泥，高第良將怯如鷄。”

[2]東閤祭酒：官名，王府、公府、丞相府、將軍府僚屬。曹操時置。晋朝東、西置兩閤祭酒，西晋時西閤爲上，東晋時東閤爲上。

召拜尚書郎，與榮同赴洛，在塗共論《易》太極。榮曰：“太極者，蓋謂混沌之時曚昧未分，日月含其輝，八卦隱其神，天地混其體，聖人藏其身。然後廓然既變，清濁乃陳，二儀著象，陰陽交泰，萬物始萌，六合闓拓。[1]《老子》云‘有物混成，先天地生’，[2]誠《易》之太極也。而王氏云‘太極天地’，[3]愚謂未當。夫兩儀之謂，以體爲稱，則是天地；以氣爲名，則名陰陽。今若謂太極爲天地，則是天地自生，無生天地者也。《老子》又云‘天地所以能長且久者，以其不自生，故能長久’，[4]‘一生二，二生三，三生萬物’，[5]以資始冲氣以爲和。原元氣之本，求天地之根，恐宜以此爲準也。”[6]瞻曰：“昔庖犧畫八卦，陰陽之理盡矣。文王、仲尼係其遺業，三聖相承，共同一致，稱《易》準天，無復其餘也。夫天清地平，兩儀交泰，四時推移，日月輝其間，自然之數，雖經諸聖，孰知其始。吾子云‘曚昧未分’，豈其然乎！聖人，人也，安得混沌之初能藏其身於未分之内！老氏先天之言，此蓋虚誕之説，非易者之意也。亦謂吾子神通體解，所不應疑。意者直謂太極極盡之稱，言其理極，無復外形；外形既極，而生兩儀。王氏指向可謂近之。古人舉至極以爲驗，謂二儀生於此，非復謂有父母。若必有父母，非天地其孰在？”榮遂止。至徐州，聞亂日甚，將不行。會刺史裴盾得東海王越書，若榮等顧望，以軍禮發遣，乃與榮及陸玩等各解船棄車牛，[7]一日一夜行三百里，[8]得還揚州。[9]

[1]六合闓拓：天地四方開拓伸展。

[2]“有物混成”句：語見《道德經》第二十五章。

[3]王氏：王弼，三國魏山陽高平（今山東省鄒城市西南）

人，字輔嗣。玄學家，與何晏、夏侯玄等開玄學清談之風，史稱“正始之音”。著有《老子注》《老子指略》《周易注》《周易略例》等。

[4]“天地所以能長且久者”句：語見《道德經》第七章。

[5]“一生二”句：語見《道德經》第四十二章。

[6]恐宜以此爲準也：宜，殿本作“疑”。

[7]陸玩：字士瑶，本書卷七七有傳。

[8]一日一夜：一日，原本、宋本作“不”，殿本作“一日”，據殿本改。

[9]揚州：揚，原本、宋本作“楊”，殿本作“揚”，據殿本改。

元帝爲安東將軍，[1]引爲軍諮祭酒，轉鎮東長史。[2]帝親幸瞻宅，與之同乘而歸。以討周馥、華軼功，[3]封都鄉侯。石勒入寇，[4]加揚威將軍、都督京口以南至蕪湖諸軍事，[5]以距勒。勒退，除會稽内史。時有詐作大將軍府符收諸暨令，[6]令已受拘，瞻覺其詐，便破檻出之，訊問使者，果伏詐妄。尋還丞相軍諮祭酒。論討陳敏功，封臨湘縣侯。西臺除侍中，[7]不就。

[1]安東將軍：官名，東漢建安年間置，與安西、安南、安北將軍合稱四安將軍，爲出鎮某一地區的軍事長官，或作爲刺史等兼理軍務的加官，權任頗重。三品，加持節都督者二品。

[2]鎮東：官名，即鎮東將軍。東漢建安年間置，與鎮西、鎮南、鎮北將軍合稱四鎮將軍，多爲持節都督，出鎮方面。曹魏二品。晉三品，加持節都督者二品。

[3]周馥：字祖宣，本書卷六一有傳。　華軼：字彦夏，本書卷六一有傳。

[4]石勒：字世龍，本書卷一〇四有載記。

[5]揚威將軍：官名，雜號將軍，領兵。四品。　都督京口以南至蕪湖諸軍事：京口以南至蕪湖地區最高軍事行政長官。

[6]諸暨：縣名，治所在今浙江省諸暨市。

[7]西臺：兩晋、南朝稱朝廷禁省及中樞政權機構爲臺。西晋末丞相司馬睿南渡，在江左建立政權，承制行事，長安朝廷遂號西臺。

及長安不守，與王導俱入勸進。[1]帝不許。瞻曰："陛下性與天道，猶復役機神於史籍，觀古人之成敗，今世事舉目可知，不爲難見。二帝失御，宗廟虛廢，神器去晋，于今二載，梓宫未殯，[2]人神失御。陛下膺籙受圖，[3]特天所授。[4]使六合革面，遐荒來庭，宗廟既建，神主復安，億兆向風，殊俗畢至，若列宿之綰北極，[5]百川之歸巨海，而猶欲守匹夫之謙，非所以闡七廟，[6]隆中興也。但國賊宜誅，當以此屈己謝天下耳。而欲逆天時，違人事，失地利，三者一去，雖復傾匡於將來，豈得救祖宗之危急哉！適時之宜萬端，其可綱維大業者，惟理與當。晋祚屯否，理盡於今。促之則得，可以隆中興之祚；縱之則失，所以資奸寇之權；此所謂理也。陛下身當厄運，纂承帝緒，[7]顧望宗室，誰復與讓！當承大位，此所謂當也。四祖廓開宇宙，大業如此。今五都燔爇，[8]宗廟無主，劉載竊弄神器於西北，[9]陛下方欲高讓於東南，此所謂揖讓而救火也。臣等區區，尚所不許，況大人與天地合德，日月並明，而可以失機後時哉！"帝猶不許，使殿中將軍韓績徹去御坐。[10]瞻叱績曰："帝坐上應星宿，敢有動者斬！"帝爲之改容。

[1]王導：字茂弘，本書卷六五有傳。

[2]梓宫未殯：皇帝的棺椁未出殯。指皇帝死後没舉行喪禮。

[3]膺籙受圖：應天受命。

[4]特天所授：授，宋本作"受"。

[5]列宿之綰北極：衆星圍拱北極。

[6]七廟：古代禮制，天子七廟。魏晋南北朝以前，無嚴格意義的皇家七廟制度。三國以後鄭玄、王肅又對七廟制度有各自的解釋。鄭玄認爲七廟包括始祖、二祧、兩昭、兩穆。王肅認爲是太祖、二祧、兩昭、兩穆。實踐中按照王肅的主張踐行者居多。

[7]纂承帝緒：承，原本、宋本作"成"，殿本作"承"，據殿本改。

[8]燔爇：焚燒。

[9]劉載：即劉聰，字玄明，一名載，本書卷一〇二有載記。

[10]殿中將軍：官名，三國魏置，掌典禁兵督守殿廷。西晋分隸屬左右衛將軍，朝會宴饗及皇帝出入護衛左右。六品。　韓績：字興齊，本書卷九四有傳。

及帝踐位，拜侍中，轉尚書，[1]上疏諫諍，多所匡益，帝甚嘉其忠烈。會久疾，不堪朝請，上疏曰：

臣疾疢不痊，曠廢轉久，比陳誠款，未見哀察。重以尸素，抱罪枕席，憂責之重，不知垂没之餘當所投厝。臣聞易失者時，不再者年，故古之志士義人負鼎趣走，[2]商歌於市，[3]誠欲及時效其忠規，名傳不朽也。然失之者億萬，得之者一兩耳。

常人之情，貪求榮利。臣以凡庸，邂逅遭遇，勞無負俎，[4]口不商歌，横逢大運，頻煩饕竊。雖思慕古人自效之志，竟無豪釐報塞之效，而犬馬齒衰，衆疾廢頓，僵卧救命，百有餘日，叩棺曳衾，日頓一日。如復天假之年，蒙陛下行葦之惠，適可薄存性命，枕息陋巷，亦無由復厠八坐，[5]升降臺閣也。[6]臣目冥齒墮，胸腹冰冷，創既不差，足復偏跛，爲病受困，既以荼毒。七十之年，禮典所遺，衰老之徵，皎然露見。臣雖欲勤自藏護，隱伏何地！

[1]尚書：官名，東漢尚書臺六曹各置尚書，秩六百石。魏晋出爲朝官，分掌尚書省諸曹，品秩提高。三品。

[2]負鼎趣走：指伊尹背負鼎俎見湯，喻以烹調致湯王道之事。《史記》卷三《殷本紀》："伊尹名阿衡。阿衡欲於湯而無由，乃爲有莘氏媵臣，負鼎俎，以滋味説湯，致于王道。"

[3]商歌於市：指寧戚被齊桓公所用之事。《新序·雜事五》："寧戚欲干齊桓公，窮困無以自進，於是爲商旅，賃車以適齊，暮宿於郭門之外。桓公郊迎客，夜開門，辟賃車者，執火甚盛，從者甚衆，寧戚飯牛於車下，望桓公而悲，擊牛角，疾商歌。桓公聞之，執其僕之手曰：'異哉！此歌者非常人也。'命後車載之。"

[4]勞無負俎：俎，殿本作"鼎"。

[5]八坐：即八座，尚書省高級官員的合稱。東漢用以稱尚書令、僕射、六曹尚書。魏晋以後，用以稱尚書令、左右僕射、諸曹尚書。無論共有幾人，皆沿用八座之稱。

[6]臺閣：泛指中央朝廷機構。

臣之職掌，户口租税，國之所重。方今六合波盪，人未安居，始被大化，百度草創，發卒轉運，皆須人力。以臣平强，兼以晨夜，尚不及事，今俟命漏刻，而當久停機職，使王事有廢。若朝廷以之廣恩，則憂責日重；以之序官，則官廢事弊；須臣差，[1]則臣日月衰退。今以天慈，使官曠事滯，臣受偏私之宥，於大望亦有虧損。今萬國革面，賢俊比迹，而當虚停好爵，不以縻賢，以臣穢病之餘，妨官固職，誠非古今黜進之急。[2]惟陛下割不已之仁，賜以弊帷，[3]隕仆之日，得以藉尸；時銓俊乂，使官修事舉，臣免罪戮，死生厚幸！

因以疾免。尋除尚書右僕射，[4]屢辭不聽，遂稱病篤，還第，不許。

[1]須臣差：等待我病愈。

[2]誠非古今黜進之急：進，宋本作“建”。

[3]弊帷：弊，殿本作“敝”。

[4]尚書右僕射：官名，尚書令副手，掌拆閱封緘奏章文書、參議政事、諫諍駁議、監察百官。位在左僕射之下。三品。

時郗鑒據鄒山，[1]屢爲石勒等所侵逼。瞻以鑒有將相之材，恐朝廷棄而不恤，上疏請徵之，曰：“臣聞皇代之興，必有爪牙之佐，扞城之用，帝王之利器也。故虞舜舉十六相而南面垂拱。伏見前輔國將軍郗鑒，[2]少立高操，體清望峻，文武之略，時之良幹。昔與戴若思同辟，[3]推放荒地，所在孤特，衆無一旅，救援不至。

然能綏集殘餘，據險歷載，遂使凶寇不敢南侵。但士衆單寡，無以立功，既統名州，又爲常伯。[4]若使鑒從容臺闔，出内王命，必能盡抗直之規，補衮職之闕。自先朝以來，諸所授用，已有成比。戴若思以尚書爲六州都督、征西將軍，[5]復加常侍，劉隗鎮北，[6]陳眕鎮東。[7]以鑒年時，則與若思同；以資，則俱八坐。况鑒雅望清重，一代名器。聖朝以至公臨天下，[8]惟平是與，是以臣寢頓陋巷，思盡聞見，惟開聖懷，垂問臣導，冀有豪釐萬分之一。"

[1]郗鑒：字道徽，本書卷六七有傳。郗，殿本作"郄"，本卷下文"輔國將軍郗鑒"同。　鄒山：又名繹山、嶧陽山、嶧山、鄒繹山、朱繹山，位於今山東省鄒城市東南。

[2]輔國將軍：官名，屬將軍名號，三國兩晋皆置，三品。

[3]戴若思：戴淵，本書卷六九有傳。

[4]常伯：皇帝近臣泛稱。《尚書·主政》："王左右常伯、常任。"孔穎達疏："王之親近左右，常所長事，謂三公也。"

[5]六州都督：即都督六州諸軍事。　征西將軍：官名，東漢永元年間置，地位與雜號將軍、偏將軍、裨將軍等同。建安年間與征東、征南、征北將軍合稱四征將軍，地位提高。三品，加持節都督者二品。

[6]劉隗：字大連，本書卷六九有傳。　鎮北：官名，即鎮北將軍。東漢建安年間置，與鎮西、鎮南、鎮東將軍合稱四鎮將軍，多爲持節都督，出鎮方面。三品，加持節都督者二品。

[7]陳眕：西晋潁川（今河南省許昌市東）人，歷任右衛將軍、左衛將軍，附賈謐，與石崇、歐陽建、潘岳等爲"二十四友"。

[8]聖朝：朝，殿本作"明"。

明帝嘗獨引瞻於廣室，慨然憂天下，曰：“社稷之臣，欲無復十人，如何？”[1]因屈指曰：“君便其一。”瞻辭讓。帝曰：“方欲與君善語，復云何崇謙讓邪！”瞻才兼文武，朝廷稱其忠亮雅正。[2]俄轉領軍將軍，當時服其嚴毅。雖恒疾病，六軍敬憚之。瞻以久病，請去官，不聽，復加散騎常侍。及王敦之逆，[3]帝使謂瞻曰：“卿雖病，但爲朕卧護六軍，所益多矣。”乃賜布千匹。瞻不以歸家，分賞將士。賊平，復自表還家，帝不許，固辭不起。詔曰：“瞻忠亮雅正，識局經濟，屢以年耆病久，逡巡告誠。朕深明此操，重違高志，今聽所執，其以爲驃騎將軍，常侍如故。服物制度，一案舊典。”遣使就拜，止家爲府。尋卒，時年七十二。册贈本官、開府儀同三司，謚曰穆，遣御史持節監護喪事。論討王含功，[4]追封華容子，降先爵二等，封次子一人亭侯。

[1]欲無復十人，如何：中華本校勘記：“《册府》一四八作‘殆無復十人，如何’。”

[2]忠亮雅正：亮，宋本作“量”。

[3]王敦：字處仲，本書卷九八有傳。

[4]王含：字處弘，王敦兄，歷任衛將軍、都督沔南軍事、領南蠻校尉、荆州刺史、征東將軍、都督揚州江西諸軍事，王敦兵敗後，被王舒沉江淹死。

瞻性静默，少交游，好讀書，或手自抄寫，凡所著述，詩賦箋表數十篇。兼解音樂，殆盡其妙。厚自奉養，立宅於烏衣巷，館宇崇麗，園池竹木，有足賞玩焉。慎行愛士，老而彌篤。尚書閔鴻、太常薛兼、廣川太守河南褚沉、給事中宣城章遼、歷陽太守沛國武嘏，[1]並與瞻素疏，咸藉其高義，臨終託後於瞻。瞻悉營護其家，爲起居宅，同於骨肉焉。少與陸機兄弟親善，及機被誅，贍恤其家周至，[2]及嫁機女，資送同於所生。長子景早卒。景子友嗣，官至廷尉。景弟鑒，太子庶子、大將軍從事中郎，[3]先瞻卒。

[1]太常薛兼：兼，殿本作“謙”。　廣川：郡名，治所在棗强縣（今河北省棗强縣東南）。　河南：郡名，治所在洛陽縣（今河南省洛陽市東北）。　給事中：官名，爲加官，所加爲三公、將軍、中書監令、博士、郎等。常侍從皇帝左右，諫諍糾彈，爲中朝要職。五品。　宣城：郡名，治所在宛陵縣（今安徽省宣城市）。　沛國：三國魏治所在沛縣（今江蘇省沛縣），西晋時治所在相縣（今安徽省濉溪縣西北）。

[2]贍恤：贍，原本、宋本、殿本作“瞻”，據中華本改。

[3]太子庶子：官名，東宫屬官。晋太子宫置中庶子、庶子各四員，職比散騎常侍。以俊茂者爲之。釋奠禮時，中庶子扶左，庶子扶右。五品。

賀循

賀循，字彦先，會稽山陰人也。[1]其先慶普，[2]漢世傳《禮》，世所謂慶氏學。族高祖純，[3]博學有重名，漢安帝時爲侍中，避安帝父諱，改爲賀氏。曾祖齊，[4]仕吴爲名將。祖景，[5]滅賊校尉。[6]父邵，[7]中書令，[8]爲孫皓所殺，徙家屬邊郡。

[1]山陰：縣名，治所在今浙江省紹興市。

[2]慶普：西漢沛（今江蘇省沛縣東）人，字孝公。與戴德、戴聖等同受《禮》於后蒼，立爲博士，任東平王劉宇太傅。開創《禮》慶氏學。

[3]純：賀純，東漢會稽山陰（今浙江省紹興市）人，字仲真。少爲諸生，博極群藝。十辟公府，三舉賢良方正，五徵博士，四公車徵，皆不就。後徵拜議郎，數陳灾異，上便宜數百事，多見省納。遷江夏太守。

[4]齊：賀齊，字公苗，三國孫吴會稽山陰（今浙江省紹興市）人。少爲郡吏，守剡長。孫策開闢江東，賀齊被舉孝廉。歷任永寧長、平東校尉、威武中郎將、新都太守、偏將軍、奮武將軍、安東將軍、後將軍。尤好軍事，兵甲器械極爲精好，是孫吴著名將領之一。

[5]景：賀景，賀齊之子，任滅賊校尉，御衆嚴而有恩，兵器精飾，爲當時冠絶。達頗任氣，輕財貴義，膽烈過人。然多所犯迕，故雖有征戰之勞，而爵位不至。有令名，爲孫吴佳將。

[6]滅賊校尉：三國孫吴置，爲領兵武官。

[7]邵：賀邵，三國時孫吴會稽山陰（今浙江省紹興市）人，字興伯。歷任孫吴中郎、散騎侍郎、吴郡太守、左典軍、中書令等職。孫皓當政時，被誣毁謗政事遭拷問致死。

[8]中書令：官名，掌收納尚書奏事、傳達皇帝詔旨。三國魏文帝初年分秘書置中書省，設中書監和中書令，職權甚重。三品。

循少嬰家難，流放海隅，吴平，乃還本郡。操尚高厲，童齔不群，言行進止，必以禮讓。國相丁乂請爲五官掾。[1]刺史嵇喜舉秀才，[2]除陽羨令，[3]以寬惠爲本，不求課最。後爲武康令，[4]俗多厚葬，及有拘忌回避歲月，停喪不葬者，循皆禁焉。政教大行，鄰城宗之。然無援於朝，久不進序。著作郎陸機上疏薦循曰：“伏見武康令賀循德量邃茂，才鑒清遠，服膺道素，風操凝峻，歷試二城，[5]刑政肅穆。前蒸陽令郭訥風度簡曠，[6]器識朗拔，通濟敏悟，才足幹事。循守下縣，編名凡悴；[7]訥歸家巷，棲遲有年。皆出自新邦，朝無知己，居在遐外，志不自營，年時倏忽，而邈無階緒，實州黨愚智所爲恨恨。臣等伏思臺郎所以使州，州有人，非徒以均分顯路，惠及外州而已。誠以庶士殊風，[8]四方異俗，壅隔之害，遠國益甚。至於荆、揚二州，[9]户各數十萬，今揚州無郎，而荆州江南乃無一人爲京城職者，誠非聖朝待四方之本心。至於才望資品，循可尚書郎，訥可太子洗馬、舍人。[10]此乃衆望所積，非但企及清塗，苟充方選也。謹條資品，乞蒙簡察。”久之，召補太子舍人。

[1]五官掾：官名，省稱五官。郡國屬吏，地位僅次於功曹。無固定職掌，凡功曹及諸曹員吏出缺即代理其職務。晋朝中央政府諸卿、領軍、護軍、太子太傅、少傅及諸郡國皆置。

[2]嵇喜：《世説新語·簡傲》注引《百官名》：“嵇喜，字公穆，歷揚州刺史，康兄也。阮籍遭喪，往吊之。籍能爲青白眼，見凡俗之士，以白眼對之。及喜往，籍不哭，見其白眼，喜不懌而退。康聞之，乃賫酒挾琴而造之，遂相與善。”

[3]陽羡：縣名，治所在今江蘇省宜興市南荆溪南岸。

[4]武康：縣名，治所在今浙江省德清縣千秋村。

[5]歷試二城：城，殿本作“州”。

[6]蒸陽：亦作烝陽，縣名，治所在今湖南省邵東縣東南。

[7]編名凡悴：排名低下。

［8］庶土殊風：土，殿本作“士”。

［9］荆：荆州，三國時曹魏治所在新野縣（今河南省新野縣），孫吴治所在江陵縣（今湖北省江陵縣），西晋統一後治所在江陵縣（今湖北省江陵縣）。

［10］太子洗馬：官名，東宫屬官。掌太子圖籍、經書，太子出行則前導威儀。七品。　舍人：官名，此爲太子舍人，掌行書令、表啓等。初隸太子太傅、太子少傅，後隸太子詹事。七品。

趙王倫簒位，轉侍御史，[1]辭疾去職。後除南中郎長史，[2]不就。會逆賊李辰起兵江夏，[3]征鎮不能討，皆望塵奔走。辰别帥石冰略有揚州，逐會稽相張景，以前寧遠護軍程超代之，[4]以其長史宰與領山陰令。前南平内史王矩、吴興内史顧秘、前秀才周玘等唱義，[5]傳檄州郡以討之，循亦合衆應之。冰大將抗寵有衆數千，屯郡講堂。循移檄於寵，爲陳逆順，寵遂遁走，超、與皆降，一郡悉平。循迎景還郡，即謝遣兵士，杜門不出，論功報賞，一無豫焉。

［1］侍御史：官名，簡稱御史、侍御。御史臺屬官，曹魏時分掌治書、課第等八曹，尚書、符節等三臺。西晋時分掌吏、課第、直事、印、中都督、外都督、媒、符節、水、中壘、軍營、法、算十三曹。六品。

［2］南中郎長史：官名，南中郎將軍府長史。掌軍府顧問參謀，爲所在官署掾屬之長。南中郎將，官名，與東、西、北中郎將合稱四中郎將，統兵征戰，權職甚重。四品。

［3］江夏：郡名，此指曹魏所置江夏郡，治所在上昶城（今湖北省雲夢縣）。

[4]寧遠護軍：官名，領兵武職。魏晋時常隨征伐目的，置諸雜號護軍統兵，如征蜀護軍、平虜護軍、揚威護軍等，職如將軍，而地位稍遜同號將軍，資歷稍淺之統帥常授此。魏晋時皆五品。

[5]南平：郡名，治所在江安縣（在今湖北省公安縣西北）。王矩：王機兄，字令式，本書卷一〇〇有傳。　吴興：郡名，治所在烏程縣（今浙江省湖州市南）。　顧秘：東晋人，歷任員外散騎常侍、吴興内史等職，討伐石冰之亂時任義軍都督。

及陳敏之亂，詐稱詔書，以循爲丹楊内史。循辭以脚疾，手不制筆，又服寒食散，露髮袒身，示不可用，敏竟不敢逼。是時州内豪桀皆見維縶，[1]或有老疾，就加秩命，惟循與吴郡朱誕不豫其事。及敏破，征東將軍周馥上循領會稽相，[2]尋除吴國内史，公車徵賢良，[3]皆不就。

[1]豪桀：桀，殿本作“傑”。

[2]征東將軍：官名，東漢末置，與征西、征南、征北將軍合稱四征將軍。魏晋時多爲持節都督，出鎮方面。三品，加持節都督者二品。　領：以地位較高的官員兼理較低的職務。

[3]賢良：選舉科目，始於漢代。

元帝爲安東將軍，復上循爲吴國内史，與循言及吴時事，因問曰：“孫皓嘗燒鋸截一賀頭，是誰邪？”循未及言，帝悟曰：“是賀邵也。”循流涕曰：“先父遭遇無道，循創巨痛深，無以上答。”帝甚愧之，三日不出。東海王越命爲參軍，[1]徵拜博士，[2]並不起。

[1]参軍：官名，亦作参軍事，謂参謀軍事。兩晋公府、軍府皆置。

[2]博士：學官，國子博士、太學博士或太常博士泛稱，教授儒學。六品。

及帝遷鎮東大將軍，[1]以軍司顧榮卒，引循代之。循稱疾篤，箋疏十餘上。帝遺之書曰：

夫百行不同，故出處道殊，因性而用，各任其真耳。當宇宙清泰，[2]彝倫攸叙，[3]隨運所遇，動默在己。或有遐栖高蹈，輕舉絶俗，逍遥養和，恬神自足，斯蓋道隆人逸，勢使其然。若乃時運屯弊，主危國急，義士救時，驅馳拯世，燭之武乘縋以入秦，[4]園綺彈冠而匡漢，[5]豈非大雅君子卷舒合道乎！

[1]鎮東大將軍：官名，三國魏置，職掌與鎮東將軍同，唯資歷深者得任此職。二品，開府位從公者一品。

[2]宇宙清泰：泰，宋本作“奉”。

[3]彝倫攸叙：倫常有序。

[4]燭之武：春秋時鄭國人。魯僖公三十年（前630），晋秦聯軍圍困鄭國都城，燭之武受鄭文公之命，夜以繩從城上墜下，往秦營説服秦穆公退兵。秦退兵之後，晋軍也退走，鄭國之圍遂解。

[5]園綺彈冠：指漢初商山四皓出山協助太子之事。園綺，“商山四皓”中的東園公和綺裏季的並稱，此代指“商山四皓”。彈冠，出仕。典出《漢書》卷七二《王吉傳》：“吉與貢禹爲友，世稱‘王陽在位，貢公彈冠’，言其取捨同也。” 匡漢：匡，殿本作“臣”。

虚薄寡德，忝備近親，謬荷寵位，受任方鎮，餐服玄風，景羡高矩，常願棄結駟之軒軌，策柴篳而造門，徒有其懷，而無從賢之實者何？良以寇逆殷擾，諸夏分崩，皇居失禦，黎元荼毒，是以日夜憂懷，慷慨發憤，志在竭節耳。[1]

[1]志在竭節耳：志，殿本作“忘”。

前者顧公臨朝，深賴高算。元凱既登，[1]巢許獲逸。[2]至於今日，所謂道之云亡，邦國殄悴，[3]群望顒顒，實在君侯。苟義之所在，豈得讓勞居逸！想達者亦一以貫之也。庶稟徽猷，以弘遠規。今上尚書，屈德爲軍司，謹遣參軍沈禎銜命奉授，望必屈臨，以副傾遲。

循猶不起。

[1]元凱：即八元、八愷。泛指賢臣、才士。

[2]巢許：巢父和許由。巢父，傳説與許由同時代人，不受堯的封讓，築巢隱居，因名巢父。許由，古代著名隱士，隱於沛澤。堯聞其賢，欲讓之以天下，許由不受而逃於潁水之陽箕山下。

[3]邦國殄悴：語出《詩·大雅·瞻卬》。

及帝承制，復以爲軍諮祭酒。循稱疾，敦逼不得已，乃輿疾至。帝親幸其舟，因諮以政道。循羸疾不堪拜謁，乃就加朝服，賜第一區，車馬床帳衣褥等物。循辭讓，一無所受。

時廷尉張闓住在小市，[1]將奪左右近宅以廣其居，乃私作都門，早閉晏開，人多患之，訟於州府，皆不見省。會循出，至破岡，連名詣循質之。循曰："見張廷尉，當爲言及之。"闓聞而遽毁其門，詣循致謝。其爲世所敬服如此。

[1]時：殿本無此字。　張闓：字敬緒，本書卷七六有傳。小市：小物品交易場所。《周禮·地官·質人》："大市以質，小市以劑。"鄭玄注："大市，人民（奴婢）馬牛之屬，用長券；小市，兵器珍異之物，用短券。"賈公彦疏："鄭以意分之爲大小。就大者而言，若人民則未成齔已下，牛馬未著齒已前，亦得爲小者也。"

時江東草創，盜賊多有，帝思所以防之，以問於循。循答曰："江道萬里，通涉五州，朝貢商旅之所來往也。今議者欲出宣城以鎮江渚，或欲使諸縣領兵。愚謂令長威弱，而兼才難備，發憚役之人，而御之不肅，恐未必爲用。以循所聞，江中劇地惟有闔廬一處，[1]地勢險奥，亡逃所聚。特宜以重兵備戍，隨勢討除，絶其根蔕。沿江諸縣各有分界，分界之内，官長所任，自可度土分力，多置亭候，恒使徼行，峻其綱目，嚴其刑賞，使越常科，勤則有殊榮之報，墮則有一身之罪，謂於大理不得不肅。所給人以時番休，役不至困，代易有期。案漢制十里一亭，亦以防禁切密故也。當今縱不能爾，[2]要宜籌量，使力足相周。若寇劫强多，不能獨制者，可指其踪迹，言所在都督尋當致討。今不明部分，使所在百姓與軍家雜其徼備，兩情俱墮，莫適任負，故所以徒有備名而不能爲益者也。”帝從之。

[1]劇地：要地。　闔廬：闔廬洲。余嘉錫先生考證：“闔廬洲不知所在，遍考地理書未見。《晋書·安帝紀》：‘隆安二年七月，王恭、庾楷、殷仲堪、桓玄、楊佺期等舉兵反。九月輔國將軍劉牢之擊敗恭，收送京師，斬之。玄等走尋陽。’《通鑑》一百十云：‘冬十月，仲堪自燕湖南歸，玄等狼狽西還，追仲堪，至尋陽及之。壬午，盟於尋陽。朝廷深憚之，以荆州還仲堪，優詔慰諭，仲堪等乃受詔，各還所鎮。玄乃屯於夏口，引始安太守濟陰卞範之以爲謀主。’《世説》言康伯母隨孫繪之之衡陽，逢桓玄，必是由建康赴任，遇之於道中。又言卞鞠時來問訊，知在範之已爲玄長史之後。然則闔廬洲必在大江之中，去夏口不遠。考影宋本《寰宇記》一百十三曰：‘興國軍永興縣闔閭山，在州東四百七十里（興國軍本屬鄂州，故言在州東），在縣之北。’《史記》云：‘闔閭九年，子胥伐楚。’《吴越春秋》云：‘子胥將兵破楚，掘平王之墓，屯軍城於此山。’《御覽》四十八地部有闔閭山，引《武昌記》曰：‘昔闔閭與伍子胥屯衆於此山爲城，故曰闔閭山。’《輿地廣記》二十五云：‘永興縣有闔閭山，吴王闔閭與楚相持屯此。’此雖皆只言闔閭山而不言洲，然宋之興國軍即晋之陽新縣，其東北濱大江。夏口在武昌郡，自尋陽泝江至武昌，中途必過陽新。闔廬洲蓋即在闔閭山下。玄方由尋陽退屯夏口，故康伯母遇之於此。此洲所以不見紀載者，殆已沉没，或變爲陸地，與岸相連矣。”（余嘉錫：《世説新語箋疏》卷下之上《賢媛》，中華書局2007年版，第49頁）

[2]縱不能爾：爾，宋本作“耳”。

及愍帝即位，徵爲宗正。[1]元帝在鎮，又表爲侍中，道險不行。以討華軼功，將封鄉侯，循自以卧疾私門，固讓不受。建武初，爲中書令，加散騎常侍，又以老疾固辭。帝下令曰："孤以寡德，忝當大位，若涉巨川，罔知所憑。循言行以禮，乃時之望，俗之表也。實賴其謀猷，以康萬機。疾患有素，猶望卧相規輔，而固守撝謙，自陳懇至，此賢履信斯順，[2]苟以讓爲高者也。[3]今從其所執。"於是改拜太常，[4]常侍如故。循以九卿舊不加官，今又疾患，不宜兼處此職，惟拜太常而已。

[1]宗正：官名，又稱宗正卿、大宗正。掌皇族事務。曹魏時多以皇族擔任，兩晋有時兼以外姓。三品。

[2]此賢履信斯順：斯，宋本作"忠"，殿本作"思"。

[3]苟以讓爲高者也：苟，殿本作"非"。

[4]太常：官名，漢代稱奉常，本掌禮樂宗廟、社稷祭祀，魏晋時此職掌歸尚書裁定，太常成爲閑職。三品。

時宗廟始建，舊儀多闕，或以惠懷二帝應各爲世，則潁川世數過七，[1]宜在迭毁。事下太常。循議以爲：

禮，兄弟不相爲後，不得以承代爲世。殷之盤庚不序陽甲，[2]漢之光武不繼成帝，[3]别立廟寢，使臣下祭之，此前代之明典，而承繼之著義也。惠帝無後，懷帝承統，弟不後兄，則懷帝自上繼世祖，不繼惠帝，當同殷之陽甲，漢之成帝。議者以聖德冲遠，未便改舊。諸如此禮，[4]通所未論。是以惠帝尚在太廟，而懷帝復入，數則盈八。[5]盈八之理，由惠帝不出，非上祖宜遷也。下世既升，上世乃遷，遷毁對代，不得相通，未有下升一世而上毁二世者也。惠懷二帝俱繼世祖，兄弟旁親，同爲一世，而上毁二爲一世。今已惠帝之崩已毁豫章，[6]懷帝之入復毁潁川，如此則一世再遷，祖位横折，求之古義，未見此例。惠帝宜出，尚未輕論，况可輕毁一祖而無義例乎？潁川既無可毁之理，則見神之數居然自八，此盡有由而然，[7]非謂數之常也。既有八神，則不得不於七室之外權安一位也。至尊於惠懷俱是兄弟，自上後世祖，不繼二帝，則二帝之神行應别出，不爲廟中恒有八室也。又武帝初成太廟時，正神止七，而楊元后之神亦權立一室。[8]永熙元年，告世祖謚於太廟八室，此是苟有八神，不拘於七之舊例也。

[1]潁川：司馬儁，司馬懿祖父，做過潁川太守。潁，原本、宋本作“穎”，殿本作“潁”，據殿本改。本卷下文此地名同。

[2]殷之盤庚不序陽甲：殷王盤庚名旬，祖丁之子，陽甲之弟。盤庚、陽甲二人并非按父子順序繼承。

[3]漢之光武不繼成帝：東漢光武帝劉秀，漢高祖劉邦九世孫。成帝，高祖劉邦九世孫，故言光武不繼成帝。

[4]諸如此禮：諸，殿本作“兹”。

[5]數則盈八：宋本無此四字。

[6]今已惠帝之崩：已，殿本作“以”。　豫章：司馬懿曾祖司馬量，作過豫章太守。

[7]此盡有由而然：盡，殿本作“蓋”。

[8]楊元后：名艷，字瓊芝，本書卷三一有傳。

又議者以景帝俱已在廟，[1]則惠懷一例。景帝盛德元功，王基之本，義著祖宗，百世不毁，故所以特在本廟，且亦世代尚近，數得相容，安神而已，無逼上祖，如王氏昭穆既滿，終應别廟也。以今方之，既輕重義異，又七廟七世之親；昭穆，父子位也。若當兄弟旁滿，輒毀上祖，則祖位空懸，世數不足，何取於三昭三穆與太祖之廟然後成七哉！今七廟之義，出於王氏。從禰以上至於高祖，親廟四世，高祖以上復有五世六世無服之祖，故爲三昭三穆并太祖而七也。故世祖郊定廟禮，京兆，[2]潁川曾、高之親，[3]豫章五世，征西六世，[4]以應此義。今至尊繼統，亦宜有五六世之祖，豫章六世，潁川五世，俱不應毀。今既云豫章先毀，又當重毀潁川，此爲廟中之親惟從高祖已下，無復高祖以上二世之祖，[5]於王氏之義，三昭三穆廢闕其二，甚非宗廟之本所據承，又違世祖祭征西、豫章之意，於一王定禮所闕不少。

時尚書僕射刁協與循異議，[6]循答義深備，辭多不載，竟從循議焉。[7]朝廷疑滯皆諮之於循，循輒依經禮而對，爲當世儒宗。

[1]景帝：司馬師，本書卷二有紀。

[2]京兆：司馬防，司馬懿之父。

[3]曾、高之親：曾，宋本作“會”。

[4]征西：指司馬均，司馬懿高祖，做過征西將軍。

[5]二世之祖：二，殿本作“三”。

[6]尚書僕射：官名，秦漢爲尚書令副貳，東漢建安四年（199）分置左、右，爲尚書省次官。三品。　刁協：字玄亮，本書

卷六九有傳。

［7］竟從循議：竟，宋本作“意”。

其後帝以循清貧，下令曰：“循冰清玉潔，行爲俗表，位處上卿，而居身服物蓋周形而已，屋室財庇風雨。孤近造其廬，以爲慨然。其賜六尺床薦席褥并錢二十萬，以表至德，暢孤意焉。”循又讓，不許，不得已留之，初不服用。及帝踐位，有司奏琅邪恭王宜稱皇考，[1]循又議曰：“案禮，子不敢以己爵加父。”帝納之。俄以循行太子太傅，[2]太常如故。

［1］琅邪恭王：司馬覲，字思祖，本書卷三八有傳。

［2］太子太傅：官名，與太子少傅並稱二傅，三國時並攝東宫事務，與尚書、東曹並掌太子、諸侯官署選舉。西晋時下設丞、功曹、主簿等屬官。三品。

循自以枕疾廢頓，臣節不修，上隆降尊之義，下替交敘之敬，懼非垂典之教也，累表固讓。帝以循體德率物，有不言之益，敦厲備至，期於不許，命皇太子親往拜焉。循有羸疾，而恭於接對；詔斷賓客，其崇遇如此。疾漸篤，表乞骸骨，上還印綬，改授左光禄大夫、開府儀同三司。[1]帝臨軒，遣使持節，加印綬。循雖口不能言，指麾左右，推去章服。車駕親幸，執手流涕。太子親臨者三焉，往還皆拜，儒者以爲榮。太興二年卒，時年六十。帝素服舉哀，哭之甚慟。贈司空，謚曰穆。將葬，帝又出臨其柩，哭之盡哀，遣兼侍御史持節監護。皇太子追送近塗，[2]望船流涕。

[1]左光禄大夫：官名，齊王曹芳正始元年（240）在光禄大夫上增置左右，位在光禄大夫上。在朝顯職的加官，或授予年老有病致仕者，或授予死者。西晋時禄賜與特進同。二品，開府位從公者一品。

[2]追送近塗：塗，淺灘。殿本作“途”。

循少玩篇籍，善屬文，[1]博覽衆書，尤精《禮傳》。雅有知人之鑒，拔同郡楊方於卑陋，卒成名於世。子隰，康帝時官至臨海太守。[2]

[1]屬文：寫文章。

[2]臨海：郡名，三國吴置，治所在臨海縣（今浙江省臨海市），尋移置章安縣（今浙江省臨海市東南）。

楊方者，[1]字公回。少好學，有異才。初爲郡鈴下威儀，公事之暇，輒讀《五經》，鄉邑未之知。内史諸葛恢見而奇之，[2]待以門人之禮，由是始得周旋貴人間。時虞喜兄弟以儒學立名，[3]雅愛方，爲之延譽。恢嘗遣方爲文，薦郡功曹主簿。[4]虞預稱美之，送以示循。循報書曰：“此子開拔有志意，[5]只言異於凡猥耳，不圖偉才如此。其文甚有奇分，若出其胸臆，乃是一國所推，豈但牧豎中逸群邪！聞處舊黨之中，好有謙冲之行，此亦立身之一隅。然世衰道喪，人物凋弊，每聞一介之徒有向道之志，冀之願之。如方者乃荒萊之特苗，鹵田之善秀，姿質已良，但沾染未足耳；移植豐壤，必成嘉穀。足下才爲世英，位爲朝右，道隆化立，然後爲貴。昔許子將拔樊仲昭於賈豎，[6]郭林宗成魏德公於畎畝。[7]足下志隆此業，二賢之功不爲難及也。”循遂稱方於京師。司徒王導辟爲掾，轉東安太守，[8]遷司徒參軍事。[9]

[1]楊方者：殿本無“者”字。

[2]諸葛恢：字道明，本書卷七七有傳。

[3]虞喜：字仲寧，本書卷九一有傳。

[4]郡功曹：官名，即郡功曹史。郡屬官，職掌人事，參與郡政務。

[5]開拔有志意：中華本標點將“意”字下屬。吴金華等先生認爲，“意”字當屬上。例如南朝宋劉敬叔《異苑》卷三：“山中大火，鸚鵡遥見，便入水濡羽，飛而灑之。天神言：‘汝雖有志意，何足云也。’”“有志意”等於説有意志，是漢魏六朝習語。（參見吴金華、吴新江《〈晋書〉辨疑》，《古籍整理研究學刊》2000年第4期）

[6]許子將：許劭，東漢汝南平輿（今河南省平輿縣北）人，字子將，與郭太齊名於時。品評鄉里人物，每月輒更品題，號“月旦評”。初仕郡功曹，後依揚州刺史劉繇。孫策開闢江東，與劉繇奔豫章。　賈豎：對商人的賤稱。

[7]郭林宗：郭太，亦稱郭泰，東漢太原介休（今山西省介休市東南）人，字林宗。家世貧賤，游學於洛陽，與李膺等友善。清議風起，被太學生推爲領袖。後遭黨錮之禍，解禁之後閉門教授，生徒千餘人。　魏德公：魏，殿本作“麗”。　畎畝：原意爲田間，此指民間。

[8]東安：郡名，治所在蓋縣（今山東省沂源縣東南）。

[9]司徒參軍事：官名，司徒府屬官。參軍事，亦作參軍，謂

參謀軍事。兩晋公府、軍府皆置。

方在都邑，搢紳之士咸厚遇之，自以地寒，不願久留京華，求補遠郡，欲閑居著述。導從之，上補高梁太守。[1]在郡積年，著《五經鈎沉》，更撰《吴越春秋》，并雜文筆，皆行於世。以年老，棄郡歸。導將進之臺閣，固辭還鄉里，終於家。

[1]高梁：郡名，治所在恩平縣（今廣東省恩平縣北）。

薛兼

薛兼，字令長，丹楊人也。祖綜，[1]仕吴爲尚書僕射。父瑩，[2]有名吴朝。吴平，爲散騎常侍。兼清素有器宇，少與同郡紀瞻、廣陵閔鴻、吴郡顧榮、會稽賀循齊名，號爲“五儁”。

[1]綜：薛綜，三國時沛郡竹邑（今安徽省宿州市北）人，字敬文。少避地交州，孫權召爲五官中郎將，除合浦、交趾太守。從吕岱平定交州境内變亂，事畢還都，守謁者僕射。歷任長史、尚書僕射、選曹尚書、太子少傅等職。

[2]瑩：薛瑩，三國時沛郡竹邑（今安徽省宿州北）人，字道言。歷任孫吴秘府中書郎、選曹尚書、太子少傅、左國史、光禄勛。吴亡後至洛陽。

初入洛，司空張華見而奇之，[1]曰：“皆南金也。”察河南孝廉，辟公府，除比陽相，[2]莅任有能名。歷太子洗馬、散騎常侍、懷令。[3]司空、東海王越引爲參軍，轉祭酒，賜爵安陽亭侯。元帝爲安東將軍，以爲軍諮祭酒，稍遷丞相長史。甚勤王事，以上佐禄優，每自約損，取周而已。進爵安陽鄉侯，拜丹楊太守。中興建，轉尹，加秩中二千石，遷尚書，領太子少傅。[4]自綜至兼，三世傅東宫，談者美之。

［1］司空：官名，魏晋南北朝爲名譽宰相，多爲大臣加官。晋八公之一，位在三公之末。一品。　張華：字茂先，本書卷三六有傳。

［2］比陽：縣名，治所在今河南省泌陽縣。

［3］懷：縣名，治所在今河南省武陟縣西南。

［4］太子少傅：官名，與太子太傅並稱二傅，三國時並攝東宫事務，與尚書、東曹並掌太子、諸侯官署選舉。西晋時下設丞、功曹、主簿等屬官。三品。

永昌初，王敦表兼爲太常。明帝即位，加散騎常侍。帝以東宫時師傅，猶宜盡敬，乃下詔曰："朕以不德，夙遭閔凶。猥以眇身，託于王公之上。哀煢在疚，靡所諮仰，憂懷惴惴，如臨于谷。孔子有云：'故雖天子，必有尊也。'朕將祗奉先師之禮，以諮有德。太宰西陽王秩尊望重，[1]在貴思降。丞相武昌公、司空即丘子體道高邈，[2]勛德兼備，先帝執友，朕之師傅。太常安陽鄉侯訓保朕躬，忠肅篤誠。夫崇親尊賢，先帝所重，朕見四君及書疏儀體，一如東宫故事。"是歲，卒。詔曰："太常、安陽鄉侯兼履德冲素，盡忠恪己。方賴德訓，弘濟政道，不幸殂殞，痛于厥心！今遣持節侍御史贈左光禄大夫、開府儀同三司。魂而有靈，嘉兹榮寵。”及葬，屬王敦作逆，朝廷多故，不得議謚，直遣使者祭以太牢。子顒，先兼卒，無後。

[1]太宰：官名，即太師，因避司馬師名諱而改名太宰。八公之一，居上公之首，爲宰相之任。一品。　西陽王：司馬羕，字延年，本書卷五九有傳。

[2]武昌公：王敦。本書卷六《元帝紀》：“敦乃自爲丞相、都督中外諸軍、録尚書事，封武昌郡公，邑萬户。”　即丘子：指王導。　體道高邈：宋本無“高”字。

史臣曰：元帝樹基淮海，百度權輿，夢想群才，[1]共康庶績。顧、紀、賀、薛等並南金東箭，世胄高門，委質霸朝，豫聞邦政；典憲資其刊緝，[2]帷幄佇其謀猷；[3]望重搢紳，任惟元凱，官成名立，光國榮家。非惟感會所鍾，抑亦材能斯至。而循位登保傅，朝望特隆，遂使鑾蹕降臨，承明下拜。雖西漢之恩崇張禹，[4]東都之禮重桓榮，[5]弗是過也。

[1]夢想群才：才，殿本作“材”。

[2]典憲資其刊緝：典章制度依靠他刊訂。緝，同“輯”，收集。殿本作“輯”。

[3]佇其謀猷：佇，殿本作“貯”。

[4]張禹：西漢河内軹（今河南省濟源縣南）人，字子文。元帝時任光禄大夫，成帝時任給事中、領尚書事、丞相。當時外戚王氏權勢甚大，吏民多借灾異抨擊王氏，張禹爲討好王氏，竟説吏民之言亂道誤人，致使王氏地位更加鞏固。

［5］桓榮：東漢沛郡龍亢（今安徽省懷遠縣西北龍亢集）人，字春卿。少就學於長安，習歐陽《尚書》。建武十九年（43），始辟大司徒府，後爲議郎、博士。通曉經學，儒者莫及。後任太子少傅、太常等職。明帝尊以師禮。

贊曰：彦先通識，思遠方直。薛既清貞，賀惟學植。逢時遇主，摶風矯翼。

晋書　卷六九

列傳第三十九

劉隗

劉隗，字大連，彭城人，[3]楚元王交之後也。[4]父砥，東光令。[5]隗少有文翰，起家秘書郎，[6]稍遷冠軍將軍、彭城内史。[7]避亂渡江，元帝以爲從事中郎。[8]

[1]原本、宋本、殿本總目録和卷首目録均無“隗伯父訥”“訥子疇”，據中華本目録及正文補。

[2]逵：原本卷首目録作“逹”，宋本目録作“達”，殿本目録作“逵”，據正文及殿本改。

[3]彭城：縣名，治所在今江蘇省徐州市。　彭城人：原本、宋本“彭城”下衍“彭城”二字，殿本無，據殿本删。

[4]楚元王交：劉交，秦末泗水沛縣豐邑（今江蘇省豐縣）人，字游，劉邦同父異母弟。初封文信君，高帝六年（前201）立爲楚王。好詩書，多才藝。卒謚元王。交，原本、宋本作“父”，

殿本作“交”，據殿本改。

［5］東光：縣名。治所在今河北省東光縣東。

［6］秘書郎：官名，秘書令屬官，掌管文書機要，亦掌整理典籍、考核舊文。六品。

［7］稍：漸漸地。　冠軍將軍：官名，曹魏、孫吴、西晋皆置。西晋時領營兵。三品。　内史：官名，西晋武帝太康十年（289）改諸王國相爲内史，掌管民政。五品。周家禄《晋書校勘記》認爲：“晋制，以郡爲國，内史治民事，若郡太守。國除爲郡，復稱太守。然二名往往混淆，史家亦互稱之。”

［8］從事中郎：官名，東漢時爲大將軍屬官，地位較高。魏晋時爲將軍府或公府屬官。六品。

隗雅習文史，善求人主意，帝深器遇之。遷丞相司直，[1]委以刑憲。時建康尉收護軍士，[2]而爲府將篡取之，隗奏免護軍將軍戴若思官。[3]世子文學王籍之居叔母喪而婚，[4]隗奏之，帝下令曰：“《詩》稱‘殺禮多婚，以會男女之無夫家’，[5]正今日之謂也，可一解禁止。自今以後，宜爲其防。”東閣祭酒顔含在叔父喪嫁女，[6]隗又奏之。廬江太守梁龕明日當除婦服，[7]今日請客奏伎，丞相長史周顗等三十餘人同會，[8]隗奏曰：“夫嫡妻長子皆杖居廬，故周景王有三年之喪，[9]既除而宴，《春秋》猶譏，况龕匹夫，暮宴朝祥，漫服之愆，[10]宜肅喪紀之禮。請免龕官，削侯爵。顗等知龕有喪，吉會非禮，宜各奪俸一月，以肅其違。”從之。丞相行參軍宋挺，[11]本揚州刺史劉陶門人，[12]陶亡後，挺娶陶愛妾以爲小妻。建興中，挺又割盜官布六百餘匹，正刑棄市，遇赦免。既而奮武將軍阮抗請爲長史。[13]隗劾奏曰：“挺蔑其死主而專其室，悖在三之義，[14]傷人倫之序，當投之四裔以禦魑魅。請除挺名，禁錮終身。而奮武將軍、太山太守阮抗請爲長史。[15]抗緯文經武，剖符東藩，當庸勛忠良，昵近仁賢，而褒求贓污，舉頑用嚚。請免抗官，下獄理罪。”奏可，而挺病死。隗又奏：“符旨：挺已喪亡，不復追貶。愚蠢意暗，未達斯義。昔鄭人斫子家之棺，[16]漢明追討史遷，[17]經傳褒貶，皆追書先世數百年間，非徒區區欲釐當時，亦將作法垂於來世，當朝亡夕没便無善惡也。請曹如前追除挺名爲民，録妾還本，[18]顯證惡人，班下遠近。”從之。南中郎將王含以族强顯貴，[19]驕傲自恣，一請參佐及守長二十許人，多取非其才。隗劾奏文致甚苦，事雖被寢，王氏深忌疾之。而隗之彈奏不畏强禦，皆此類也。

[1]丞相司直：省稱司直，掌佐丞相舉不法。漢武帝時初置，東漢隸屬司徒。建武十一年（35）省。建安八年（203）復置，掌督京師百官。九年，詔司直比司隸校尉，坐同席。曹操任司空，置司空司直，與丞相司直同。晋朝不常置，如權臣爲相則多置之。

[2]建康：東晋都城，今江蘇省南京市。　尉：武官統稱，京師及部分重要地區或置部尉、經途尉、左右尉。

[3]護軍將軍：官名，東漢建安十二年（207）曹操改丞相府護軍爲中護軍，資重者可遷護軍將軍，典武官選舉，與中領軍同掌禁軍。曹魏時四品，西晋時三品。

[4]文學：官名，魏晋太子、諸王及世子均置，掌各級教育文事。

[5]殺禮多婚：簡化婚禮，使結婚容易而增加數量。

[6]東閣祭酒：官名，王府、公府、丞相府、將軍府僚屬。曹

操時置。晋朝東、西置兩閣祭酒，西晋時西閣爲上，東晋時東閣爲上。　顔含：字弘都，本書卷八八有傳。

[7]廬江：郡名，三國魏、吴於境内各置廬江郡，魏治所在六安縣（今安徽省六安市），吴治所在皖縣（今安徽省潛山市）。西晋合爲一，治所在舒縣（今安徽省廬江縣西南）。　除婦服：爲夫人喪服期滿，脱去喪服。婦，殿本作“父”。

[8]丞相長史：官名，丞相府幕僚之長，協助丞相署理相府諸曹。六品。

[9]周景王有三年之喪：《左傳・昭公十五年》：周景王穆后去世，晋國的荀躒到成周參加穆后的葬禮，籍談做副使。安葬完畢，周景王與荀躒宴飲。叔向聽説後説：“王其不終乎！吾聞之：‘所樂必卒焉。’今王樂憂，若卒以憂，不可謂終。王一歲而有三年之喪二焉，於是乎以喪賓燕，又求彝器，樂憂甚矣，且非禮也。彝器之來，嘉功之由，非由喪也。三年之喪，雖貴遂服，禮也。王雖弗遂，宴樂以早，亦非禮也。禮，王之大經也。一動而失二禮，無大經矣。”

[10]漫服之愆：漫，殿本作“慢”。

[11]丞相行參軍：官名，兼丞相府參軍。晋初制度，由中央除拜者爲參軍，諸府自辟者爲行參軍。晋末以後行參軍亦可除拜，唯品階低於參軍。參軍，亦作參軍事，謂參謀軍事。兩晋公府、軍府皆置。

[12]揚州：三國魏、吴各置揚州，魏治所在壽春縣（今安徽省壽縣），吴治在建業縣（今江蘇省南京市）。西晋統一後復合，治所在建鄴縣（今江蘇省南京市）。　劉陶：西晋人，歷任揚州刺史、南中郎將等職。　門人：守門小吏。

[13]奮武將軍：官名，雜號將軍，地位較高。四品。

[14]在三：尊敬君、父、師。典出《國語・晋語一》：“‘民生於三，事之如一。’父生之，師教之，君食之。非父不生，非食不長，非教不知，生之族也，故一事之，唯其所在，則致死焉。”韋

昭注：“三，君、父、師也。”

［15］太山：郡名，治所在奉高縣（今山東省泰安市東）。

［16］鄭人斫子家之棺：《左傳·襄公十年》：子家，春秋時鄭國執政大臣，曾與鄭公子合謀殺鄭靈公。“鄭子家卒。鄭人討幽公之亂，斫子家之棺而逐其族。”

［17］漢明追討史遷：史遷，司馬遷。漢明帝追討司馬遷不見記載，不知何出。

［18］録妾還本：將宋挺小妻收審甄别送還本家。

［19］南中郎將：官名，與東、西、北中郎將並稱四中郎將，統兵征戰，權職甚重。四品。　王含：字處弘，王敦兄，歷任衛將軍、都督沔南軍事、領南蠻校尉、荆州刺史、征東將軍、都督揚州江西諸軍事等職，王敦兵敗後，被王舒沉江淹死。

建興中，丞相府斬督運令史淳于伯而血逆流，[1]隗又奏曰：“古之爲獄必察五聽，[2]三槐九棘以求民情。[3]雖明庶政，不敢折獄。[4]死者不得復生，刑者不可復續，是以明王哀矜用刑。曹參去齊，[5]以市獄爲寄。自頃蒸荒，[6]殺戮無度，罪同斷異，刑罰失宜。謹按行督運令史淳于伯刑血著柱，遂逆上終極柱末二丈三尺，旋復下流四尺五寸。百姓喧嘩，士女縱觀，咸曰其冤。伯息忠訴辭稱枉，[7]云伯督運訖去二月，事畢代還，無有稽乏。受賕使役，罪不及死。[8]軍是戍軍，非爲征軍，以乏軍興論，於理爲枉。四年之中，供給運漕，凡諸徵發租調百役，皆有稽停，而不以軍興論，至於伯也，何獨明之？捶楚之下，無求不得，囚人畏痛，飾辭應之。理曹，國之典刑，而使忠等稱冤明時。謹案從事中郎周莚、法曹參軍劉胤屬李匡幸荷殊寵，[9]並登列曹，當思敦奉政道，詳法慎殺，使兆庶無枉，人不稱訴。而令伯枉同周青，[10]冤魂哭於幽都，訴靈恨於黄泉，嗟嘆甚於杞梁，[11]血妖過於崩城，故有隕霜之人，夜哭之鬼。伯有晝見，[12]彭生爲豕，[13]刑殺失中，妖眚並見，以古况今，其揆一也。皆由莚等不勝其任，[14]請皆免官。”於是右將軍王導等上疏引咎，[15]請解職。帝曰：“政刑失中，皆吾暗塞所由。尋示愧懼，思聞忠告，以補其闕。而引過求退，豈所望也！”由是導等一無所問。

[1]督運令史：官名，晋置，掌督運軍糧。

[2]五聽：古代五種斷案的方法。《周禮·秋官·小司寇》：“以五聲聽獄訟，求民情。一曰辭聽，二曰色聽，三曰氣聽，四曰耳聽，五曰目聽。”鄭玄注：“觀其出言，不直則煩；觀其顔色，不直則赧然；觀其氣息，不直則喘；觀其聽聆，不直則惑；觀其眸子，視不直則眊然。”

[3]三槐九棘：三公九卿之代稱。《周禮·秋官·朝士》：“朝士掌建邦外朝之法。左九棘，孤卿大夫位焉，群士在其後；右九棘，公侯伯子男位焉，群吏在其後；面三槐，三公位焉，州長衆庶在其後。”鄭玄注：“樹棘以爲位者，取其赤心而外刺，象以赤心三刺也。槐之言懷也，懷來人於此，欲與之謀。”

[4]折獄：斷決訴訟案件。《易·豐》：“君子以折獄致刑。”孔穎達疏：“斷決獄訟。”

[5]曹參：秦末泗水沛（今江蘇省沛縣）人，早年爲獄掾。秦末隨劉邦起兵，屢建戰功。先後任假左丞相、左丞相。西漢建立後任齊相國。蕭何死後繼之爲漢相。曹參離開齊國前，囑咐他的後任説：“以齊獄市爲寄，慎勿擾也。”後相曰：“治無大於此者乎？”參曰：“不然。夫獄市者，所以并容也，今君擾之，奸人安所容也？

吾是以先之。”事見《史記》卷五四《曹相國世家》。

［6］自頃蒸荒：頃，原本、宋本作“湏”，殿本作“頃”，據殿本改。

［7］伯息忠：淳于伯的兒子淳于忠。

［8］罪不及死：罪，原本、宋本作“軍”，殿本作“罪”，據殿本改。

［9］周莛：本書卷五八有傳。莛，殿本作“筵”，本卷下文此人名同。　法曹參軍：官名，法曹長官。西晋末丞相府置，東晋、南朝宋公府和將軍府沿置。　劉胤：字承胤，本書卷八一有傳。

［10］周青：即周青臣，秦朝人，任僕射。曾讚頌秦始皇功績，博士淳于越認爲“青臣又面諛以重陛下之過，非忠臣”。

［11］杞梁：春秋齊國人。《左傳·襄公二十三年》載，杞梁隨軍伐莒國，戰死。莒國和齊國媾和後，齊侯在郊外遇見杞梁的妻子，便派人向她吊唁。杞梁妻説杞梁有罪，怎敢辱勞君的命令？如果能够免罪，還有先人的破房子在那兒，她不能接受這種郊外的吊唁。於是齊侯就到她家裏吊唁。

［12］伯有晝見：伯有，春秋時鄭國大夫良霄的字。他主持國政時，和貴族駟帶发生争執，被殺於羊肆。傳説他死後變爲厲鬼作祟，鄭人常用伯有嚇人説：“伯有至矣！”

［13］彭生爲豕：彭生，春秋時齊國人，被殺。彭生被殺後，齊侯到姑棼游玩，看見一頭大野猪。隨從人員説其是死去的公子彭生。齊侯便用箭射它。野猪像人一樣站着啼叫。齊侯害怕，從車上摔下來，傷了脚，丢了鞋。

［14］莛等不勝其任：等，原本、宋本作“筭”，殿本作“等”，據殿本改。

［15］右將軍：官名，漢代重號將軍之一，與前、左、後將軍並爲上卿。魏晋時常設，權位漸低，僅爲武官名號，略高於一般雜號將軍。三品。　王導：字茂弘，本書卷六五有傳。

晋國既建，拜御史中丞。[1]周嵩嫁女，[2]門生斷道解廬，[3]斫傷二人，建康左尉赴變，[4]又被斫。隗劾嵩兄顗曰："顗幸荷殊寵，列位上寮，當崇明憲典，協和上下，刑于左右，[5]以御于家邦。而乃縱肆小人，群爲凶害，公於廣都之中白日刃尉，遠近詾嚇，百姓喧嘩，虧損風望，漸不可長。既無大臣檢御之節，不可對揚休命。宜加貶黜，以肅其違。"顗坐免官。

[1]御史中丞：官名，御史大夫副手，掌監察、執法，爲京師顯官，職權甚重。四品。

[2]周嵩：字仲智，本書卷六一有傳。

[3]解廬：拆除路邊的草廬。

[4]建康左尉：官名，京師所置左右尉之一。

[5]刑于左右：爲左右作典範。

太興初，長兼侍中，[1]賜爵都鄉侯，尋代薛兼爲丹楊尹，[2]與尚書令刁協並爲元帝所寵，[3]欲排抑豪强。諸刻碎之政，皆云隗、協所建。隗雖在外，萬機秘密皆豫聞之。[4]拜鎮北將軍、都督青徐幽平四州軍事、假節，加散騎常侍，[5]率萬人鎮泗口。[6]

[1]長兼：官制術語。假職未真授之官有兼、長兼之稱。宋沈括《夢溪筆談》卷二云："古之兼官，多是暫時攝領。有長兼者，即同正官。"　侍中：官名，東漢建安中與給事黄門侍郎出入禁中，省尚書事。曹魏時爲門下之侍中省長官。常侍衛皇帝左右，掌顧問應對、諫諍糾察、平議奏事、駁奏異議等，權力甚重。三品。

[2]薛兼：字令長，本書卷六八有傳。　丹楊尹：官名，東晋

京城所在郡府長官，掌京城行政諸務並詔獄，亦稱“京尹”。三品。楊，殿本作“陽”，本卷下文此地名同。

[3]尚書令：官名，秦漢時爲尚書署長官。秩位雖低，權力甚重。魏晋時沿置，爲尚書省長官，綜理全國政務，參議大政，爲高級政務長官。三品。

[4]萬機：機，殿本作“幾”。

[5]散騎常侍：官名，三國魏文帝黄初年間置，侍從皇帝左右，諫諍得失，顧問應對，與侍中等共平尚書奏事。也用作宰相、諸公等加官，入宫議政。三品。

[6]泗口：古泗水入淮河之口，位於今江蘇省淮安市淮陰區西南。

初，隗以王敦威權太盛，[1]終不可制，勸帝出腹心以鎮方隅，故以譙王承爲湘州，[2]續用隗及戴若思爲都督。敦甚惡之，與隗書曰：“頃承聖上顧眄足下，[3]今大賊未滅，中原鼎沸，欲與足下周生之徒戮力王室，共静海内。若其泰也，則帝祚於是乎隆；若其否也，則天下永無望矣。”隗答曰：“魚相忘於江湖，[4]人相忘於道術。竭股肱之力，效之以忠貞，吾之志也。”敦得書甚怒。及敦作亂，以討隗爲名，詔徵隗還京師，百官迎之於道，隗岸幘大言，意氣自若。及入見，與刁協奏請誅王氏，不從，有懼色，率衆屯金城。[5]及敦克石頭，[6]隗攻之不拔，入宫告辭，帝雪涕與之别。隗至淮陰，[7]爲劉遐所襲，携妻子及親信二百餘人奔于石勒，[8]勒以爲從事中郎、太子太傅。[9]卒年六十一。子綏，初舉秀才，[10]除駙馬都尉、奉朝請。[11]隨隗奔勒，卒。孫波嗣。

[1]王敦：字處仲，本書卷九八有傳。

[2]譙王承：司馬承，字敬才，本書卷三七有傳。　湘州：治所在臨湘縣（今湖南省長沙市）。

[3]頃承：頃，原本、宋本作“湏”，殿本作“頃”，據殿本改。

[4]魚相忘於江湖：典出《莊子·大宗師》：“泉涸，魚相與處於陸，相呴以濕，相濡以沫，不如相忘於江湖。”

[5]金城：地名，在今江蘇省南京市栖霞區。

[6]石頭：石頭城，故址在今江蘇省南京市清涼山。

[7]淮陰：縣名，治所在今江蘇省淮安市淮陰區西南。

[8]石勒：字世龍，本書卷一〇四有載記。

[9]太子太傅：官名，與太子少傅並稱二傅，三國時並攝東宫事務，與尚書、東曹並掌太子、諸侯官署選舉。西晋時下設丞、功曹、主簿等屬官。三品。

[10]秀才：察舉科目，州舉秀才，郡舉孝廉。

[11]駙馬都尉：官名，與奉車都尉、騎都尉並稱三都尉，多用於宗室、外戚、功臣子、貴族、近臣的加官，亦用於尚公主者。六品。　奉朝請：原爲兩漢朝廷給與退休大臣、列侯、宗室、外戚等的一種政治優待。西晋時成爲加官名號。晋武帝以宗室、外戚爲奉車都尉、駙馬都尉、騎都尉，並授此號。

波，字道則。初爲石季龍冠軍將軍王洽參軍，[1]及季龍死，洽與波俱降。穆帝以波爲襄城太守，[2]累遷桓冲中軍諮議參軍。[3]大司馬桓温西征袁真，[4]朝廷空虚，以波爲建威將軍、淮南内史，[5]領五千人鎮石頭。壽陽平，[6]除尚書左丞，[7]不拜，轉冠軍將軍、南郡相。[8]時苻堅弟融圍雍州刺史朱序於襄陽，[9]波率衆八千救之，以敵强不敢進，序竟陷没。波以畏懦免官。後復以波爲冠軍將軍，累遷散騎常侍。

［1］石季龍：即石虎，字季龍，本書卷一〇六有載記。　參軍：官名，亦作參軍事，謂參謀軍事。兩晋公府、軍府皆置。

［2］襄城：郡名，西晋武帝置，治所在襄城縣（今河南省襄城縣）。

［3］桓冲：字幼子，本書卷七四有傳。　中軍：官名，即中軍將軍，西晋時統左右衛、前後左右驍騎等宿衛七營禁軍，主管京師及朝廷警衛。泰始四年（268）罷，置北軍中候代其職。後爲將軍名號，與鎮軍將軍、撫軍將軍並爲三名號將軍，不統禁兵。三品。　諮議參軍：官名，兩晋時大將軍府、丞相府、公府、位從公府、州軍府均有置者，掌顧問謀議。

［4］大司馬：官名，八公之一，位在上公之下、大將軍及三公之上，高級將帥，多爲大臣加官。一品。　桓温：字元子，本書卷九八有傳。　袁真：東晋人。歷任廬江太守、龍驤將軍、西中郎將、豫州刺史等職。桓温北伐失利，歸罪袁真，將其廢黜。因懷恨叛降前燕。　西征袁真：中華本校勘記："據《海西公紀》及《桓温傳》，桓温所征伐者乃袁真之子袁瑾。此時袁真已死。"

［5］建威將軍：官名，領兵征戰，曹魏、孫吴、西晋皆置。四品。　淮南：郡名，治所在壽春縣（今安徽省壽縣）。

［6］壽陽：縣名，治所在今安徽省壽縣東南。

［7］尚書左丞：官名，尚書省佐官，位次尚書，居尚書右丞上。與右丞共掌尚書都省庶務，率諸都令史監督稽核諸尚書曹、郎曹政務。左丞又掌督録近道文書章奏，監察糾彈尚書令、僕射、尚書等文武百官，號稱"監司"，權勢甚重。六品。

［8］南郡：治所在江陵縣（今湖北省江陵縣）。　相：官名，郡國相，也稱内史。五品。

［9］苻堅：字永固，本書卷一一三有載記。　融：苻融，字博

休，本書卷一一四有載記。　雍州：此爲東晋僑治州，治所在襄陽縣（今湖北省襄陽市）。　朱序：字次倫，本書卷八一有傳。　襄陽：郡名，東漢建安十三年（208）置，治所在襄陽縣（今湖北省襄陽市），西晋移治宜城縣（今湖北省宜城市南）。　時苻堅弟融圍雍州刺史朱序於襄陽：中華本校勘記："《校文》：據《堅載記》及《朱序傳》，圍襄陽乃苻丕，非融。周校：'梁州'誤'雍州'。"

苻堅敗，朝廷欲鎮靖北方，出波督淮北諸軍、冀州刺史，[1]以疾未行。上疏曰：

臣聞天地以弘濟爲仁，君道以惠下爲德，是以禹湯有身勤之績，唐虞有在予之誥，用能惠被蒼生，[2]勛流後葉。宣帝開拓洪圖，始基成命；爰及文武，曆數在躬，[3]而猶虚心側席，卑已崇物。然後知積累之功重，勤王之業艱，[4]先君之德弘，貽厥之賜厚。惠皇不懷，委政内任，遂使神器幽淪，三光翳曜；園陵懷九泉之感，宫廟集胡馬之迹；所謂肉食失之於朝，黎庶暴骸於外也。賴元皇帝神武應期，祚隆淮海，振乾綱於已墜，紐絶維而更張。陛下承宣帝開始之宏基，受元帝克終之成烈，保大定功，戢兵静亂。故使負鱗横海之鯨，僭位滔天之寇，望雲旗而宵潰，睹太陽而霧散，巍巍蕩蕩，人無名焉。而頃年已來，[5]天文違錯，妖怪屢生。會稽先帝本封，[6]而地動經年。昔周之文武有魚烏之瑞，君臣猶懷震悚，况今灾變衆集，曾莫之疑。公旦有勿休之誡，[7]賈誼有積薪之喻。[8]臣鑒先徵，竊惟今事，是以敢肆狂瞽，直言無諱。

[1]督淮北諸軍：督淮北諸軍事，淮北地區軍事行政長官，位低於都督和監。　冀州：三國魏治所在信都縣（今河北省衡水市冀州區），西晋移治房子縣（今河北省高邑縣西南）。

[2]用：因此。　惠被蒼生：百姓普遍得到恩惠。

[3]曆數：曆，殿本作“歷”。

[4]勤王之業艱：艱，殿本作“難”。

[5]頃年以來：頃，原本、宋本作“須”，殿本作“頃”，據殿本改。

[6]會稽：郡名，治所在山陰縣（今浙江省紹興市）。

[7]公旦有勿休之誡：周公旦作《無逸》之事。語見《尚書·無逸》：周公曰：“烏呼，君子所，先知稼穡之艱難，乃逸，則知小人之依。”意爲做官不可貪圖安逸享樂，先瞭解耕種收穫的艱難，就會知道老百姓的痛苦。

[8]賈誼有積薪之喻：賈誼，西漢人，文帝時上書説：“臣竊惟事勢，可爲痛哭者一，可爲流涕者二，可爲長太息者六，若其它背理而傷道者，難遍以疏舉。進言者皆曰天下已安已治矣，臣獨以爲未也。曰安且治者，非愚則諛，皆非事實知治亂之體者也。夫抱火厝之積薪之下而寢其上，火未及燃，因謂之安，方今之勢，何以異此！”語見《漢書》卷四八《賈誼傳》。

往者先帝以玄風御世，責成群后，坐運天綱，隨化委順，故忘日計之功，收歲成之用。今禮樂征伐自天子出，相王賢俊，協和百揆，六合承風，天下響振，而鈞臺之咏弗聞，[1]景亳之命未布。[2]將群臣之不稱，陛下用之不盡乎？

[1]鈞臺之咏：《左傳·昭公四年》：“夏啓有鈞臺之享。”杜預注：“河南陽翟縣南有鈞臺陂，蓋啓享諸侯於此。”孔穎達疏：“（此

事）書傳無文，不能知其本末。”

[2]景亳之命：《左傳·昭公四年》：“商湯有景亳之命。”杜預注：“河南鞏縣西南有湯亭，或言亳即偃師。”孔穎達疏：“（此事）書傳無文，不能知其本末。”

凡聖王之化，莫不敦崇忠信，存正棄邪。傷化毀俗者，雖親雖貴，必疏而遠之；清公貞修者，雖微雖賤，必親而近之。今則不然。此風既替，利競滋甚，朋黨比周，[1]毀譽交興，鑽求苟進，人希分外。見賢而居其上，受禄每過其量，希旨承意者以爲奉公，共相讚白者以爲忠節。[2]舉世見之，誰敢正言。陛下不明必行之法以絶穿鑿之源者，[3]恐脱因疲倦以誤視聽。且苻堅滅亡，於今五年，舊京殘毀，山陵無衛，百姓塗炭，未蒙拯接。伏願遠觀漢魏衰滅之由，近覽西朝傾覆之際，[4]超然易慮，爲於未有，則靈根永固，社稷無虞。臣豈誣一朝之人皆無忠節，但任非其才，求之不至耳。

[1]朋黨比周：結黨營私，排斥異己。

[2]共相讚白者：白，宋本作“曰”。

[3]穿鑿：指傷化毀俗、競利鑽營的行爲。

[4]西朝：西晋末丞相司馬睿南渡，在江左建立政權，承制行事，長安朝廷遂號西朝。

今政煩役殷，所在凋弊，倉廩空虚，國用傾竭，下民侵削，流亡相屬。[1]略計户口，但咸安已來，十分去三。百姓懷浮游之嘆，[2]《下泉》興周京之思。[3]昔漢宣有云："與我共治天下者，其惟良二千石乎！"是以臨下有方者就加璽贈，法苛政亂者恤刑不赦，事簡於上，人悦於下。今則不然。告時乞職者以家弊爲辭，振窮恤滯者以公爵爲施。古者爲百姓立君，使之司牧；今者以百姓恤君，使之蠶食，至乃貪污者謂之清勤，慎法者謂之怯劣。何反古道一至於此！

[1]相屬：相連，相繼。

[2]浮游：没有根基。指離鄉背井。

[3]《下泉》興周京之思：語見《詩·曹風·下泉》："洌彼下泉，浸彼苞稂。愾我寤嘆，念彼周京。"毛亨傳："下泉，泉下流也。"《詩序》謂《下泉》爲"曹人疾共公侵刻，下民不得其所，憂而思明王賢伯也"，後用爲思念明君的典故。

陛下雖躬自節儉，哀矜於上，而群寮肆欲，縱心於下，六司垂翼，[1]三事拱默，[2]故有識者睹人事以嘆息，觀天眚而大懼。昔宋景退熒惑之灾，[3]殷宗消鼎雉之異。[4]伏願陛下仰觀大禹過門之志，俯察商辛沉湎之失，[5]遠思《國風》恭公之刺，深惟定姜小臣之喻。[6]暫回聖恩，大詢群后，延納衆賢，訪以得失；令百寮率職，人言損益。察其所由，觀其所以，審識群才，助鼎和味。[7]克念作聖，以答天休。則四海宅心，天下幸甚。

[1]六司垂翼：六司即《周禮》所述天官冢宰、地官司徒、春

官宗伯、夏官司馬、秋官司寇、冬官司空。六司垂翼指朝中高官無所作爲。

［2］三事拱默：三事即三公。《詩·小雅·雨無正》："三事大夫，莫肯夙夜。"孔穎達疏："三事大夫爲三公耳。"三事拱默意爲三公尸位不作爲。

［3］宋景退熒惑之灾：宋景公時，火星出現在心宿的位置上。占星者子韋對景公解釋心宿代表着宋國的版圖，火星出現在那裏，預示着天要懲罰宋國君主了。但是他有辦法把灾禍轉移到宰相身上。景公説宰相是治理國家的重臣，不可。子韋又説可以移禍於百姓。宋景公反問百姓都死了，他作爲國君當誰的君主。子韋又建議移禍於當年的收成。宋景公説收成受禍必發生饑荒，發生饑荒百姓必被餓死。作爲君主用殺害百姓的辦法使自己活命，誰還以其爲君主？子韋向景公恭恭敬敬地施了個禮，表示天居高而聽卑，景公所作的三種回答，都是至德至善之言，天一定都聽見了，一定會對景公加以賞賜，當夜火星一定會移開心宿三舍，而景公的生命也將延長二十一歲。事見《史記》卷三八《宋微子世家》。

［4］殷宗消鼎雉之異：殷帝武丁祭成湯，有雉飛落在鼎耳，武丁懼，因此修政行德，殷道復興。事見《史記》卷三《殷本紀》。

［5］商辛：即帝辛，商紂王，帝乙之子，殷商末代王。在位荒淫酷虐，聚斂重賦，民不聊生，衆叛親離。周武王伐紂，商紂敗於牧野，登鹿臺自焚。　沉湎：沉，宋本作"況"。

［6］定姜小臣之喻：定姜，衛定公夫人。《左傳·襄公十四年》：子鮮跟隨衛獻公出逃，到達邊境時，獻公派祝宗向祖先報告逃亡的事，並且告知祖先自己是無罪的。定姜曰："無神，何告？若有，不可誣也。有罪，若何告無？舍大臣而與小臣謀，一罪也。先君有冢卿以爲師保，而蔑之，二罪也。余以巾櫛事先君，而暴妾使余，三罪也。告亡而已，無告無罪。"

［7］助鼎和味：指伊尹背負鼎俎見湯，喻以烹調致湯王道之事。《史記》卷三《殷本紀》："伊尹名阿衡。阿衡欲奸湯而無由，乃爲

有莘氏媵臣，負鼎俎，以滋味説湯，致於王道。”

臣亡祖先臣隗，昔荷殊寵，匪躬之操，猶存舊史，有志無時，懷恨黄泉。及臣凡劣，復蒙罔極之眷，恩隆累世，實非縻身傾宗所能上報。[1]前作此表，未及得通。暴嬰篤疾，恐命在奄忽，貪及視息，望達愚情。氣力惙然，不能自宣。

疏奏而卒。追贈前將軍。[2]子淡嗣。元熙初，爲廬江太守。

[1]縻身傾宗：縻，殿本作“糜”。

[2]前將軍：官名，漢代重號將軍之一，與左、右、後將軍並爲上卿。魏晋時常設，權位較兩漢時漸低，僅爲武官名號，略高於一般雜號將軍，不典禁兵，不與朝政。三品。

隗伯父訥，字令言，有人倫鑒識。初入洛，見諸名士而嘆曰：“王夷甫太鮮明，[1]樂彦輔我所敬，[2]張茂先我所不解，[3]周弘武巧於用短，[4]杜方叔拙於用長。”[5]終於司隸校尉。[6]

[1]王夷甫：王衍，字夷甫，本書卷四三有傳。　太鮮明：太，殿本作“大”。

[2]樂彦輔：樂廣，字彦輔，本書卷四三有傳。

[3]張茂先：張華，字茂先，本書卷三六有傳。

[4]周弘武：《世説新語·品藻》劉孝標注引王隱《晋書》曰：“周恢，字弘武，汝南人。祖斐，永寧少府。父隆，州從事。恢仕至秦相，秩中二千石。”

[5]杜方叔：《世説新語·品藻》劉孝標注引《晋諸公贊》曰："杜育，字方叔，襄城鄧陵人，杜襲孫也。育幼便岐嶷，號神童。及長，美風姿，有才藻，時人號曰'杜聖'。累遷國子祭酒。洛陽將没，爲賊所殺。"

[6]司隸校尉：官名，三國魏時先治弘農，後治河南，轄司州所屬河南、河東、河内、弘農、平陽五郡。掌監察京師、糾察京都百官。西晋沿置。三品。

子疇，字王喬，少有美譽，善談名理。[1]曾避亂塢壁，賈胡百數欲害之，疇無懼色，援笳而吹之，爲《出塞》《入塞》之聲，以動其游客之思。於是群胡皆垂泣而去之。永嘉中，位至司徒左長史，[2]尋爲閻鼎所殺。[3]司空蔡謨每嘆曰：[4]"若使劉王喬得南渡，司徒公之美選也。"又王導初拜司徒，謂人曰："劉王喬若過江，我不獨拜公也。"其爲名流之所推服如此。

[1]名理：指魏晋及其後清談家辨析事物名和理的是非同異。

[2]司徒左長史：官名，司徒長史爲司徒府掾屬之長，佐司徒總管府内諸曹。分左右，左高於右。六品。

[3]閻鼎：字臺臣，本書卷六〇有傳。

[4]司空：官名，魏晋南北朝爲名譽宰相，多爲大臣加官。晋八公之一，位在三公之末。一品。　蔡謨：字道明，本書卷七七有傳。

疇兄子劭，有才幹，辟琅邪王丞相掾。[1]咸康世，歷御史中丞、侍中、尚書、豫章太守，[2]秩中二千石。劭族子黄老，太元中，爲尚書郎，[3]有義學，注《慎子》

《老子》，並傳於世。

[1]丞相掾：丞相府屬官。

[2]尚書：官名，東漢尚書臺六曹各置尚書，秩六百石。魏晋出爲朝官，分掌尚書省諸曹，品秩提高。三品。　豫章：郡名，治所在南昌縣（今江西省南昌市）。

[3]尚書郎：官名。東漢之制，取孝廉中之有才能者入尚書臺，在皇帝左右處理政務，初入臺稱守尚書郎中，滿一年稱尚書郎，滿三年稱侍郎。魏晋以後尚書各曹有侍郎、郎中等官，綜理職務，通稱爲尚書郎。六品。

刁協

刁協，字玄亮，渤海饒安人也。[1]祖恭，魏齊郡太守。[2]父攸，武帝時御史中丞。協少好經籍，[3]博聞强記，釋褐濮陽王文學，[4]累轉太常博士、本郡大中正。[5]成都王穎請爲平北司馬，[6]後歷趙王倫相國參軍，[7]長沙王乂驃騎司馬。[8]及東嬴公騰鎮臨漳，[9]以協爲長史，轉潁川太守。[10]永嘉初，爲河南尹，[11]未拜，避難渡江。元帝以爲鎮東軍諮祭酒，轉長史。愍帝即位，徵爲御史中丞，例不行。元帝爲丞相，以協爲左長史。[12]中興建，拜尚書左僕射。[13]于時朝廷草創，憲章未立，朝臣無習舊儀者。協久在中朝，諳練舊事，凡所制度，皆稟於協焉，深爲當時所稱許。太興初，遷尚書令，在職數年，加金紫光禄大夫，[14]令如故。

[1]渤海：郡名，西漢置，治所在浮陽縣（今河北省滄州市東南舊滄州），西晋治所在南皮縣（今河北省南皮縣東北）。　饒安：

縣名，治所在今河北省鹽山縣西南。

［2］齊郡：治所在臨淄縣（今山東省淄博市臨淄區）。

［3］經籍：籍，宋本作“藉”。

［4］釋褐：脱去平民衣服。喻始任官職。　濮陽王：司馬允，字欽度，本書卷六四有傳。

［5］太常博士：官名，秦漢時博士名義上屬太常，備諮詢顧問。魏晋時由於國子博士、太學博士專掌經學傳授，參議禮儀制度，遂别置太常博士，掌引導乘輿、擬議王公以下謚號、參議朝廷禮儀典章。六品。　大中正：州一級評定士人品第的官員。

［6］成都王穎：司馬穎，字章度，本書卷五九有傳。　平北司馬：官名，平北將軍府高級幕僚。參讚軍務、管理府内武職，位次於長史。八品。

［7］趙王倫：司馬倫，字子彝，本書卷五九有傳。　相國參軍：官名，相國府僚屬。參軍，亦作參軍事，謂參謀軍事。兩晋公府、軍府皆置。

［8］長沙王乂：司馬乂，字士度，本書卷五九有傳。　驃騎司馬：官名，驃騎將軍府高級幕僚。參讚軍務、管理府内武職，位次於長史。六品。

［9］東嬴公騰：司馬騰，字元邁，本書卷三七有傳。　臨漳：縣名，西晋建興初改鄴縣置，治所在今河北省臨漳縣西南鄴鎮。

［10］潁川：郡名，治所在許昌縣（今河南省許昌市東）。潁，原本、宋本作“穎”，殿本作“潁”，據殿本改。

［11］河南尹：官名，京都洛陽所在河南郡長官，主管京都事務。三品。

［12］左長史：官名，丞相府屬官，東漢末曹操爲丞相時置，與右長史共領相府諸曹。六品。

［13］尚書左僕射：官名，尚書省次官，輔助尚書令執行政務，參議大政，諫諍得失，監察糾彈百官。有時尚書省不置令，祇設左右僕射，此時左僕射居右僕射之上。三品。

[14]金紫光禄大夫：官名，對光禄大夫加金章紫綬。禄賜、班位、車服、佩玉等皆與特進同。二品。

協性剛悍，與物多忤，每崇上抑下，故爲王氏所疾。又使酒放肆，侵毁公卿，見者莫不側目。然悉力盡心，志在匡救，帝甚信任之。以奴爲兵，取將吏客使轉運，皆協所建也，衆庶怨望之。

及王敦構逆，上疏罪協，帝使協出督六軍。既而王師敗績，協與劉隗俱侍帝於太極東除，[1]帝執協、隗手，流涕嗚咽，勸令避禍。協曰："臣當守死，不敢有貳。"帝曰："今事逼矣，安可不行！"乃令給協、隗人馬，使自爲計。協年老，不堪騎乘，素無恩紀，募從者，皆委之行。至江乘，爲人所殺，送首於敦，敦聽刁氏收葬之。帝痛協不免，密捕送協首者而誅之。

[1]太極東除：太極殿東階。

敦平後，周顗、戴若思等皆被顯贈，惟協以出奔不在其例。咸康中，協子彝上疏訟之。在位者多以明帝之世褒貶已定，非所得更議，且協不能抗節隕身，乃出奔遇害，不可復其官爵也。丹楊尹殷融議曰："王敦惡逆，罪不容誅，則協之善亦不容賞。若以忠非良圖，謀事失算，以此爲責者，蓋在於譏議之間耳。即凶殘之誅以爲國刑，將何以沮勸乎！當敦專逼之時，慶賞威刑專自己出，是以元帝慮深崇本，以協爲比，事由國計，蓋不爲私。昔孔寧、儀行父從君於昏，[1]楚復其位者，君之黨故也。况協之比君，在於義順。且中興四佐，位爲朝首。于時事窮計屈，奉命違寇，非爲逃刑。謂宜顯贈，以明忠義。”時庾冰輔政，[2]疑不能决。左光禄大夫蔡謨與冰書曰：[3]

夫爵人者，宜顯其功；罰人者，宜彰其罪，此古今之所慎也。凡小之人猶尚如此，[4]刁令中興上佐，有死難之名，天下不聞其罪，而見其貶，致令刁氏稱冤，此乃爲王敦復仇也。内沮忠臣之節，論者惑之。若實有大罪，宜顯其事，令天下知之，明聖朝不貶死難之臣。《春秋》之義，以功補過。過輕功重者，得以加封；功輕過重者，不免誅絶；功足贖罪者無黜。雖先有邪佞之罪，[5]而臨難之日黨於其君者，不絶之也。孔寧、儀行父親與靈公淫亂於朝，君殺國滅，由此二臣，而楚尚納之。《傳》稱有禮不絶其位者，君之黨也。若刁令有罪，重於孔儀，絶之可也。若無此罪，宜見追論。

[1]孔寧、儀行父：二人均爲春秋時陳國人，陳靈公的寵臣。三人共與夏姬通奸。後夏姬之子夏徵舒殺死陳靈公，孔寧、儀行父二人逃到楚國。

[2]庾冰：字季堅，本書卷七三有傳。

[3]左光禄大夫：官名，齊王曹芳正始元年（240）在光禄大夫上增置左、右，位在光禄大夫上。在朝顯職的加官，或授予年老有病致仕者，或授予死者。西晋時禄賜與特進同。二品，開府位從公者一品。

[4]凡小之人猶尚如此：之人，宋本乙作“人之”。

［5］邪佞：佞，殿本作“侮”。

或謂明帝之世已見寢廢，今不宜復改，吾又以爲不然。夫大道宰世，殊塗一致。萬機之事，或異或同，同不相善，異不相譏。故堯抑元愷而舜舉之，［1］堯不爲失，舜不爲非，何必前世所廢便不宜改乎？漢蕭何之後坐法失侯，［2］文帝不封而景帝封之，後復失侯，武、昭二帝不封而宣帝封之。近去元年，車駕釋奠，［3］拜孔子之坐，此亦元、明二帝所不行也。又刁令但是明帝所不贈耳，非誅之也。王平子、第五猗皆元帝所誅，［4］而今日所贈，豈以改前爲嫌乎！凡處事者，當上合古義，下準今例，然後談者不惑，受罪者無怨耳。案周僕射、戴征西本非王敦唱檄所仇也，事定後乃見害耳；周莚、郭璞等並亦非爲主禦難也，［5］自平居見殺耳，皆見褒贈。刁令事義豈輕於此乎？自頃員外散騎尚得追贈，［6］況刁令位亞三司。［7］若先自壽終，不失員外散騎之例也。就不蒙贈，不失以本官殯葬也。此爲一人之身，壽終則蒙贈，死難則見絶，豈所以明事君之道，厲爲臣之節乎！宜顯評其事，以解天下疑怪之論。［8］

［1］堯抑元愷而舜舉之：《左傳·文公十八年》：“昔高陽氏有才子八人，蒼舒、隤敳、檮戭、大臨、尨降、庭堅、仲容、叔達，齊聖廣淵，明允篤誠，天下之民謂之八愷。高辛氏有才子八人，伯奮、仲堪、叔獻、季仲、伯虎、仲熊、叔豹、季狸，忠肅共懿，宣

慈惠和，天下之民謂之八元。此十六族也，世濟其美，不隕其名，以至於堯，堯不能舉。舜臣堯，舉八愷，使主后土，以揆百事，莫不時序，地平天成。舉八元，使布五教于四方，父義、母慈、兄友、弟共、子孝，内平外成。”愷，殿本作“凱”。

[2]蕭何之後坐法失侯：《史記》卷五三《蕭相國世家》：蕭何去世後，“後嗣以罪失侯者四世，絶，天子輒復求何後，封續酇侯，功臣莫得比焉”。

[3]車駕：指皇帝。　釋奠：古代在學校設置酒食以奠祭先聖先師的典禮。

[4]王平子：王澄，字平子，本書卷四三有傳。　第五猗：愍帝時任侍中、征南大將軍，監荆、梁、益、寧四州。受杜曾等迎奉，聚兵數萬。後被周訪斬殺。

[5]郭璞：字景純，本書卷七二有傳。

[6]員外散騎：官名，員外散騎常侍或員外散騎侍郎省稱。

[7]三司：太尉、司空、司徒合稱三司。

[8]疑怪：怪，殿本作“惑”。

> 又聞談者亦多謂宜贈。凡事不允當，而得衆助者，若以善柔得衆，而刁令粗剛多怨；若以貴也，刁氏今賤；若以富也，刁氏今貧。人士何故反助寒門而此言之？足下宜察此意。

冰然之。事奏，成帝詔曰：“協情在忠主，而失爲臣之道，故令王敦得託名公義，而實肆私忌，遂令社稷受屈，元皇銜恥致禍之原，豈不有由！若極明國典，則曩刑非重。今正當以協之勤有可書，敦之逆命不可長，故議其事耳。今可復協本位，加之册祭，以明有忠於君者纖介必顯，雖於貶裁未盡，然或足有勸矣。”於是追贈本官，祭以太牢。[1]

[1]太牢：用牛羊豕三牲祭祀稱太牢。《莊子·至樂》："具太牢以爲膳。"成玄英疏："太牢，牛羊豕也。"

彝，字大倫。少遭家難。王敦誅後，彝斬仇人黨，以首祭父墓，詣廷尉請罪，[1]朝廷特宥之，由是知名。歷尚書吏部郎、吴國内史，[2]累遷北中郎將、徐兗二州刺史、假節，[3]鎮廣陵，[4]卒於官。

[1]廷尉：官名，中央最高司法審判機構長官，負責會審朝中有罪文武大臣，覆核審決郡國疑獄等。三品。

[2]尚書吏部郎：官名，尚書省吏部曹長官通稱。亦稱郎中，資深者可轉侍郎。屬吏部尚書，主管官吏選任、銓叙、調動事務，對五品以下官吏之任免有建議權。六品。　吴國：郡國名，治所在吴縣（今江蘇省蘇州市）。

[3]北中郎將：官名，與東、西、南中郎將並稱四中郎將，統兵征戰，權職甚重。四品。　徐：徐州，治所在彭城縣（今江蘇省徐州市）。　兗：兗州，魏晋時期治所在廩丘縣（今山東省鄆城縣西北），西晋惠帝末，兗州闔境淪没於石勒。東晋元帝僑置兗州，治京口（今江蘇省鎮江市）。　假節：假以節杖。指大臣臨時持節出巡，爲權臣掌軍、秉政的地位象徵和政治待遇。

[4]廣陵：郡名，治所在廣陵縣（今江蘇省揚州市西北蜀岡上）。

子逵，字伯道；逵弟暢，字仲遠；次子弘，字叔仁：並歷顯職。[1]隆安中，逵爲廣州刺史，[2]領平越中郎將、假節；[3]暢爲始興相；[4]弘爲冀州刺史。兄弟子侄並不拘名行，以貨殖爲務，有田萬頃，奴婢千人，餘資稱是。

［1］並歷顯職：原本、宋本無“並”字，殿本有，據殿本補。

［2］廣州：治所在番禺縣（今廣東省廣州市）。

［3］領：以地位較高的官員兼理較低的職務。　平越中郎將：官名，主管南越事務，設府置僚佐，治廣州，多兼任廣州刺史。

［4］始興：郡名，治所在曲江縣（今廣東省韶關市東南蓮花嶺下）。

桓玄簒位，[1]以逵爲西中郎將、豫州刺史，鎮歷陽；[2]暢右衛將軍；[3]弘撫軍桓脩司馬。[4]劉裕起義，[5]斬桓脩，時暢、弘謀起兵襲裕，裕遣劉毅討之，[6]暢伏誅；弘亡，不知所在。逵在歷陽執劉裕參軍諸葛長民，[7]檻車送於桓玄，至當利而玄敗，[8]送人共破檻出長民，遂趣歷陽。逵棄城而走，爲下人所執，斬於石頭。子侄無少長皆死，惟小弟騁被宥，爲給事中，[9]尋謀反伏誅，刁氏遂滅。刁氏素殷富，奴客縱横，固吝山澤，爲京口之蠹。[10]裕散其資蓄，令百姓稱力而取之，彌日不盡。時天下饑弊，編户賴之以濟焉。

［1］桓玄：字敬道，本書卷九九有傳。

［2］歷陽：縣名，治所在今安徽省和縣。

［3］右衛將軍：官名，三國魏咸熙二年（265），司馬炎即晋王位，分中衛將軍爲左、右衛將軍。掌佽飛虎賁及前驅、由基、强弩三部司馬，屬下還有虎賁、羽林、上騎、異力、命中共五部督，負責宮禁侍衛。西晋屬中軍將軍，後屬領軍將軍。爲禁衛軍主要統帥之一，權任很重。四品。

［4］撫軍：官名，即撫軍將軍。三國蜀漢、孫吴皆置，爲加官，以示權重。晋沿置，與中軍將軍、鎮軍將軍並爲三名號將軍。三品。　桓脩：字承祖，本書卷七四有傳。　司馬：官名，此爲撫軍將軍府司馬。將軍府高級幕僚，掌參讚軍務、管理府内武職，位僅次於長史。七品。

［5］劉裕：字德輿，小名寄奴，彭城（今江蘇省徐州市）人，南朝宋開國皇帝。世居京口，初爲東晋冠軍司馬，後被劉牢之任爲參軍。歷任鎮軍將軍、都督十六州諸軍事，官至相國，受封宋王。元熙二年（420）代晋稱帝。卒謚武皇帝，廟號高祖。

［6］劉毅：字希樂，本書卷八五有傳。

［7］諸葛長民：本書卷八五有傳。

［8］當利：縣名，治所在今山東省萊州市西南。

［9］給事中：官名，爲加官，所加爲三公、將軍、中書監令、博士、郎等。常侍從皇帝左右，諫諍糾彈，爲中朝要職。五品。

［10］京口：地名，即今江蘇省鎮江市。

戴若思

戴若思，廣陵人也，名犯高祖廟諱。[1]祖烈，吴左將軍。[2]父昌，會稽太守。若思有風儀，性閑爽，少好游俠，不拘操行。遇陸機赴洛，[3]船裝甚盛，遂與其徒掠之。若思登岸，據胡床，[4]指麾同旅，皆得其宜。機察見之，知非常人，在舫屋上遥謂之曰："卿才器如此，乃復作劫邪！"若思感悟，因流涕，投劍就之。機與言，深加賞異，遂與定交焉。

［1］高祖：此指唐高祖李淵。

［2］左將軍：官名，漢代爲重號將軍，與前、後、右將軍並爲

上卿。魏晋時爲常設官職，權位較兩漢漸低，僅爲武官名號，略高於一般雜號將軍，不典禁兵。三品。

[3]陸機：字士衡，本書卷五四有傳。

[4]胡床：魏晋時傳入中原的少數民族用的輕便坐具，又稱交床。朱大渭先生《中古漢人由跪坐到垂脚高坐》一文中有論述。（參見朱大渭《六朝史論》，中華書局1998年版）

若思後舉孝廉，[1]入洛，機薦之於趙王倫曰："蓋聞繁弱登御，[2]然後高墉之功顯；[3]孤竹在肆，[4]然後降神之曲成。是以高世之主必假遠邇之器，藴櫝之才思託大音之和。[5]伏見處士廣陵戴若思，年三十，清沖履道，德量允塞；思理足以研幽，才鑒足以辯物；安窮樂志，無風塵之慕，砥節立行，有井渫之絜；[6]誠東南之遺寶，宰朝之奇璞也。若得託迹康衢，則能結軌驥騄；[7]曜質廊廟，必能垂光璵璠矣。[8]惟明公垂神采察，不使忠允之言以人而廢。"倫乃辟之，除沁水令，[9]不就，遂往武陵省父。[10]時同郡人潘京素有理鑒，名知人，其父遣若思就京與語，既而稱若思有公輔之才。累轉東海王越軍諮祭酒，[11]出補豫章太守，加振威將軍，[12]領義軍都督。[13]以討賊有功，賜爵秣陵侯，遷治書侍御史、驃騎司馬，[14]拜散騎侍郎。[15]

[1]孝廉：漢代選拔人才的科目。

[2]繁弱：古良弓名。《左傳·定公四年》："分魯公以大路、大旂，夏后氏之璜，封父之繁弱。"杜預注："繁弱，大弓名。"此以良弓代指良將。　登御：舉薦給帝王。

[3]高墉之功顯：顯露高功大勛。

[4]孤竹：獨生的竹，用以製作笛管。《周禮·春官·大司樂》："孤竹之管，雲和之琴瑟，雲門之舞，冬日至，於地上圜丘奏之。"鄭玄注："孤竹，竹特生者。"

[5]蘊櫝之才：藏在盒子里的樂器。　大音：雅音。

[6]井渫：除去污穢保持井水清潔。比喻潔身自好。

[7]結軌驥騄：用良馬駕馭的車輛絡繹不絶。

[8]璵璠：美玉。

[9]沁水：縣名，治所在今河南省濟源市東北。

[10]武陵：郡名，治所在臨沅縣（今湖南省常德市）。

[11]東海王越：司馬越，字元超，本書卷五九有傳。　軍諮祭酒：官名，即軍師祭酒，晋朝避司馬師名諱而改。亦稱軍咨祭酒、軍謀祭酒、軍祭酒，諸軍府屬官，參謀軍事，位在軍府諸僚佐之上。

[12]振威將軍：官名，雜號將軍，統兵出征。四品。

[13]義軍都督：義軍統帥。義軍，指勤王討賊的軍隊。

[14]治書侍御史：官名，簡稱治書御史、御史治書、侍書。屬諸侍御史之一種，亦簡稱侍御史、侍御、御史。西漢時掌圖籍文書，東漢時屬御史臺，職掌也變爲審理疑獄、平廷尉奏事。魏晋南北朝時爲御史中丞佐貳，掌監察、彈劾高級官員，也奉命出使、緝拿犯官。六品。

[15]散騎侍郎：官名，三國魏置。隸屬散騎省，侍從皇帝左右，顧問應對，諫諍拾遺，與散騎常侍、侍中等共平尚書奏事。五品。

元帝召爲鎮東右司馬。[1]將征杜弢，[2]加若思前將軍，未發而弢滅。帝爲晋王，[3]以爲尚書。中興建，爲中護軍，[4]轉護軍將軍、尚書僕射，[5]皆辭不拜。出爲征西將軍、都督兖豫幽冀雍并六州諸軍事、假節，[6]加散騎常侍。[7]發投刺王官千人爲軍吏，調揚州百姓家奴萬人爲兵配之，[8]以散騎常侍王遐爲軍司，[9]鎮壽陽，[10]與劉隗同出。帝親幸其營，勞勉將士，臨發祖餞，置酒賦詩。

[1]鎮東：官名，即鎮東將軍。東漢建安年間置，與鎮西、鎮南、鎮北將軍合稱四鎮將軍，多爲持節都督，出鎮方面。曹魏二品。晋三品，加持節都督者二品。　右司馬：官名，此爲鎮東將軍府右司馬。將軍府的高級幕僚，與左司馬掌參讚軍務、管理府内武職，位僅次於長史。七品。

[2]杜弢：字景文，本書卷一〇〇有傳。

[3]晋王：王，宋本作“工”。

[4]中護軍：官名，掌武官選舉，與中領軍同掌禁軍。曹魏四品，晋三品。

[5]尚書僕射：官名，秦漢爲尚書令副貳，東漢建安四年（199）分置左、右，爲尚書省次官。三品。

[6]征西將軍：官名，東漢永元年間置，地位與雜號將軍、偏將軍、裨將軍等同。建安年間與征東、征南、征北將軍合稱四征將軍，地位提高。三品，加持節都督者二品。　都督兖豫幽冀雍并六州諸軍事：上述六州最高軍事行政長官。

[7]散騎常侍：宋本於“侍”下衍“侍”字。

[8]揚州：揚，宋本作“楊”。

[9]王遐：字桓子，本書卷九三有傳。　軍司：官名，即軍師，因避司馬師諱，故改。爲軍府主要屬僚，佐主帥統軍隊，負有匡正監察主帥之責，地位很高，常繼任主帥。

[10]“出爲征西將軍”至“鎮壽陽”：中華本校勘記：“勞校：《元紀》云‘司兖豫并冀雍六州諸軍事、司州刺史，鎮合肥’，當是時劉隗督幽州，疑是《傳》誤。按：下文云‘若思至合肥’，是

作‘合肥’者是。《通鑑》九一亦可證。”

若思至合肥，[1]而王敦舉兵，詔追若思還鎮京都，進驃騎將軍，[2]與右衛將軍郭逸夾道築壘於大桁之北。[3]尋而石頭失守，若思與諸軍攻石頭，王師敗績。若思率麾下百餘人赴宫受詔，與公卿百官於石頭見敦。敦問若思曰：“前日之戰有餘力乎？”若思不謝而答曰：“豈敢有餘，但力不足耳。”又曰：[4]“吾此舉動，天下以爲如何？”若思曰：“見形者謂之逆，體誠者謂之忠。”敦曰：[5]“卿可謂能言。”敦參軍吕猗昔爲臺郎，[6]有刀筆才，性尤奸諂，若思爲尚書，惡其爲人，猗以深憾焉。[7]至是，乃説敦曰：“周顗、戴若思皆有高名，足以惑衆，近者之言曾無愧色。公若不除，恐有再舉之患，爲將來之憂耳。”敦以爲然，又素忌之，俄而遣鄧嶽、繆坦收若思而害之。[8]若思素有重望，四海之士莫不痛惜焉。賊平，册贈右光禄大夫、儀同三司，[9]謚曰簡。

[1]合肥：縣名，治所在今安徽省合肥市西。

[2]驃騎將軍：官名，西漢時爲重號將軍，東漢以後，居諸名號將軍之首，僅作爲軍府名號加授大臣或重要州郡長官。二品，開府位從公者一品。

[3]大桁：又稱朱雀桁，六朝都城建康南城門朱雀門外的浮橋，横跨秦淮河上。三國吴時稱南津橋，晋改名朱雀桁。桁爲連船而成，長九十步，廣六丈。因在臺城南，又稱“南航”。秦淮河上二十四航，此爲最大，又稱“大航”。

[4]又曰：宋本無此二字。

[5]敦曰：殿本“敦”下有“笑”字。

[6]臺郎：官名，即尚書郎。

[7]猗以深憾焉：以，殿本作“亦”。

[8]鄧嶽：字伯山，本書卷八一有傳。

[9]右光禄大夫：官名，齊王曹芳正始元年（240）在光禄大夫上增置左、右，位在光禄大夫上。在朝顯職的加官，或授予年老有病致仕者，或授予死者。西晉時禄賜與特進同。二品，開府位從公者一品。　儀同三司：開府儀同三司，三國魏始置。爲大臣加號，意謂與太尉、司徒、司空三司待遇相同，許開設府署，任命僚屬。

邈，字望之。少好學，尤精《史》《漢》，[1]才不逮若思，儒博過之。弱冠舉秀才，[2]尋遷太子洗馬，[3]出補西陽内史。[4]永嘉中，元帝版行邵陵内史、丞相軍諮祭酒，[5]出爲征南軍司。[6]于時凡百草創，學校未立，邈上疏曰：

臣聞天道之所大，莫大於陰陽；帝王之至務，莫重於禮學。是以古之建國，有明堂辟雍之制，[7]鄉有庠序黌校之儀，[8]皆所以抽導幽滯，啓廣才思。蓋以六四有困蒙之吝，[9]君子大養正之功也。昔仲尼，列國之大夫耳，興禮修學於洙泗之間，[10]四方髦俊斐然向風，身達者七十餘人。自兹以來，千載絶塵。豈天下小於魯衛，賢哲乏於曩時？勵與不勵故也。

[1]《史》《漢》：殿本乙作“漢史”。

[2]弱冠：指男子二十歲時。《禮記·曲禮上》：“二十曰弱，冠。”年少爲弱，待至二十，即爲成年，舉行冠禮。

[3]太子洗馬：官名，東宫屬官。掌太子圖籍、經書，太子出行則前導威儀。七品。

[4]西陽：郡名，治所在西陽縣（今湖北省黄岡市東）。

[5]丞相軍諮祭酒：官名，丞相府屬官。參謀軍事，位在相府諸僚佐之上。

[6]征南軍司：官名，征南將軍府軍師。軍司，官名，即軍師，因避司馬師諱，故改。佐主帥統軍隊，負有匡正監察主帥之責，地位很高，常繼任主帥。

[7]明堂：本爲皇帝舉行朝會、祭祀、養老、教學等大典的建築，魏晋南北朝時期主要爲祭祀場所。　辟雍：西周天子所設大學。東漢以後，爲行鄉飲酒、大射或祭祀之禮的地方。漢班固《白虎通·辟雍》："天子立辟雍何？辟雍，所以行禮樂、宣德化也。辟者，璧也，象璧圓，以法天也。雍者，壅之以水，象教化流行也。辟之言積也，積天下之道德；雍之爲言壅也，天下之儀則。故謂之辟雍也。"

[8]庠序黌校：學校。

[9]六四有困蒙之吝：處於困境的蒙昧之人。《易·蒙》："六四，困蒙，吝。"《象》曰："困蒙之吝，獨遠實也。"高亨注："困蒙，處於困境之愚昧之人。"

[10]洙泗：洙水和泗水，孔子講學之地。泛指儒家。

自頃國遭無妄之禍，社稷有綴旒之危，[1]寇羯飲馬於長江，凶狡鴟張於萬里，遂使神州蕭條，鞠爲茂草，[2]四海之内，人迹不交。霸主有旰食之憂，[3]黎元懷荼毒之苦，戎首交拜於中原，何遽籩豆之事哉！[4]然三年不爲禮，禮必壞；三年不爲樂，樂必崩，况曠載累紀如此之久邪！今末進後生，目不睹揖讓升降之儀，耳不聞鐘鼓管絃之音，文章散滅，圖讖無遺，[5]此蓋聖達之所深悼，有識之所嗟嘆也。夫平世尚文，遭亂尚武，文武遞用，長久之道，譬之天地昏明之迭，自古以來未有不由之者也。

[1]綴旒：如旒之懸，比喻國勢垂危。旒，冠上垂珠。

[2]鞠爲茂草：謂雜草塞道。形容衰敗荒蕪的景象。鞠，通"鞫"。

[3]旰食：忘食，不按時吃飯。

[4]籩豆之事：籩和豆。古代祭祀時用的兩種禮器。竹制爲籩，木制爲豆。此指禮儀制度。

[5]圖讖：解説符命應驗的圖書。

今或以天下未一，非興禮學之時，此言似之而不其然。夫儒道深奥，不可倉卒而成。古之俊乂必三年而通一經，比天下平泰然後修之，則功成事定，誰與制禮作樂者哉？又貴游之子未必有斬將搴旗之才，亦未有從軍征戍之役，不及盛年講肆道義，[1]使明珠加磨瑩之功，荆璞發采琢之榮，不亦良可惜乎！

[1]講肆：講習。肆，殿本作"肄"。

臣愚以世喪道久，人情玩於所習；純風日去，華競日彰，猶火之消膏而莫之覺也。今天地告始，萬物權輿，[1]聖朝以神武之德，值革命之運，蕩近世之流弊，繼千載之絶軌，篤道崇儒，創立大業。明主唱之於上，宰輔督之於下。夫上之所好，下必有過之者焉。是故雙劍之節崇，而飛白之俗成；[2]挾琴之容飾，而赴曲之和作。君子之德風，小人之德草，實在感之而已。臣以暗淺，不能遠識格言；奉誦明令，慷慨下風，謂宜以三時之隙漸就修建。
疏奏，納焉，於是始修禮學。

[1]萬物權輿：萬物新生。

[2]飛白：迅速地拔劍出鞘。

代劉隗爲丹楊尹。王敦作逆，加左將軍。及敦得志，而若思遇害，邃坐免官。敦誅後，拜尚書僕射。卒官，贈衛將軍，[1]謚曰穆。子謐嗣，歷義興太守、大司農。[2]

[1]衛將軍：官名，魏晋時位在名號將軍之上，多爲軍府名號，加給大臣、重要州郡長官。二品，開府位從公者一品。

[2]義興：郡名，治所在陽羡縣（今江蘇省宜興市）。　大司農：官名，掌管全國財政和各地的屯田。三品。

周顗

周顗，字伯仁，安東將軍浚之子也。[1]少有重名，神彩秀徹，雖時輩親狎，莫能媟也。[2]司徒掾同郡賁嵩有清操，見顗，嘆曰："汝潁固多奇士！[3]自頃雅道陵遲，今復見周伯仁，將振起舊風，清我邦族矣。"廣陵戴若思東南之美，舉秀才，入洛，素聞顗名，往候之，終坐而出，不敢顯其才辯。顗從弟穆亦有美譽，欲陵折顗，顗陶然弗與之校，於是人士益宗附之。州郡辟命皆不就。弱冠，襲父爵武城侯，拜秘書郎，累遷尚書吏部郎。東海王越子毗爲鎮軍將軍，[4]以顗爲長史。

[1]安東將軍：官名，東漢建安年間置，與安西、安南、安北將軍合稱四安將軍，爲出鎮某一地區的軍事長官，或作爲刺史等兼理軍務的加官，權任頗重。三品，加持節都督者二品。　浚：周浚，字開林，本書卷六一有傳。

[2]媟（xiè）：侮狎；輕慢。《漢書》卷一〇〇《叙傳上》："應龍潛於潢污，魚黿媟之。"顔師古注："媟謂侮狎之也。"

[3]汝潁：指汝南、潁川地區。潁，原本、宋本作"穎"，殿本作"潁"，據殿本改。

[4]鎮軍將軍：官名，三國時始置，西晉罷又復置。位在鎮軍大將軍下，與中軍將軍、撫軍將軍並爲三名號將軍，位比四鎮將軍。三品。

元帝初鎮江左，請爲軍諮祭酒，出爲寧遠將軍、荆州刺史、領護南蠻校尉、假節。[1]始到州，而建平流人傅密等叛迎蜀賊杜弢，[2]顗狼狽失據。陶侃遣將吴寄以兵救之，[3]故顗得免，因奔王敦於豫章。敦留之。軍司戴邈曰："顗雖退敗，未有莅衆之咎，德望素重，宜還復之。"敦不從。帝召爲揚威將軍、兖州刺史。[4]顗還建康，帝留顗不遣，復以爲軍諮祭酒，尋轉右長史。中興建，補吏部尚書。[5]頃之，以醉酒爲有司所糾，白衣領職。復坐門生斫傷人，免官。

[1]寧遠將軍：官名，屬名號將軍。五品。　荆州：三國時曹魏治所在新野縣（今河南省新野縣），孫吴治所在江陵縣（今湖北省江陵縣），西晋統一後治所在江陵縣（今湖北省江陵縣）。　護南蠻校尉：官名，亦稱南蠻校尉，府鎮襄陽，東晋改鎮江陵。掌荆州及江州少數民族事務，統兵。四品。

[2]建平：郡名，治所在巫縣（今重慶市巫山縣）。

[3]陶侃：字士行，本書卷六六有傳。

[4]揚威將軍：官名，雜號將軍，領兵。四品。

[5]吏部尚書：官名，三國魏時爲尚書省吏部曹長官，位居列曹尚書之上。三品。

太興初，更拜太子少傅，[1]尚書如故。顗上疏讓曰："臣退自循省，學不通一經，知不效一官，[2]止足良難，未能守分，遂忝顯任，名位過量。不悟天鑒忘臣頑弊，乃欲使臣内管銓衡，[3]外忝傅訓，[4]質輕蟬翼，事重千鈞，此之不可，不待識而明矣。若臣受負乘之責，必貽聖朝惟塵之耻，俯仰愧懼，不知所圖。"詔曰："紹幼冲便居儲副之貴，當賴軌匠以袪蒙蔽。望之儼然，斯不言之益，何學之習邪，所謂與田蘇游忘其鄙心者。[5]便當副往意，不宜冲讓。"轉尚書左僕射，領吏部如故。

[1]太子少傅：官名，與太子太傅並稱二傅，三國時並攝東宫事務，與尚書、東曹並掌太子、諸侯官署選舉。西晋時下設丞、功曹、主簿等屬官。三品。

[2]知不效一官：知，殿本作"智"。

[3]内管銓衡：職掌選拔官吏的職位。

[4]傅訓：作爲師傅訓導太子。

[5]與田蘇游忘其鄙心：《左傳・襄公七年》：春秋時，晋王欲立韓無忌爲卿，無忌推辭説："無忌不才，讓，其可乎？請立起也。與田蘇游，而曰'好仁'。"杜預注："田蘇，晋賢人。蘇言起好仁。"

庾亮嘗謂顗曰：[1]"諸人咸以君方樂廣。"顗曰："何乃刻畫無鹽，[2]唐突西施也。"[3]帝讌群公于西堂，[4]酒酣，從容曰："今日名臣共集，何如堯舜時邪？"顗因醉厲聲曰："今雖同人主，何得復比聖世！"帝大怒而起，手詔付廷尉，將加戮，累日方赦之。及出，諸公就省，顗曰："近日之罪固知不至于死。"尋代戴若思爲護軍將軍。[5]尚書紀瞻置酒請顗及王導等，[6]顗荒醉失儀，復爲有司所奏。詔曰："顗參副朝右，職掌銓衡，當敬慎德音，式是百辟。[7]屢以酒過，爲有司所繩。吾亮其極歡之情，[8]然亦是濡首之誡也。[9]顗必能克己復禮者，今不加黜責。"

[1]庾亮：字元規，本書卷七三有傳。

[2]無鹽：即無鹽女。戰國時齊宣王后鍾離春，無鹽人，爲人有德而貌醜。劉向《列女傳・齊鍾離春》："鍾離春者，齊無鹽邑之女，宣王之正后也。其爲人極醜無雙，臼頭深目，長指大節，卬鼻結喉，肥項少髮。"

[3]西施：春秋時越國美女。别名夷光，亦稱西子。姓施，春秋末年越國苧羅（今浙江省諸暨市南）人。越王勾踐敗於會稽，范蠡取西施獻吴王夫差，使其迷惑忘政。越遂亡吴。後西施歸范蠡，同泛五湖。事見《吴越春秋・勾踐陰謀外傳》。

[4]西堂：太極殿西堂。《景定建康志》卷二一《城闕志・古

宫殿》:“太極殿，建康宫内正殿也。晋初造以十二間，象十二月。至梁武帝改製十三間，象閏焉。高八丈，長二十七丈，廣十丈，内外並以錦石爲砌次。東有太極東堂七間，西有太極西堂七間。”

[5]尋代：代，宋本作“伐”。

[6]紀瞻：字思遠，本書卷六八有傳。

[7]百辟：百官。

[8]極歡之情：歡，原本、宋本作“權”，殿本作“歡”，據殿本改。

[9]濡首之誡:《易·未濟》:“上九，有孚於飲酒，無咎。濡其首，有孚失是。”《象》曰:“飲酒濡首，亦不知節也。”意爲不要沉湎於酒而有失本性常態。

初，顗以雅望獲海内盛名，[1]後頗以酒失，爲僕射，略無醒日，時人號爲“三日僕射”。庾亮曰:“周侯末年，所謂鳳德之衰也。”顗在中朝時，能飲酒一石，及過江，雖日醉，每稱無對。偶有舊對從北來，顗遇之欣然，乃出二石酒共飲，各大醉。及顗醒，使視客，已腐脅而死。

[1]雅望：雅，宋本作“雖”。

顗性寬裕而友愛過人，弟嵩嘗因酒瞋目謂顗曰:“君才不及弟，何乃横得重名!”以所然蠟燭投之。[1]顗神色無忤，徐曰:“阿奴火攻，固出下策耳。”[2]王導甚重之，嘗枕顗膝而指其腹曰:“卿此中何所有也?”答曰:“此中空洞無物，[3]然足容卿輩數百人。”導亦不以爲忤。又於導坐傲然嘯咏，導云:“卿欲希嵇、阮邪？"[4]顗曰："何敢近捨明公，遠希嵇、阮。"

[1]然蠟燭：然，殿本作"燃"。

[2]固出下策耳：出，殿本作"由"。

[3]此中空洞無物：殿本"此"上有"卿"字。

[4]嵇：嵇康，字叔夜，本書卷四九有傳。　阮：阮籍，字嗣宗，本書卷四九有傳。

及王敦構逆，温嶠謂顗曰：[1]"大將軍此舉似有所在，當無濫邪？"顗曰："君少年未更事。人主自非堯舜，何能無失，人臣豈可得舉兵以脅主！共相推戴，未能數年，一旦如此，豈云非亂乎！處仲剛愎强忍，狼抗無上，[2]其意寧有限邪！"既而王師敗績，顗奉詔詣敦，敦曰："伯仁，卿負我！"顗曰："公戎車犯順，下官親率六軍，不能其事，使王旅奔敗，以此負公。"敦憚其辭正，不知所答。帝召顗於廣室，謂之曰："近日大事，二宫無恙，諸人平安，大將軍故副所望邪？"顗曰："二宫自如明詔，於臣等故未可知。"護軍長史郝嘏等勸顗避敦，顗曰："吾備位大臣，朝廷喪敗，寧可復草間求活，外投胡越邪！"俄而與戴若思俱被收，路經太廟，顗大言曰："天地先帝之靈：賊臣王敦傾覆社稷，枉殺忠臣，陵虐天下，神祇有靈，當速殺敦，無令縱毒，以傾王室。"語未終，收人以戟傷其口，血流至踵，顔色不變，容止自若，觀者皆爲流涕。遂於石頭南門外石上害之，時年五十四。

[1]温嶠：字太真，本書卷六七有傳。
[2]狼抗無上：狼，殿本作“很”。

顗之死也，敦坐有一參軍樗蒱，[1]馬於博頭被殺，因謂敦曰：“周家奕世令望，而位不至公，及伯仁將登而墜，有似下官此馬。”敦曰：“伯仁總角於東宫相遇，一面披襟，便許之三事，何圖不幸自貽王法。”敦素憚顗，每見顗輒面熱，雖復冬月，扇面手不得休。敦使繆坦籍顗家，收得素簏數枚，盛故絮而已，酒五甕，米數石，在位者服其清約。敦卒後，追贈左光禄大夫、儀同三司，謚曰康，祀以少牢。[2]

[1]樗蒱：風靡當時的賭博游戲。
[2]少牢：祇用羊豕二牲的祭品。

初，敦之舉兵也，劉隗勸帝盡除諸王，司空導率群從詣闕請罪，值顗將入，導呼顗謂曰：“伯仁，以百口累卿！”顗直入不顧。既見帝，言導忠誠，申救甚至，帝納其言。顗喜飲酒，致醉而出。導猶在門，又呼顗。顗不與言，顧左右曰：“今年殺諸賊奴，取金印如斗大繫肘。”既出，又上表明導，言甚切至。導不知救己，而甚銜之。敦既得志，問導曰：“周顗、戴若思南北之望，當登三司，無所疑也。”導不答。又曰：“若不三司，便應令僕邪？”又不答。敦曰：“若不爾，正當誅爾。”導又無言。導後料檢中書故事，見顗表救己，殷勤款至。導執表流涕，悲不自勝，告其諸子曰：“吾雖不殺伯仁，伯仁由我而死。幽冥之中，負此良友！”顗三子：閔、恬、頤。

閔，字子騫，方直有父風。歷衡陽、建安、臨川太守，[1]侍中，中領軍，[2]吏部，尚書左僕射，加中軍將軍，轉護軍，領秘書監。[3]卒，追贈金紫光禄大夫，謚曰烈。無子，以弟頤長子琳爲嗣。琳仕至東陽太守。[4]恬、頤並歷卿守。琳少子文，驃騎諮議參軍。

[1]衡陽：郡名，治所在湘南縣（今湖南省湘潭市西南）。建安：郡名，治所在建安縣（今福建省建甌市南松溪南岸）。　臨川：郡名，治所在臨汝縣（今江西省撫州市臨川區西）。

[2]中領軍：官名，東漢建安中曹操改領軍置。與中護軍皆典禁兵，屬丞相府。三品。

[3]秘書監：官名，秘書省長官，掌管藝文圖籍、課試署吏，統著作局，掌國史修撰並管理中外三閣圖書。三品。

[4]東陽：郡名，治所在長山縣（今浙江省金華市）。

史臣曰：夫太剛則折，至察無徒，以之爲政，則害于而國；用之行己，則凶于乃家。誠以器乖容衆，非先王之道也。大連司憲，陰候主情，當約法之秋，獻斫棺之議。[1]玄亮剛愎，與物多違，雖有崇上之心，專行刻下之化，同薄相濟，並運天機。是使賢宰見疏，致物情於解體；權臣發怒，借其名以誓師。既而謀人之國，國危而苟免；見昵於主，主辱而圖生。自取流亡，非不幸也。若思閑爽，[2]照理研幽。[3]伯仁凝正，處腴能約。咸以高才雅道，參豫疇咨。及京室淪胥，抗言無撓，甘赴鼎而全操，[4]蓋事君而盡節者歟！頗招時論，尤其酒德，《禮經》曰："瑕不掩瑜"，未足韜其美也。

[1]斫棺之議：指劉隗追查已去世之人責任的奏議。

[2]閑爽：閑雅清朗。

[3]照理研幽：鑽研幽深的道理。

[4]赴鼎：跳入湯鑊而死，即赴死。

贊曰：劉刁亮直，志奉興王。奸回醜正，終致奔亡。周戴英爽，忠謨允塞。道屬屯蒙，禍罹凶慝。

晉書　卷七〇

列傳第四十

應詹　甘卓 鄧騫　卞壼 從父兄敦　劉超　鍾雅

應詹

應詹，字思遠，汝南南頓人，[1]魏侍中璩之孫也。[2]詹幼孤，爲祖母所養。年十餘歲，祖母又終，居喪毀頓，杖而起，[3]遂以孝聞。家富於財，[4]年又稚弱，乃請族人共居，委以資産，情若至親，世以此異焉。弱冠知名，[5]性質素弘雅，物雖犯而弗之校，以學藝文章稱。司徒何劭見之曰：[6]“君子哉若人！”

[1]汝南：郡名，東漢治所在平輿縣（今河南省平輿縣北），西晉治所在新息縣（今河南省息縣西南），東晉移治懸瓠城（今河南省汝南縣）。　南頓：縣名，治所在今河南省項城市西南。

[2]侍中：官名，東漢建安中與給事黄門侍郎出入禁中，省尚書事。曹魏時爲門下之侍中省長官。常侍衛皇帝左右，掌顧問應對、諫諍糾察、平議奏事、駁奏異議等，權力甚重。三品。　璩：應璩，三國時汝南南頓（今河南省項城市西南）人，字休璉，應瑒

弟。博學好屬文，善爲書記。歷任散騎常侍、侍中、大將軍長史等職。曾作“百一詩”，以諷曹爽秉政，爲當世所傳。

[3]杖而起：殿本“而”下有“後”字。

[4]家富於財：財，原本、宋本作“材”，殿本作“財”，據殿本改。

[5]弱冠：指男子二十歲時。《禮記·曲禮上》：“二十曰弱，冠。”年少爲弱，待至二十，即爲成年，舉行冠禮。

[6]司徒：官名，西漢哀帝元壽二年（前1）改丞相爲大司徒，東漢光武帝時改名爲司徒，東漢末又改爲丞相。三國魏恢復三公制，改丞相爲司徒，管理民政。兩晋沿制，爲八公之一，在太尉之下、司空之上。與丞相通職，一般不並置，爲名譽宰相。一品。何劭：字敬祖，本書卷三三有傳。

初辟公府，爲太子舍人。[1]趙王倫以爲征東長史。[2]倫誅，坐免。成都王穎辟爲掾。[3]時驃騎從事中郎諸葛玫委長沙王乂奔鄴，[4]盛稱乂之非。玫浮躁有才辯，臨漳人士無不詣之。[5]詹與玫有舊，嘆曰：“諸葛仁林何與樂毅之相詭乎！”[6]卒不見之。玫聞甚愧。鎮南大將軍劉弘，[7]詹之祖舅也，請爲長史，[8]謂之曰：“君器識弘深，後當代老子於荆南矣。”仍委以軍政。弘著績漢南，詹之力也。遷南平太守。[9]

[1]太子舍人：官名，掌行書令、表啓等。初隸太子太傅、太子少傅，後隸太子詹事。七品。

[2]趙王倫：司馬倫，字子彝，本書卷五九有傳。　征東長史：官名，征東將軍府長史。掌軍府顧問參謀，爲所在官署掾屬之長。七品。征東將軍，官名，東漢末置，與征西、征南、征北將軍合稱

四征將軍。魏晋時多爲持節都督，出鎮方面。三品，加持節都督者二品。

[3]成都王穎：司馬穎，字章度，本書卷五九有傳。穎，原本、宋本作“潁”，殿本作“穎”，據殿本改。　掾：將軍府屬官。

[4]從事中郎：官名，東漢時爲大將軍屬官，地位較高。魏晋時爲將軍府或公府屬官。六品。此爲驃騎將軍府從事中郎。　諸葛玫：字仁林，本書卷三一有傳。　長沙王乂：司馬乂，字士度，本書卷五九有傳。　鄴：縣名，曹魏五都之一，治所在今河北省臨漳縣西南。

[5]臨漳：縣名，西晋建興初改鄴縣置，治所在今河北省臨漳縣西南鄴鎮。

[6]諸葛仁林：仁，殿本作“成”。　樂毅：戰國時靈壽（今河北省靈壽縣西北）人，魏將樂羊後代，燕昭王時入燕，帥聯軍大敗齊國，攻下齊國城邑七十多座。後因燕惠王中反間計，樂毅遂離開燕國入趙國。

[7]鎮南大將軍：官名，三國魏置，職掌與鎮南將軍同，唯資歷深者得任此職，不常置。二品，開府位從公者一品。　劉弘：字和季，本書卷六六有傳。

[8]請爲長史：請，宋本作“謂”。

[9]南平：郡名，治所在江安縣（在今湖北省公安縣西北）。

王澄爲荆州，[1]假詹督南平、天門、武陵三郡軍事。[2]及洛陽傾覆，詹攘袂流涕，勸澄赴援。澄使詹爲檄，詹下筆便成，辭義壯烈，見者慷慨，然竟不能從也。天門、武陵溪蠻並反，詹討降之。時政令不一，諸蠻怨望，並謀背叛。詹召蠻酋，破銅券與盟，由是懷詹，數郡無虞。其後天下大亂，詹境獨全。百姓歌之曰：“亂離既普，殆爲灰朽。僥倖之運，賴兹應后。歲寒不凋，孤境獨守。拯我塗炭，惠隆丘阜。潤同江海，恩猶父母。”鎮南將軍山簡復假詹督五郡軍事。[3]會蜀賊杜疇作亂，來攻詹郡，力戰摧之。尋與陶侃破杜弢於長沙，[4]賊中金寶溢目，詹一無所取，唯收圖書，莫不嘆之。元帝假詹建武將軍，[5]王敦又上詹監巴東五郡軍事，[6]賜爵潁陽鄉侯。[7]陳人王冲擁衆荆州，[8]素服詹名，迎爲刺史。詹以冲等無賴，棄還南平，冲亦不怨。其得人情如此。遷益州刺史，[9]領巴東監軍。[10]詹之出郡也，士庶攀車號泣，若戀所生。

[1]王澄：字平子，本書卷四三有傳。　荆州：三國時曹魏治所在新野縣（今河南省新野縣），孫吴治所在江陵縣（今湖北省江陵縣），西晋統一後治所在江陵縣（今湖北省江陵縣）。

[2]假：授予代理官職。　督南平、天門、武陵三郡軍事：南平、天門、武陵三郡軍事行政長官，位次於都督和監。

[3]鎮南將軍：官名，與鎮東、鎮西、鎮北將軍合稱四鎮將軍。多爲持節都督，出鎮方面。曹魏二品。晋改三品，加持節都督者二品。　山簡：字季倫，本書卷四三有傳。　督五郡軍事：五郡軍事行政長官，位次於都督和監。

[4]陶侃：字士行，本書卷六六有傳。　杜弢：字景文，本書卷一〇〇有傳。　長沙：郡名，治所在臨湘縣（今湖南省長沙市）。

[5]建武將軍：官名，東漢末曹操置，統兵征伐。四品。

[6]王敦：字處仲，本書卷九八有傳。　監巴東五郡軍事：巴東五郡軍事行政長官，位次於都督。

[7]潁陽鄉侯：潁，原本、宋本作“穎”，殿本作“潁”，據殿本改。

[8]陳：郡國名，治所在陳縣（今河南省周口市淮陽區）。

[9]益州：治所在成都縣（今四川省成都市）。

[10]領：以地位較高的官員兼理較低的職務。　巴東監軍：官名，監巴東軍事，巴東地區軍事行政長官，位次於都督。四品。

俄拜後軍將軍。[1]詹上疏陳便宜，曰："先王設官，使君有常尊，臣有定卑，上無苟且之志，下無覬覦之心。下至亡秦，罷侯置守，本替末陵，綱紀廢絶。漢興，雖未能興復舊典，猶雜建侯守，故能享年享世，殆參古迹。今大荒之後，制度改創，宜因斯會，釐正憲則，先舉盛德元功以爲封首，則聖世之化比隆唐虞矣。"又曰："性相近，習相遠，訓導之風，宜慎所好。魏正始之間，蔚爲文林。元康以來，賤經尚道，以玄虛宏放爲夷達，以儒術清儉爲鄙俗。永嘉之弊，未必不由此也。今雖有儒官，教養未備，非所以長育人材，納之軌物也。宜修辟雍，[2]崇明教義，先令國子受訓，然後皇儲親臨釋奠，[3]則普天尚德，率土知方矣。"元帝雅重其才，深納之。

[1]後軍將軍：官名，西晋武帝泰始八年（272）置，與前軍、左軍、右軍將軍合稱四軍將軍。各領兵千人，是護衛皇帝宫禁的主要禁軍將領之一。四品。

[2]辟雍：西周天子所設大學。東漢以後，爲行鄉飲酒、大射或祭祀之禮的地方。漢班固《白虎通·辟雍》："天子立辟雍何？辟雍，所以行禮、樂宣德化也。辟者，璧也，象璧圓，以法天也。雍者，壅之以水，象教化流行也。辟之言積也，積天下之道德；雍之爲言壅也，天下之儀則。故謂之辟雍也。"

[3]皇儲：皇太子。　釋奠：古代在學校設置酒食以奠祭先聖

先師的典禮。

頃之，出補吴國内史，[1]以公事免。鎮北將軍劉隗出鎮，[2]以詹爲軍司。[3]加散騎常侍，[4]累遷光禄勳。[5]詹以王敦專制自樹，故優游諷咏，無所標明。及敦作逆，明帝問詹計將安出。詹厲然慷慨曰："陛下宜奮赫斯之威，[6]臣等當得負戈前驅，庶憑宗廟之靈，有征無戰。如其不然，王室必危。"帝以詹爲都督前鋒軍事、護軍將軍、假節，[7]都督朱雀橋南。[8]賊從竹格渡江，[9]詹與建威將軍趙胤等擊敗之，[10]斬賊率杜發，梟首數千級。賊平，封觀陽縣侯，食邑一千六百户，賜絹五千匹。上疏讓曰：[11]"臣聞開國承家，光啓土宇，唯令德元功乃宜封錫。臣雖忝當一隊，策無微略，勞不汗馬。猥以疏賤，倫亞親密，暫厠被練，列勤司勛。乞回謬恩，聽其所守。"不許。

[1]吴國：郡國名，治所在吴縣（今江蘇省蘇州市）。　内史：官名，西晋武帝太康十年（289）改諸王國相爲内史，掌管民政。五品。周家禄《晋書校勘記》認爲："晋制，以郡爲國，内史治民事，若郡太守。國除爲郡，復稱太守。然二名往往混淆，史家亦互稱之。"

[2]鎮北將軍：官名，東漢建安年間置，與鎮西、鎮南、鎮東將軍合稱四鎮將軍，多爲持節都督，出鎮方面。曹魏二品。晋三品，加持節都督者二品。　劉隗：字大連，本書卷六九有傳。

[3]軍司：官名，即軍師，因避司馬師諱，故改。爲軍府主要屬僚，佐主帥統軍隊，負有匡正監察主帥之責，地位很高，常繼任主帥。

[4]散騎常侍：官名，三國魏文帝黄初年間置，侍從皇帝左右，諫諍得失，顧問應對，與侍中等共平尚書奏事。也用作宰相、諸公等加官，入宫議政。三品。

[5]光禄勛：官名，侍從皇帝左右，掌宫廷宿衛。西晋時兼掌原屬少府的一部分宫廷供御事務。三品。

[6]赫斯：帝王盛怒的樣子。語出《詩·大雅·皇矣》："王赫斯怒，爰整其旅。"鄭玄箋："赫，怒意。"

[7]都督前鋒軍事：前鋒部隊都督。　護軍將軍：官名，東漢建安十二年（207）曹操改丞相府護軍爲中護軍，資重者可遷護軍將軍，典武官選舉，與中領軍同掌禁軍。曹魏時四品，西晋時三品。　假節：假以節杖。指大臣臨時持節出巡，爲權臣掌軍、秉政的地位象徵和政治待遇。

[8]朱雀橋：又稱朱雀桁，六朝都城建康南城門朱雀門外的浮橋，横跨秦淮河上。三國吴時稱南津橋，晋改名朱雀桁。桁爲連船而成，長九十步，廣六丈。因在臺城南，又稱"南航"。秦淮河上二十四航，此爲最大，又稱"大航"。

[9]竹格：建康城外浮橋名。丹楊、竹格、朱雀、驃騎合稱"建康四航"。

[10]建威將軍：官名，領兵征戰，曹魏、孫吴、西晋皆置。四品。　趙胤：東晋時歷任建威將軍、右衛將軍、冠軍將軍、歷陽太守、護軍將軍等職。

[11]上疏讓曰：宋本無"疏"字。

遷使持節、都督江州諸軍事、平南將軍、江州刺史。[1]詹將行，上疏曰：

夫欲用天下之智力者，莫若使天下信之也。商鞅移木，[2]豈禮也哉？有由而然。自經荒弊，綱紀頽陵，清直之風既澆，糟秕之俗猶在，誠宜濯以滄浪之流，漉以吞舟之網，則幽顯明别，於變時雍矣。

［1］使持節：漢朝官吏奉使外出時，或由皇帝授予節杖，以提高其權力。魏晋以後，凡重要軍事長官出征或出鎮，加使持節，可誅殺二千石以下官員。　都督江州諸軍事：江州地區最高軍事行政長官。　平南將軍：官名，與平東、平西、平北將軍合稱四平將軍。多持節都督或監某一地區的軍事，有時作爲刺史等地方官員監理軍務的加官。三品，加持節都督者二品。　江州：治所在南昌縣（今江西省南昌市）。

［2］商鞅移木：商鞅，戰國時衛國人，公孫氏，名鞅，亦稱衛鞅、公孫鞅、商君鞅、商君。助秦孝公變法强國。《史記》卷六八《商君列傳》載：商鞅在變法令發佈前，“恐民之不信，已乃立三丈之木於國都市南門，募民有能徙置北門者予十金。民怪之，莫敢徙。復曰‘能徙者予五十金’。有一人徙之，輒予五十金，以明不欺”。

弘濟兹務，在乎官人。今南北雜錯，屬託者無保負之累，而輕舉所知，此博采所以未精，職理所以多闕。今凡有所用，宜隨其能否而與舉主同乎褒貶，[1]則人有慎舉之恭，官無廢職之吝。昔冀缺有功，胥臣蒙先茅之賞；[2]子玉敗軍，子文受蔿賈之責。[3]古既有之，今亦宜然。漢朝使刺史行部，乘傳奏事，猶恐不足以辨彰幽明，弘宣政道，故復有綉衣直指。[4]今之艱弊，過於往昔，宜分遣黄、散若中書郎等循行天下，[5]觀采得失，舉善彈違，斷截苟且，則人不敢爲非矣。漢宣帝時，二千石有居職修明者，則入爲公卿；其不稱職免官者，皆還爲平人。懲勸必行，故歷世長久。中間以來，遷不足競，免不足懼。或有進而失意，[6]退而得分。莅官雖美，當以素論降替；在職實劣，直以舊望登叙。校游談爲多少，不以實事爲先後。以此責成，臣未見其兆也。今宜峻左降舊制，可二千石免官，三年乃得叙用，長史六年，户口折半，道里倍之。此法必明，使天下知官難得而易失，必人慎其職，朝無惰官矣。都督可課佃二十頃，州十頃，郡五頃，縣三頃。皆取文武吏醫卜，不得撓亂百姓。三臺九府，[7]中外諸軍，有可減損，皆令附農。市息末伎，道無游人，不過一熟，豐穰可必。然後重居職之俸，使禄足以代耕。

頃大事之後，遐邇皆想宏略，而寂然未副，宜早振綱領，肅起群望。

時王敦新平，人情未安，詹撫而懷之，莫不得其歡心，百姓賴之。

[1]隨其能否：否，殿本作“不”。

[2]“冀缺有功”句：冀缺，又作郤缺，春秋時晋國將軍。在與狄人作戰中立功。晋襄公命將先茅食邑賞給舉薦冀缺的胥臣。事見《左傳·僖公三十二年》。

[3]“子玉敗軍”句：子玉，春秋時楚人，名得臣。楚君若敖之孫。楚成王三十五年（前637）因與陳國作戰有功，子文推舉他代自己任令尹。國老皆賀子文，而蔿賈不賀。子文問之，蔿賈説：“不知所賀，子之傳政於子玉，曰：‘以靖國也。’靖諸内而敗諸

外，所獲幾何？子玉之敗，子之舉也，舉以敗國，將何賀焉？”事見《左傳·僖公二十七年》。

［4］綉衣直指：官名。《漢書》卷一九《百官公卿表》：“侍御史有綉衣直指。”服虔曰：“指事而行，無阿私也。”師古曰：“衣以綉者，尊寵之也。”

［5］黄：官名，黄門侍郎省稱。魏晋時爲侍中省或門下省次官。侍從皇帝，顧問應對，多以重臣或外戚子弟擔任，位頗重要。五品。　散：官名，散騎侍郎省稱。三國魏置，隸屬散騎省，侍從皇帝左右，顧問應對，諫諍拾遺，與散騎常侍、侍中等共平尚書奏事。五品。　中書郎：官名，隸屬中書令。掌草擬詔書、外出執行重要使命等。亦作爲中書通事郎、中書侍郎的省稱。

［6］或有進而失意：宋本無“失”字。

［7］三臺：指尚書臺、御史臺、謁者臺。　九府：九卿所掌官署。

疾篤，與陶侃書曰：“每憶密計，自沔入湘，頡頏繾綣，[1]齊好斷金。子南我東，忽然一紀，[2]其間事故，何所不有。足下建功嶠南，旋鎮舊楚。吾承乏幸會，來忝此州，圖與足下進共竭節本朝，報恩幼主，退以申尋平生，纏綿舊好。豈悟時不我與，長即幽冥，永言莫從，能不慨悵！今神州未夷，四方多難，足下年德並隆，功名俱盛，宜務建洪範，[3]雖休勿休，[4]至公至平，至謙至順，即自天祐之，吉無不利。人之將死，其言也善，足下察吾此誠。”以咸和六年卒，[5]時年五十三。册贈鎮南大將軍、儀同三司，[6]謚曰烈，祠以太牢。[7]子玄嗣，位至散騎侍郎。[8]玄弟誕，有器幹，歷六郡太守、龍驤將軍，[9]追贈冀州刺史。[10]

[1]頡（xié）頏（háng）繾綣：上下相隨結好同心。頏，原本、宋本作“頑”，殿本作“頏”，據殿本改。

[2]一紀：十二年。

[3]洪範：楷模，榜樣。

[4]雖休勿休：語出《尚書·吕刑》：“雖畏勿畏，雖休勿休。”意爲雖然被人敬畏，不要自以爲可敬可畏；雖然被人讚美，不要自以爲行善德美。

[5]以咸和六年卒：中華本校勘記：“《成紀》、《通鑑》九三俱云其卒在元年，‘六’疑‘元’字之形近誤。”

[6]儀同三司：官名，即開府儀同三司，三國魏始置。爲大臣加號，意謂與太尉、司徒、司空三司待遇相同，許開設府署，任命僚屬。

[7]太牢：用牛羊豕三牲祭祀稱太牢。《莊子·至樂》：“具太牢以爲膳。”成玄英疏：“太牢，牛羊豕也。”

[8]散騎侍郎：官名，三國魏置。隸屬散騎省，侍從皇帝左右，顧問應對，諫諍拾遺，與散騎常侍、侍中等共平尚書奏事。五品。

[9]龍驤將軍：官名，高級軍事將領。三品。

[10]冀州：三國魏治所在信都縣（今河北省衡水市冀州區），西晉移治房子縣（今河北省高邑縣西南）。

初，京兆韋泓喪亂之際，[1]親屬遇饑疫並盡，客游洛陽，素聞詹名，遂依託之。詹與分甘共苦，情若弟兄。遂隨從積年，爲營伉儷，置居宅，并薦之於元帝曰：“自遭喪亂，人士易操，[2]至乃任運固窮，耿介守節者鮮矣。伏見議郎韋泓，[3]年三十八，字元量，執心清冲，才識備濟，躬耕隴畝，不煩人役，静默居常，不豫政事。昔年流移，來在詹境，經寇喪資，一身特立，[4]短褐不掩形，[5]菜蔬不充朝，而抗志彌厲，不游非類。

顔回稱不改其樂，[6]泓有其分。明公輔亮皇室，恢維宇宙，四門開闢，英彦鳧藻，收春華於京輦，[7]采秋實於巖藪。而泓抱璞荆山，[8]未剖和璧。[9]若蒙銓召，付以列曹，必能協隆鼎味，[10]緝熙庶績者也。”帝即辟之。泓後位至少府卿。[11]既受詹生成之惠，詹卒，遂製朋友之服，哭止宿草，追趙氏祀程嬰、杵臼之義，[12]祭詹終身。

[1]京兆：郡名，治所在長安縣（今陝西省西安市西北）。

[2]人士易操：士，宋本作“土”。

[3]議郎：官名，西漢始置。魏晋時品秩雖低，名義清高。七品。

[4]一身特立：宋本無“一”字。

[5]短褐不掩形：短，殿本作“裋”。

[6]顔回：孔子弟子，名回，字子淵，亦稱顔淵。早卒。《論語·雍也》：子曰：“賢哉，回也！一簞食，一瓢飲，在陋巷，人不堪其憂，回也不改其樂。賢哉，回也！”

[7]春華：華，殿本作“花”。

[8]抱璞荆山：《韓非子·和氏》：“楚人和氏得玉璞楚山中，奉而獻之厲王。厲王使玉人相之，玉人曰：‘石也。’王以和爲誑，而刖其左足。及厲王薨，武王即位，和又奉其璞而獻之武王。武王使玉人相之，又曰：‘石也。’王又以和爲誑，而刖其右足。武王薨，文王即位，和乃抱其璞而哭於楚山之下，三日三夜，泣盡而繼之以血。王聞之，使人問其故，曰：‘天下之刖者多矣，子奚哭之悲也？’和曰：‘吾非悲刖也，悲夫寶玉而題之以石，貞士而名之以誑，此吾所以悲也。’王乃使玉人理其璞而得寶焉，遂命‘和氏之璧’。”

[9]未剖和璧：喻懷才不遇。

［10］協隆鼎味：幫助治理國家。鼎味，喻國政。典出《尚書·說命下》：武丁曾對傅說說："來，汝說，臺小子舊學于甘盤，既乃遁于荒野，入宅于河。自河徂亳，暨厥終罔顯。爾惟訓于朕志。若作酒醴，爾惟曲糵，若作和羹，爾惟鹽梅。"意思是：你當輔佐我實現夙志。如果我作美酒，你就是曲糵；我要作羹湯，你就是鹽梅。武丁把治國比作羹湯，把用人比成鹽與梅。

［11］泓後位至少府卿：泓，殿本作"自"。

［12］程嬰、杵臼：程嬰和公孫杵臼。二人均爲春秋時晉國人，趙朔之友。晉景公時，司寇屠岸賈陷害趙朔一家，滅其家族。趙朔妻有遺腹子，程嬰將其帶入山中藏匿起來。公孫杵臼則用一個其他嬰兒冒充趙朔遺腹子，與之一起被屠岸賈所殺。事見《史記》卷四三《趙世家》。

甘卓

甘卓，字季思，丹楊人，[1]秦丞相茂之後也。[2]曾祖寧，[3]爲吴將。祖述，仕吴爲尚書。[4]父昌，太子太傅。[5]吴平，卓退居自守。郡命主簿、功曹，[6]察孝廉，[7]州舉秀才，[8]爲吴王常侍。[9]討石冰，[10]以功賜爵都亭侯。東海王越引爲參軍，[11]出補離狐令。[12]卓見天下大亂，棄官東歸，前至歷陽，[13]與陳敏相遇。[14]敏甚悦，共圖縱横之計，遂爲其子景娶卓女，深相結託。[15]會周玘唱義，[16]密使錢廣攻敏弟昶，敏遣卓討廣，頓朱雀橋南。會廣殺昶，玘告丹楊太守顧榮共邀説卓。[17]卓素敬服榮，且以昶死懷懼，良久乃從之。遂詐疾迎女，斷橋，收船南岸，共滅敏，傳首于京都。

［1］丹楊：郡名，治所在建鄴縣（今江蘇省南京市）。楊，殿

本作“陽”，本卷下文此地名同。

［2］茂：甘茂，戰國時下蔡（今安徽省鳳臺縣）人。初從上蔡監門史舉學百家之術，後被張儀等人舉薦入秦。秦惠王時助魏章攻取漢中，秦武王初奉命定蜀。與樗里疾分爲左右丞相。後因與向壽等人有隙，去秦奔齊，終卒於魏。

［3］寧：甘寧，東漢末巴郡臨江（今重慶市忠縣）人，字興霸。初從益州刺史劉璋，後因起兵反劉璋失敗，依靠荆州劉表。後轉托黄祖不被重用，便歸孫權。屢建戰功，歷任折衝將軍、西陵太守、前部督等職。

［4］尚書：官名，東漢尚書臺六曹各置尚書，秩六百石。魏晋出爲朝官，分掌尚書省諸曹，品秩提高。三品。

［5］太子太傅：官名，與太子少傅並稱二傅，三國時並攝東宫事務，與尚書、東曹並掌太子、諸侯官署選舉。西晋時下設丞、功曹、主簿等屬官。三品。

［6］主簿：官名，郡府屬官，典領文書籍簿，省録衆事，職權甚重。　功曹：官名，即功曹史。郡縣屬官，職掌人事，參與郡縣政務。兩晋時，不開府將軍、太子二傅、特進、郡縣皆置。

［7］孝廉：漢代選拔人才的科目。

［8］秀才：察舉科目，州舉秀才，郡舉孝廉。

［9］常侍：官名，散騎常侍、散騎中常侍、通直散騎常侍、員外散騎常侍等官的簡稱。三品。

［10］石冰：西晋人，太安二年（303）隨張昌起兵，攻破江州。後被晋將周玘打敗，又被陳敏擊破，乃北投封雲，爲封雲部將張統所殺。

［11］東海王越：司馬越，字元超，本書卷五九有傳。　參軍：官名，亦作參軍事，謂參謀軍事。兩晋公府、軍府皆置。

［12］離狐：縣名，治所在今山東省單縣。

［13］歷陽：縣名，治所在今安徽省和縣。

［14］陳敏：字令通，本書卷一〇〇有傳。

［15］深相結託：深，殿本作“共”。
［16］周玘：字宣佩，本書卷五八有傳。
［17］顧榮：字彦先，本書卷六八有傳。

元帝初渡江，授卓前鋒都督、揚威將軍、歷陽内史。[1]其後討周馥，[2]征杜弢，屢經苦戰，多所擒獲。以前後功，進爵南鄉侯，拜豫章太守。[3]尋遷湘州刺史，[4]將軍如故。復進爵于湖侯。

［1］前鋒都督：前鋒部隊的統帥。　揚威將軍：官名，雜號將軍，領兵。四品。
［2］周馥：字祖宣，本書卷六一有傳。
［3］豫章：郡名，治所在南昌縣（今江西省南昌市）。
［4］湘州：治所在臨湘縣（今湖南省長沙市）。

中興初，以邊寇未静，學校陵遲，特聽不試孝廉，而秀才猶依舊策試。卓上疏以爲：“答問損益，當須博通古今，明達政體，必求諸《墳》《索》，[1]乃堪其舉。臣所忝州往遭寇亂，學校久替，人士流播，不得比之餘州。策試之由，當藉學功，謂宜同孝廉例，申與期限。”疏奏，朝議不許。卓於是精加隱括，備禮舉桂陽谷儉爲秀才。[2]儉辭不獲命，州厚禮遣之。諸州秀才聞當考試，皆憚不行，惟儉一人到臺，遂不復策試。儉耻其州少士，乃表求試，以高第除中郎。[3]

［1］《墳》《索》：即《三墳》《八索》。亦泛指古代典籍。
［2］桂陽：郡名，漢高帝置，治所在郴縣（今湖南省郴州市）。

［3］中郎：官名，屬郎官。原來分屬五官、左、右中郎將，魏晋有時不置三署，但仍置中郎，無固定職掌，作爲儲備人才。八品。

儉少有志行，寒苦自立，博涉經史。于時南土凋荒，經籍道息，儉不能遠求師友，唯在家研精。雖所得實深，未有名譽，又耻衒耀取達，遂歸，終身不仕，卒於家。

卓尋遷安南將軍、梁州刺史、假節、督沔北諸軍，[1]鎮襄陽。[2]卓外柔内剛，爲政簡惠，善於綏撫，估税悉除，市無二價。州境所有魚池，先恒責税，卓不收其利，皆給貧民，西土稱爲惠政。

［1］安南將軍：官名，東漢建安年間置，與安東、安北、安西將軍合稱四安將軍，爲出鎮某一地區的軍事長官，或作爲刺史等兼理軍務的加官，權任頗重。三品，加持節都督者二品。　梁州：三國曹魏治所在沔陽縣（今陝西省勉縣東），西晋移治南鄭縣（今陝西省漢中市東）。　督沔北諸軍：沔北地區軍事行政長官，位次於都督和監。

［2］襄陽：郡名，東漢建安十三年（208）置，治所在襄陽縣（今湖北省襄陽市），西晋移治宜城縣（今湖北省宜城市南）。

王敦稱兵，遣使告卓。卓乃僞許，而心不同之。及敦升舟，而卓不赴，使參軍孫雙詣武昌諫止敦。[1]敦聞雙言，大驚曰："甘侯前與吾語云何，而更有異！正當慮吾危朝廷邪？吾今下唯除奸凶耳。卿還言之，事濟當以甘侯作公。"雙還報卓，卓不能決。或説卓且僞許敦，待敦至都而討之。卓曰：“昔陳敏之亂，吾亦先從後圖，而論者謂懼逼而謀之。雖吾情本不爾，而事實有似，心恒愧之。今若復爾，誰能明我！”時湘州刺史譙王承遣主簿鄧騫説卓曰：[2]“劉大連雖乘權寵，非有害於天下也。大將軍以其私憾稱兵象魏，雖託討亂之名，實失天下之望，此忠臣義士匡救之時也。昔魯連匹夫，[3]猶懷蹈海之志，況受任方伯，位同體國者乎！今若因天人之心，唱桓文之舉，[4]杖大順以掃逆節，擁義兵以勤王室，斯千載之運，不可失也。”卓笑曰：“桓文之事，豈吾所能。至於盡力國難，乃其心也。當共詳思之。”參軍李梁説卓曰：“昔隗囂亂隴右，[5]竇融保河西以歸光武，[6]今日之事，有似於此。將軍有重名於天下，但當推亡固存，坐而待之。使大將軍勝，[7]方當崇將軍以方面之重；如其不勝，朝廷必以將軍代之。何憂不富貴，而釋此廟勝，决存亡於一戰邪！”騫謂梁曰：“光武創業，中國未平，故隗囂斷隴右，竇融兼河西，各據一方，鼎足之勢，故得文服天子，[8]從容顧望。及海内已定，君臣正位，終於隴右傾覆，河西入朝。何則？向之文服，義所不容也。今將軍之於本朝，非竇融之喻也。襄陽之於大府，非河西之固也。且人臣之義，安忍國難而不陳力，何以北面於天子邪！使大將軍平劉隗，[9]還武昌，增石城之守，絶荆湘之粟，將軍安歸乎？勢在人手，而曰我處廟勝，未之聞也。”卓尚持疑未決，騫又謂卓曰：“今既不義舉，又不承大將軍檄，此必至之禍，愚智所見也。且議者之所難，以彼强我弱，是不量虚實者也。今大將軍兵不過萬餘，其留者不能五千，而將軍見衆既倍之矣。將軍威名天下所聞也，此府精鋭，戰勝之兵也。擁强衆，藉威名，杖節而行，豈王含所能御哉！[10]溯流之衆，勢不自救，將軍之舉武昌，若摧枯拉朽，何所顧慮乎！武昌既定，據其軍實，鎮撫二州，施惠士卒，使還者如歸，此吕蒙所以克敵也。[11]如是，大將軍可不戰而自潰。今釋必勝之策，安坐以待危亡，不可言知計矣。願將軍熟慮之。”

[1]武昌：郡名，治所在武昌縣（今湖北省鄂州市鄂城區）。

[2]譙王承：司馬承，字敬才，本書卷三七有傳。

[3]魯連：魯仲連，戰國時齊人，稷下學士。好謀劃，善辭令，不肯仕宦。周赧王五十六年（前259），秦軍圍攻趙國首都邯鄲。魏使辛垣衍力促趙尊秦昭王爲帝，以换取秦退兵。魯仲連力駁辛垣衍之論，表示如果做秦國臣民，寧願赴東海而死。適逢魏公子無忌奪晋鄙軍以救趙擊秦，秦軍引而去。於是平原君欲封魯仲連。魯仲連辭讓者三，終不肯受。“平原乃置酒，酒酣，起，前，以千金爲魯連壽。魯連笑曰：‘所貴於天下之士者，爲人排患、釋難、解紛亂而無所取也。即有所取者，是商賈之人也，仲連不忍爲也。’”事見《戰國策·趙策三》。

[4]桓：齊桓公，春秋時齊國國君，名小白，僖公之子，襄公之弟。公元前685至前643年在位。爲公子時因國家内亂出走至莒，襄公死後被迎回立爲國君。在位時任用管仲，改革内政，國力漸强。九合諸侯，尊王攘夷，成爲春秋五霸之首。　文：晋文公，名重耳，晋獻公之子，因受迫害而流亡在外十九年，歷盡艱難險阻。回國即位後改革朝政，加强軍備，國力漸强，終成春秋五霸之一。

[5]隗囂：西漢末天水成紀（今甘肅省静寧縣西南）人，字季孟。新莽末年起兵，攻占隴西、武都、酒泉等地。東漢建立後歸附劉秀，但内心圖謀割據。公孫述割據蜀地，隗囂予以響應配合，後因手下大將王遵等率兵十餘萬歸降東漢，大勢已去，憂憤而死。隴右：地區名，指甘肅省隴山以西地區。

[6]竇融：東漢初扶風平陵（今陝西省咸陽市西北）人，字周公。世代仕宦河西。新莽末任波水將軍。後歸降更始，任張掖屬國都尉。更始敗，又聯合酒泉、金城、張掖、敦煌、武威五郡，割據河西。稱行河西五郡大將軍事。東漢建武五年（29）歸附光武帝，歷任凉州牧、冀州牧、大司空、行衛尉事，並兼領將作大匠。　河西：地區名，今甘肅、青海二省之間黄河南段以西地區，即河西走廊、湟水流域一帶。

[7]大將軍：官名，高級軍事統帥。曹魏時多以之屯駐長安，對付蜀漢，蜀漢以其爲最高軍事長官，孫吳則别置上大將軍居其上。西晋時爲八公之一，位居上公、大司馬下，三公之上。東晋時常專擅軍政事務。一品。

[8]文服天子：表面服從朝廷。

[9]劉隗：劉，原本、宋本作“釗”，殿本作“劉”，據殿本改。

[10]王含：字處弘，王敦兄，歷任衛將軍、都督沔南軍事、領南蠻校尉、荆州刺史、征東將軍、都督揚州江西諸軍事等職，王敦兵敗後，被王舒沉江淹死。

[11]吕蒙：東漢末汝南富波（今安徽省阜南縣東南）人，字子明。孫吴大將，歷任平北都尉、領廣德長、横野中郎將、廬江太守、左護軍、虎威將軍等職。少不好讀書，後聽孫權勸告，博覽群書。建安二十四年（219）偷襲關羽，占領荆州。旋病卒。

時敦以卓不至，慮在後爲變，遣參軍樂道融苦要卓俱下。[1]道融本欲背敦，因説卓襲之，語在《融傳》。卓既素不欲從敦，得道融説，遂決曰："吾本意也。"乃與巴東監軍柳純、南平太守夏侯承、宜都太守譚該等十餘人，[2]俱露檄遠近，陳敦肆逆，率所統致討。遣參軍司馬讚、孫雙奉表詣臺，參軍羅英至廣州，[3]與陶侃克期，參軍鄧騫、虞冲至長沙，令譙王承堅守。征西將軍戴若思在江西，[4]先得卓書，表上之，臺内皆稱萬歲。武昌大驚，傳卓軍至，人皆奔散。詔書遷卓爲鎮南大將軍、侍中、都督荆梁二州諸軍事、荆州牧，[5]梁州刺史如故，陶侃得卓信，即遣參軍高寶率兵下。[6]

[1]樂道融：東晋丹楊人，本書卷八九有傳。

[2]柳純：東晋人，歷任巴東監軍、宜都太守、建平太守等職，爲王敦所害。　宜都：郡名，治所在夷陵縣（今湖北省宜昌市東南長江北岸）。

[3]廣州：治所在番禺縣（今廣東省廣州市）。

[4]征西將軍：官名，東漢永元年間置，地位與雜號將軍、偏將軍、裨將軍等同。建安年間與征東、征南、征北將軍合稱四征將軍，地位提高。三品，加持節都督者二品。　戴若思：戴淵，本書卷六九有傳。　江西：隋唐以前人們對長江下游北岸、淮水以南地區的稱呼。

[5]都督荆梁二州諸軍事：上述二州最高軍事行政長官。

[6]高寶：原爲杜弢部將，陶侃平杜弢，獲高寶，任其爲平南參軍。

卓雖懷義正，而性不果毅，且年老多疑，計慮猶豫，軍次豬口，[1]累旬不前。敦大懼，遣卓兄子行參軍卬求和，[2]謝卓曰："君此自是臣節，不相責也。吾家計急，不得不爾。想便旋軍襄陽，當更結好。"時王師敗績，敦求臺騶虞幡駐卓。[3]卓聞周顗、戴若思遇害，[4]流涕謂卬曰："吾之所憂，正謂今日。每得朝廷人書，常以胡寇爲先，不悟忽有蕭墻之禍。且使聖上元吉，太子無恙，吾臨敦上流，亦未敢便危社稷。吾適徑據武昌，敦勢逼，必劫天子以絶四海之望。不如還襄陽，更思後圖。"即命旋軍。都尉秦康説卓曰：[5]"今分兵取敦不難，但斷彭澤，上下不得相赴，[6]自然離散，可一戰擒也。將軍既有忠節，中道而廢，更爲敗軍將，恐將軍之下亦各便求西還，不可得守也。"卓不能從。樂道融亦日夜勸卓速下。卓性先寬和，忽便强塞，徑還襄陽，意氣騷擾，舉動失常，自照鏡不見其頭，視庭樹而頭在樹上，心甚惡之。其家金櫃鳴，聲似槌鏡，清而悲。巫云："金櫃將離，是以悲鳴。"主簿何無忌及家人皆勸令自警。[7]卓轉更佷愎，[8]聞諫輒怒。方散兵使大佃，而不爲備。功曹榮建固諫，不納。襄陽太守周慮等密承敦意，知卓無備，詐言湖中多魚，勸卓遣左右皆捕魚，乃襲害卓于寢，傳首于敦。四子散騎郎蕃等皆被害。[9]太寧中，追贈驃騎將軍，[10]謚曰敬。

[1]豬口：一作堵口。位於今湖北省仙桃市，即古夏水入漢江之口。

[2]卓兄子行參軍卬：卬，原本作"印"，宋本、殿本作"卬"，據卷八九《樂道融傳》及宋本、殿本改。

[3]騶虞幡：一種繪有騶虞圖形的旗幟，用以傳旨解兵。趙翼

《廿二史劄記》卷八："晋制最重騶虞幡，每至危險時，或用以傳旨，或用以止兵，見之者輒慑伏而不敢動，亦一朝之令甲也。"

[4]周顗：字伯仁，本書卷六九有傳。

[5]都尉：官名，統兵武職，不常置。

[6]上下不得相赴：赴，殿本作"越"。

[7]何無忌：東晋東海郯縣（今山東省郯城縣北）人，在京口常參議舅父劉牢之大事。隨劉裕討桓玄，歷任江州刺史、都督荆江豫三州八郡諸軍事。後戰死。

[8]佷愎：即狠愎，凶狠固執。佷，殿本作"狠"。

[9]散騎郎：官名，即散騎侍郎，三國魏置。隸屬散騎省，侍從皇帝左右，顧問應對，諫諍拾遺，與散騎常侍、侍中等共平尚書奏事。五品。

[10]驃騎將軍：官名，西漢時爲重號將軍，東漢以後，居諸名號將軍之首，僅作爲軍府名號加授大臣或重要州郡長官。二品，開府位從公者一品。

鄧騫，字長真，長沙人。少有志氣，爲鄉鄰所重。常推誠行己，能以正直全於多難之時。刺史譙王承命爲主簿，便説甘卓。卓留爲參軍，欲與同行，以母老辭卓而反。[1]

[1]辭卓而反：反，殿本作"返"。

承爲魏乂所敗，以虞悝兄弟爲承黨，[1]乂盡誅之，而求騫甚急。鄉人皆爲之懼，騫笑曰："欲用我耳。彼新得州，多殺忠良，是其求賢之時，豈以行人爲罪！"乃往詣乂。乂喜曰："君所謂古之解揚也。"[2]以爲别駕。[3]

[1]虞悝：本書卷八九有傳。

[2]解揚：春秋時晋國人。楚國攻打宋國，宋國求救於晋國。晋國派解揚出使宋國，告訴他們晋國馬上發兵。途中被楚軍俘虜，楚軍給他許多珍寶，要他告訴宋人，晋國不能救援。解揚假意答應，但到了城下，向城中喊話時，却讓宋國堅持，告之晋國大兵馬上就到。楚王責備解揚失信，並欲殺掉他。解揚説君王的義不能用兩種信，臣子的信不能受兩種命。君王以財物收買他，就是不懂得這個道理。臣子受命出使國外，寧可死也不能背棄君命，又怎麽能被財物收買呢？假裝答應楚王，是爲了完成使命。雖死但完成了使命，這是他的福分。晋國國君有他這樣守信的臣子，他又死得其所，還有什麽值得追求的呢？於是楚莊王放解揚回國。事見《左傳·宣公十五年》。揚，原本、殿本作“楊”，宋本作“揚”，據宋本改。

[3]别駕：官名，别駕從事、别駕從事史省稱。州部佐官，因從刺史行部，别乘傳車，故稱。位居州吏之右。

騫有節操忠信，兼識量弘遠，善與人交，久而益敬。[1]太尉庾亮稱之，[2]以爲長者。歷武陵、始興太守，[3]遷大司農，[4]卒於官。

[1]久而益敬：宋本無“益”字。

[2]太尉：官名，曹操爲丞相後，太尉府屬官歸相府，晋時太尉雖爲八公之一、三公之首，實爲名譽宰相，多爲大臣加官。一品。　庾亮：字元規，本書卷七三有傳。

[3]武陵：郡名，治所在臨沅縣（今湖南省常德市）。　始興：郡名，治所在曲江縣（今廣東省韶關市東南蓮花嶺下）。

[4]大司農：官名，掌管全國財政和各地的屯田。三品。

卞壼

卞壼，字望之，濟陰冤句人也。[1]祖統，琅邪内史。[2]父粹，以清辯鑒察稱。兄弟六人並登宰府，世稱“卞氏六龍，玄仁無雙”。玄仁，粹字也。弟裒，嘗忤其郡將。郡將怒訐其門内之私，粹遂以不訓見譏議，陵遲積年。惠帝初，爲尚書郎。[3]楊駿執政，[4]人多附會，而粹正直不阿。及駿誅，超拜右丞，[5]封成陽子，稍遷至右軍將軍。[6]張華之誅，[7]粹以華婿免官。齊王冏輔政，[8]爲侍中、中書令，[9]進爵爲公。及長沙王乂專權，粹立朝正色，乂忌而害之。初，粹如厠，見物若兩眼，俄而難作。

[1]濟陰：郡名，治所在定陶縣（今山東省菏澤市定陶區）。冤句：縣名，治所在今山東省曹縣西北。

[2]琅邪：封國名，治所在今山東省臨沂市。

[3]尚書郎：官名。東漢之制，取孝廉中之有才能者入尚書臺，在皇帝左右處理政務，初入臺稱守尚書郎中，滿一年稱尚書郎，滿三年稱侍郎。魏晋以後尚書各曹有侍郎、郎中等官，綜理職務，通稱爲尚書郎。六品。

[4]楊駿：字文長，本書卷四〇有傳。

[5]右丞：官名，即尚書右丞，尚書省佐官，位次尚書，居尚書左丞下。與左丞共掌尚書都省庶務，率諸都令史監督稽核諸尚書曹、郎曹政務，糾舉彈劾百官。右丞又掌本省庫藏廬舍，督録遠道州郡文書章奏，凡兵士百官名籍、内外庫藏穀帛、刑獄訴訟、軍械、田地、州郡租布、行政區劃、州郡縣長官免贈收捕等文書奏事

皆屬之。六品。

[6]右軍將軍：官名，與前軍、後軍、左軍將軍合稱四軍將軍，領營兵千人，掌宿衛。初屬中軍將軍，後屬領軍將軍。四品。

[7]張華：字茂先，本書卷三六有傳。

[8]齊王冏：司馬冏，字景治，本書卷五九有傳。

[9]中書令：官名，掌收納尚書奏事、傳達皇帝詔旨。三國魏文帝初年分秘書置中書省，設中書監和中書令，職權甚重。三品。

壼弱冠有名譽司、兗二州。[1]齊王冏辟皆不就。遇家禍，還鄉里。永嘉中，除著作郎，[2]襲父爵。征東將軍周馥請爲從事中郎，[3]不就。遭本州傾覆，東依妻兄徐州刺史裴盾。[4]盾以壼行廣陵相。[5]

[1]司：司州，司隸校尉部，治所在洛陽縣（今河南省洛陽市東北）。　兗：兗州，魏晉時期治所在廩丘縣（今山東省鄆城縣西北），晉惠帝末兗州闔境淪没於石勒。東晉元帝僑置兗州，治京口（今江蘇省鎮江市）。

[2]著作郎：官名，三國時爲著作局長官，隸屬中書省。西晉時著作局别自置省，長官仍爲著作郎，改隸屬秘書省。西晉後亦稱大著作郎、大著作、著作，掌國史及起居注的修撰。兩晉南北朝時爲清要之官，多由有名望的文學之士擔任，也用司空、侍中、尚書等官典領。職閑位重，南朝時多爲貴族起家官。六品。

[3]從事中郎：官名，東漢時爲大將軍屬官，地位較高。魏晉時爲將軍府或公府屬官。六品。

[4]徐州：治所在彭城縣（今江蘇省徐州市）。

[5]行：兼攝官職。　廣陵：郡名，治所在廣陵縣（今江蘇省揚州市西北蜀岡上）。　相：官名，郡國相，也稱内史。五品。

元帝鎮建鄴,[1]召爲從事中郎，委以選舉，甚見親杖。出爲明帝東中郎長史。[2]遭繼母憂，既葬，起復舊職，累辭不就。元帝遣中使敦逼，壼箋自陳曰：

壼天性狷狹,[3]不能和俗，退以情事，欲畢志家門。[4]亡父往爲中書令，時壼蒙大例,[5]望門見辟，信其所執，得不祇就。[6]門户遇禍，迸竄易名，得存視息，私志有素。加嬰極難，流寄蘭陵,[7]爲苟晞所召,[8]恐見逼迫，依下邳裴盾,[9]又見假授，思暫之郡，規得託身。尋蒙見召，爲從事中郎，豈曰貪榮，直欲自致，規暫恭命，行當乞退。屬華軼之難,[10]不敢自陳。軼既梟懸，壼亦嬰病，具自歸聞，未蒙恕遣。世子北征，選寵顯望，復以無施，忝充元佐。榮則榮矣，實非素懷。顧以命重人輕，不敢辭憚。聞西臺召壼爲尚書郎,[11]實欲因此以避賢路，未及陳誠，奄丁窮罰。[12]

[1]建鄴：地名，即今江蘇省南京市。

[2]東中郎長史：官名，東中郎將軍府長史。掌軍府顧問參謀，爲所在官署掾屬之長。東中郎將，官名，東、西、南、北四中郎將之一，統兵征伐，多有固定的轄區和治所。四品。

[3]狷狹：心胸狹隘性格急躁。

[4]欲畢志家門：志，原本、宋本作“至”，殿本作“志”，據殿本改。

[5]大例：通例。

[6]得不祇就：可以不服從辟命。

[7]蘭陵：郡名，治所在丞縣（今山東省棗莊市嶧城區）。

[8]苟晞：字道將，本書卷六一有傳。

[9]下邳：郡國名，治所在下邳縣（今江蘇省睢寧縣古邳鎮東）。

[10]屬：適逢。　華軼：字彦夏，本書卷六一有傳。

[11]西臺：兩晋、南朝稱朝廷禁省及中樞政權機構爲臺。西晋末丞相司馬睿南渡，在江左建立政權，承制行事，長安朝廷遂號西臺。

[12]奄丁窮罰：突然遭受處罰。

壼年九歲，爲先母弟表所見孤背。十二，蒙亡母張所見覆育。壼以陋賤，不能榮親，家産屢空，養道多闕，存無歡娱，終不備禮，拊心永恨，五内抽割。於公無效如彼，私情艱苦如此，實無情顔昧冒榮進。若廢壼一人，江北便有傾危之慮，壼居事之日功績以隆者，[1]誠不得私其身。今東中郎岐嶷自然，[2]神明日茂，軍司馬、諸參佐並以明德宣力王事，壼之去留，曾無損益。賀循、謝端、顧景、丁琛、傅晞等皆荷恩命，[3]高枕家門。壼委質二府，漸冉五載，考效則不能已彰，論心則頻累恭順，奈何哀孤之日不見愍恕哉！

帝以其辭苦，不奪其志。

[1]居事之日功績以隆者：事，宋本作“士”。

[2]岐嶷：聰慧，《詩·大雅·生民》：“誕實匍匐，克岐克嶷。”

[3]賀循：字彦先，本書卷六八有傳。

服闋，[1]爲世子師。壼前後居師佐之任，盡匡輔之節，一府貴而憚焉。中興建，補太子中庶子，[2]轉散騎常侍，侍講東宫。遷太子詹事，[3]以公事免。尋復職，轉御史中丞。[4]忠於事上，權貴屏迹。

[1]服闋：守喪期滿除去孝服。

[2]太子中庶子：官名，太子侍從，掌侍從、奏事、諫議等。五品。

[3]太子詹事：官名，東宫屬官，掌管東宫内外事務。兩晋、南北朝東宫地位極重，官署齊備，擬於朝廷。太子詹事任總宫官，堪比朝廷之尚書令、領軍將軍，位權甚重。三品。

[4]御史中丞：官名，御史大夫副手，掌監察、執法，爲京師顯官，職權甚重。四品。

時淮南小中正王式繼母，[1]前夫終，更適式父。式父終，喪服訖，議還前夫家。前夫家亦有繼子，奉養至終，遂合葬於前夫。式自云："父臨終，母求去，父許諾。"於是制出母齊衰期。[2]壼奏曰："就如式父臨終許諾，必也正名，依禮爲無所據。若夫有命，須顯七出之責，[3]當存時棄之，無緣以絶義之妻留家制服。若式父臨困謬亂，使去留自由者，此必爲相要以非禮，則存亡無所得從，式宜正之以禮。魏顆父命不從其亂，[4]陳乾昔欲以二婢子殉，[5]其子以非禮不從，《春秋》《禮記》善之。並以妾媵，猶正以禮，况其母乎！式母於夫，生事以終，[6]非爲既絶之妻。夫亡制服，不爲無義之婦。自云守節，非爲更嫁。離絶之斷，在夫没之後。夫之既没，是其從子之日，而式以爲出母，此母以子出也。致使存無所容居，没無所託也。[7]寄命於他人之門，埋尸於無名之冢。若式父亡後，母尋没於式家，必不以爲出母明矣。許諾之命一耳，以爲母於同居之時，至没前子之門而不以爲母，此爲制離絶於二居，裁出否於意斷。離絶之斷，非式而誰！假使二門之子皆此母之生，母戀前子，求去求絶，非禮於後家，還反又非禮於前門，去不可去，還不可還，則爲無寄之人也。[8]式必内盡匡諫，外極防閑，不絶明矣。何至守不移於至親，略情禮於假繼乎！繼母如母，聖人之教。式爲國士，閨門之内犯禮違義，開闢未有，於父則無追亡之善，於母則無孝敬之道，存則去留自由，亡則合葬路人，可謂生事不以禮，死葬不以禮者也。虧損世教，不可以居人倫詮正之任。案侍中、司徒、臨潁公組敷宣五教，[9]實在任人，而含容違禮，[10]曾不貶黜；揚州大中正、侍中、平望亭侯曄，[11]淮南大中正、散騎侍郎弘，顯執邦論，[12]朝野取信，曾不能率禮正違，崇孝敬之教，並爲不勝其任。請以見事免組、曄、弘官，大鴻臚削爵土，[13]廷尉結罪。”[14]疏奏，詔特原組等，式付鄉邑清議，[15]廢棄終身。壺遷吏部尚書。[16]王含之難，加中軍將軍。[17]含滅，以功封建興縣公，尋遷領軍將軍。[18]

[1]淮南：郡名，治所在壽春縣（今安徽省壽縣）。　小中正：相對大中正而言。魏晋時期評定士人品第的官員。郡設中正，州設大中正。朝廷根據中正所評士人的品第授予官職。

[2]齊衰：喪服名。五服之一。服用粗麻布制成，以其緝邊縫齊，故稱“齊衰”。服期有不同，爲繼母、慈母服三年；孫爲祖父

母，夫爲妻服一年，稱“齊衰期”；爲曾祖父母服五個月；爲高祖父母服三個月。

[3]七出：古代社會丈夫遺棄妻子的七種理由。《儀禮·喪服》：“出妻之子爲母”，賈公彦疏：“七出者：無子，一也；淫佚，二也；不事舅姑，三也；口舌，四也；盜竊，五也；妒忌，六也；惡疾，七也。”

[4]魏顆父命不從其亂：事見《左傳·宣公十五年》：魏顆之父魏武子有一個愛妾，没有兒子。魏武子生病了，對魏顆説自己死後一定要讓愛妾改嫁。魏武子病危時又説要讓愛妾殉葬。魏武子死後，魏顆没有讓她殉葬，而是讓她改嫁。並解釋説他父親病重時神志昏亂，因此他還是按照父親清醒時説的話去辦。

[5]陳乾昔欲以二婢子殉：《禮記·檀弓下》：“陳乾昔寢疾，屬其兄弟，而命其子尊己，曰：‘如我死，則必大爲我棺，使吾二婢子夾我。’陳乾昔死，其子曰：‘以殉葬，非禮也。况又同棺乎！’弗果殺。”

[6]生事以終：以，殿本作“奉”。

[7]没無所託也：也，殿本作“地”。

[8]無寄之人：寄，宋本作“人”。

[9]臨潁公組：荀組，字大章，本書卷三九有傳。潁，原本、宋本作“穎”，殿本作“潁”，據殿本改。　五教：五常之教。指父義、母慈、兄友、弟恭、子孝五種倫理道德的教育。

[10]含容違禮：禮，宋本作“一”。

[11]揚州：三國魏、吴各置揚州，魏治所在壽春縣（今安徽省壽縣），吴治所在建業縣（今江蘇省南京市）。西晋統一後復合，治所在建鄴縣（今江蘇省南京市）。　大中正：州一級評定士人品第的官員。　平望亭侯曄：曄，原本、宋本、殿本作“粺”，據中華本校勘記改。本卷下文此人名同。

[12]顯執邦論：顯，宋本作“之”。

[13]大鴻臚：官名，九卿之一，掌賓客迎送接待、贊襄引導朝

會百官等。三品。

[14]廷尉：官名，中央最高司法審判機構長官，負責會審朝中有罪文武大臣，覆核審決郡國疑獄等。三品。

[15]清議：東漢末社會風氣，士人領袖對時政與人物的品評，對所評對象影響極大。

[16]吏部尚書：官名，三國魏時爲尚書省吏部曹長官，位居列曹尚書之上。三品。

[17]中軍將軍：官名，西晋時統左右衛、前後左右驍騎等宿衛七營禁軍，主管京師及朝廷警衛。泰始四年（268）罷，置北軍中候代其職。後爲將軍名號，與鎮軍將軍、撫軍將軍並爲三名號將軍，不統禁兵。三品。

[18]領軍將軍：官名，三國曹丕置，職掌同於中領軍，但任職者資位重於中領軍，簡稱領軍。爲禁衛軍最高統帥，常由皇帝親信或宗室擔任。兩晋沿置。三品。

明帝不豫，領尚書令，與王導等俱受顧命輔幼主。[1]復拜右將軍，[2]加給事中、尚書令。[3]帝崩，成帝即位，群臣進璽，司徒王導以疾不至。壼正色於朝曰："王公豈社稷之臣邪！大行在殯，嗣皇未立，寧是人臣辭疾之時！"導聞之，乃輿疾而至。皇太后臨朝，[4]壼與庾亮對直省中，[5]共參機要。時召南陽樂謨爲郡中正，[6]潁川庾怡爲廷尉評。[7]謨、怡各稱父命不就。壼奏曰："人無非父而生，職無非事而立。有父必有命，居職必有悔。有家各私其子，此爲王者無人，職不軌物，官不立政。如此則先聖之言廢，五教之訓塞，君臣之道散，上下之化替矣。樂廣以平夷稱，[8]庾珉以忠篤顯，[9]受寵聖世，身非已有，况及後嗣而可專哉！所居之職若順夫群心，則戰戍者之父母皆當以命子，不以處也。若順謨父之意，則人皆不爲郡中正，人倫廢矣。順怡父之意，人皆不爲獄官，則刑辟息矣。凡如是者，其可聽歟？若不可聽，何以許謨、怡之得稱父命乎！此爲謨以名父子可以虧法，怡是親戚可以自專。以此二塗服人示世，臣所未悟也。宜一切班下，不得以私廢公。絶其表疏，以爲永制。"朝議以爲然。謨、怡不得已，各居所職。是時王導稱疾不朝，而私送車騎將軍郗鑒，[10]壼奏以導虧法從私，無大臣之節。御史中丞鍾雅阿撓王典，不加準繩，並請免官。雖事寢不行，舉朝震肅。壼斷裁切直，不畏强禦，皆此類也。

[1]王導：字茂弘，本書卷六五有傳。　顧命：臨終遺命。

[2]右將軍：官名，漢代重號將軍之一，與前、左、後將軍並爲上卿。魏晋時常設，權位漸低，僅爲武官名號，略高於一般雜號將軍。三品。

[3]給事中：官名，爲加官，所加爲三公、將軍、中書監令、博士、郎等。常侍從皇帝左右，諫諍糾彈，爲中朝要職。五品。　尚書令：官名，秦漢時爲尚書署長官。秩位雖低，權力甚重。魏晋時沿置，爲尚書省長官，綜理全國政務，參議大政，爲高級政務長官。三品。

[4]皇太后：明穆庾皇后，名文君，本書卷三二有傳。

[5]對直省中：共同在尚書省中任事。

[6]南陽：郡名，治所在宛縣（今河南省南陽市）。

[7]潁川：郡名，治所在許昌縣（今河南省許昌市東）。潁，原本、宋本作"穎"，殿本作"潁"，據殿本改。　廷尉評：官名，廷尉屬官，亦稱廷評、廷尉平。參議案例律條、覆核平決疑獄，可

駁回廷尉所奏罪案。公牘須正、監、平三官聯署，以互相監督。六品。

［8］樂廣：字彦輔，本書卷四三有傳。

［9］庾珉：字子琚，本書卷五〇有傳。

［10］車騎將軍：官名，魏晋南北朝時位次於驃騎將軍，在諸名號將軍之上，多作爲軍府名號，以加授大臣及重要州郡長官。二品，開府位從公者一品。　郗鑒：字道徽，本書卷六七有傳。郗，原本、宋本、殿本作“郄”，據中華本改。

壼幹實當官，以褒貶爲己任，勤於吏事，欲軌正督世，不肯苟同時好。然性不弘裕，才不副意，故爲諸名士所少，而無卓爾優譽。明帝深器之，於諸大臣而最任職。阮孚每謂之曰：[1]“卿恒無閑泰，常如含瓦石，不亦勞乎？”壼曰：“諸君以道德恢弘，風流相尚，執鄙吝者，[2]非壼而誰！”時貴游子弟多慕王澄、謝鯤爲達，[3]壼厲色於朝曰：“悖禮傷教，罪莫斯甚！中朝傾覆，實由於此。”欲奏推之。王導、庾亮不從，乃止，然而聞者莫不折節。時王導以勛德輔政，成帝每幸其宅，嘗拜導婦曹氏。侍中孔坦密表不宜拜。[4]導聞之曰：“王茂弘駑痾耳，[5]若卞望之之巖巖，刁玄亮之察察，[6]戴若思之峰岠，當敢爾邪！”壼廉絜儉素，居甚貧約。息當婚，詔特賜錢五十萬，固辭不受。後患面創，累乞解職。

［1］阮孚：字遥集，本書卷四九有傳。

［2］執鄙吝：指幹實事。

［3］謝鯤：字幼輿，本書卷四九有傳。

［4］孔坦密表不宜拜：坦，原本、宋本、殿本作“恒”，據中

華本校勘記改。

［5］駑痾：才能低下，性格懦弱。

［6］刁玄亮：刁協，字玄亮，本書卷六九有傳。　察察：明白清楚。

拜光禄大夫，[1]加散騎常侍。時庾亮將徵蘇峻，[2]言於朝曰："峻狼子野心，終必爲亂。今日徵之，[3]縱不順命，爲禍猶淺。若復經年，爲惡滋蔓，不可復制。此是朝錯勸漢景帝早削七國事也。"[4]當時議者無以易之。壼固争，謂亮曰："峻擁强兵，多藏無賴，且逼近京邑，路不終朝，一旦有變，易爲蹉跌。宜深思遠慮，恐未可倉卒。"亮不納。壼知必敗，與平南將軍温嶠書曰：[5]"元規召峻意定，懷此於邑。温生足下，奈此事何！吾今所慮，是國之大事。且峻已出狂意，而召之更速，必縱其群惡以向朝廷。朝廷威力誠桓桓，交須接鋒履刃，尚不知便可即擒不？王公亦同此情。吾與之争甚懇切，不能如之何。本出足下爲外藩任，而今恨出足下在外。若卿在内俱諫，必當相從。今内外戒嚴，四方有備，峻凶狂必無所至耳，恐不能使無傷，如何？"壼司馬任臺勸壼宜畜良馬，以備不虞。壼笑曰："以順逆論之，理無不濟。若萬一不然，豈須馬哉！"峻果稱兵。壼復爲尚書令、右將軍、領右衛將軍，[6]餘官如故。

［1］光禄大夫：官名，三公等大臣告老回家即拜此職，或作爲在朝顯職的加官。三品，開府位從公者一品。

［2］蘇峻：字子高，本書卷一〇〇有傳。

[3]今日徵之：徵，宋本作“微”。

[4]朝錯：即晁錯，西漢潁川（今河南省禹州市）人，文帝、景帝時歷任中大夫、内史、御史大夫等職。主張削奪諸侯權力、加强中央集權。景帝采納其議，削弱吴、楚等藩國，引起他們不滿，以“清君側”之名起兵，迫使景帝誅殺晁錯。朝，殿本作“晁”。

[5]温嶠：字太真，本書卷六七有傳。

[6]右衛將軍：官名，三國魏咸熙二年（265），司馬炎即晋王位，分中衛將軍爲左、右衛將軍。掌佽飛虎賁及前驅、由基、强弩三部司馬，屬下還有虎賁、羽林、上騎、異力、命中共五部督，負責宫禁侍衛。西晋屬中軍將軍，後屬領軍將軍。爲禁衛軍主要統帥之一，權任很重。四品。

峻至東陵口，[1]詔以壼都督大桁東諸軍事、假節，復加領軍將軍、給事中。壼率郭默、趙胤等與峻大戰於西陵，[2]爲峻所破。壼與鍾雅皆退還，死傷者以千數。壼、雅並還節，詣闕謝罪。峻進攻青溪，[3]壼與諸軍距擊，不能禁。賊放火燒宫寺，六軍敗績。壼時發背創，猶未合，力疾而戰，率厲散衆及左右吏數百人，攻賊麾下，苦戰，遂死之，時年四十八。二子眕、盱見父没，[4]相隨赴賊，同時見害。

[1]東陵口：陵口之東，位於今安徽省當塗縣東北長江南岸。

[2]郭默：本書卷六三有傳。　西陵：地名，在今江蘇省南京市南。原本、宋本、殿本作“陵西”，據中華本乙正。

[3]青溪：六朝時京師漕運要道。故道自今江蘇省南京市東北紫金山西南流，經南京市區入秦淮河。

[4]眕、盱：原本作“畛盱”，宋本、殿本作“眕盱”，據宋

本、殿本改。本卷下同。

峻平，朝議贈壼左光禄大夫，[1]加散騎常侍。尚書郎弘訥議以爲："死事之臣古今所重，卞令忠貞之節，當書於竹帛。今之追贈，實未副衆望，謂宜加鼎司之號，以旌忠烈之勛。"司徒王導見議，進贈驃騎將軍，加侍中。訥重議曰："夫事親莫大於孝，事君莫尚於忠。唯孝也，故能盡敬竭誠；唯忠也，故能見危授命。此在三之大節，臣子之極行也。案壼委質三朝，盡規翼亮，遭世險艱，[2]存亡以之。受顧託之重，居端右之任，[3]擁衛至尊，則有保傅之恩；正色在朝，則有匪躬之節。賊峻造逆，戮力致討，身當矢㵵，[4]再對賊鋒，父子并命，可謂破家爲國，守死勤事。昔許男疾終，猶蒙二等之贈，况壼伏節國難者乎！夫賞疑從重，况在不疑！謂可上準許穆，[5]下同嵇紹，[6]則允合典謨，克厭衆望。"於是改贈壼侍中、驃騎將軍、開府儀同三司，[7]謚曰忠貞，祠以太牢。贈世子眕散騎侍郎，眕弟盱奉車都尉。[8]眕母裴氏撫二子尸哭曰："父爲忠臣，汝爲孝子，夫何恨乎！"徵士翟湯聞之嘆曰："父死於君，子死於父，忠孝之道，萃于一門。"眕子誕嗣。

[1]贈壼左光禄大夫：原本、宋本無"左"字，殿本有，據殿本補。

[2]遭世險艱：艱，殿本作"難"。

[3]端右：指宰輔重臣。亦特指尚書令。

[4]身當矢㵵：冒着石林箭雨。㵵，发射的石塊。原本作

“膾”，宋本、殿本作“膾”，據宋本、殿本改。

[5]謂可上準許穆，下同嵇紹：謂可，原本、宋本、殿本均作“可謂”，據中華本乙正。

[6]嵇紹：字延祖，本書卷八九有傳。

[7]開府儀同三司：官名，三國魏始置。爲大臣加號，意謂與太尉、司徒、司空三司待遇相同，許開設府署，任命僚屬。

[8]奉車都尉：官名，魏晋時作加官，與駙馬都尉、騎都尉并號三都尉。六品。

咸康六年，[1]成帝追思壼，下詔曰：“壼立朝忠恪，[2]喪身凶寇，所封懸遠，租秩薄少，妻息不贍，[3]以爲慨然！可給實口廩。”其後盜發壼墓，尸僵，鬢髮蒼白，面如生，兩手悉拳，爪甲穿達手背。安帝詔給錢十萬，以修塋兆。

[1]咸康：咸，原本、宋本作“成”，殿本作“咸”，據殿本改。

[2]忠恪：恪，宋本作“性”。

[3]妻息不贍：贍，宋本作“瞻”。

壼第三子瞻，[1]位至廣州刺史。瞻弟眈，[2]尚書郎。

[1]瞻：原本作“噡”，宋本、殿本作“瞻”，據宋本、殿本改。本卷下文此人名同。

[2]眈：原本、宋本作“眈”，殿本作“眈”，據殿本改。

敦，字仲仁。父俊，清貞有檢識，以名理著稱。其鄉人郤詵恃才陵傲俊兄弟，[1]俊等亦以門盛輕詵，相視如仇。詵以楊駿故吏被繫，俊時爲尚書郎，案其獄，詵懼不免，俊平心斷决正之，詵卒以免，而猶不悛。後爲左丞，復奏陷卞氏。俊歷位汝南相、廷尉卿。[2]

[1]郤詵：字廣基，本書卷五二有傳。

[2]廷尉卿：官名，對廷尉的尊稱。三品。

敦弱冠仕州郡，辟司空府，稍遷太子舍人、尚書郎，朝士多稱之。東海王越聞，召以爲主簿。王彌逼洛，[1]敦及胡毋輔之勸越擊王彌，[2]而王衍、潘滔共執不聽，[3]敦庭争苦至，衆咸壯之。出補汝南内史。元帝之爲鎮東，請爲軍諮祭酒，[4]不就。征南將軍山簡以爲司馬。[5]尋而王如、杜曾相繼爲亂，[6]簡乃使敦監沔北七郡軍事、振威將軍、領江夏相，[7]戍夏口。[8]敦攻討沔中皆平。既而杜弢寇湘中，[9]加敦征討大都督。[10]伐弢有功，賜爵安陵亭侯。鎮東大將軍王敦請爲軍司。[11]

[1]王彌：本書卷一〇〇有傳。　逼洛：洛，原本、宋本作“落”，殿本作“洛”，據殿本改。

[2]胡毋輔之：字彦國，本書卷四九有傳。

[3]王衍：字夷甫，本書卷四三有傳。　潘滔：西晋滎陽（今河南省滎陽市東北）人，歷任散騎侍郎、黄門郎及司馬越長史、司馬。時稱越府有三才：潘滔大才、劉輿長才、裴邈清才。

[4]軍諮祭酒：官名，即軍師祭酒，晋朝避司馬師名諱而改。亦稱軍咨祭酒、軍謀祭酒、軍祭酒，諸軍府屬官，參謀軍事，位在軍府諸僚佐之上。

[5]征南將軍：官名，與征東、征西、征北將軍合稱四征將軍。三國魏蜀吴兩晋皆置，出鎮方面，地位顯要。三品，加持節都督者二品。　司馬：官名，此爲征南將軍府司馬。軍府的高級幕僚，掌參讚軍務、管理府内武職，位僅次於長史。七品。

[6]王如：西晋京兆新豐（今陝西省西安市東北）人，初爲州武吏，西晋末聚流人起兵，自稱大將軍，與石勒結爲兄弟，活動於沔漢一帶。後爲王敦所殺。　杜曾：西晋新野（今河南省新野縣）人，始爲新野王司馬歆鎮南參軍，有勇力。永嘉之亂中任胡亢竟陵太守，後殺胡亢，併其衆，自號南中郎將。後被周訪打敗，被殺。

[7]監沔北七郡軍事：沔北七郡地區軍事行政長官，位低於都督。　振威將軍：官名，雜號將軍，統兵出征。四品。　江夏：郡名，此指曹魏所置江夏郡，治所在上昶城（今湖北省雲夢縣）。

[8]夏口：即沔口，位於今湖北省武漢市，漢江入長江之口。

[9]湘中：泛指今湖南省湘江流域中部長沙市及其附近一帶。

[10]征討大都督：官名，掌統率外出征伐之軍，名位在征討都督之上。

[11]鎮東大將軍：官名，三國魏置，職掌與鎮東將軍同，唯資歷深者得任此職。二品，開府位從公者一品。

中興建，拜太子左衛率。[1]時石勒侵逼淮泗，[2]帝備求良將可以式遏邊境者，公卿舉敦，除征虜將軍、徐州刺史，[3]鎮泗口。[4]及勒寇彭城，[5]敦自度力不能支，與征北將軍王邃退保盱眙，[6]賊勢遂張，淮北諸郡多爲所陷，竟以畏懦貶秩三等，爲鷹揚將軍。[7]徵拜大司農。王敦表爲征虜將軍、都督石頭軍事。[8]明帝之討王敦也，以爲鎮南將軍、假節。事平，更拜尚書，以功封益陽侯。徙光禄勛，出爲都督安南將軍、湘州刺史、假節。

尋進征南將軍，固辭不拜。

[1]太子左衛率：官名，又稱太子左率，領精兵萬人，宿衛東宫，亦任征戰，地位頗重。五品。

[2]石勒：字世龍，本書卷一〇四有載記。　淮泗：地區名，淮水和泗水流域。

[3]征虜將軍：既是武官名，也作爲高級文職官員的加官。三品。

[4]泗口：古泗水入淮河之口，位於今江蘇省淮安市淮陰區西南。

[5]彭城：縣名，治所在今江蘇省徐州市。

[6]征北將軍：官名，與征東、征西、征南將軍合稱四征將軍。三國魏蜀吴兩晋皆置，出鎮方面，地位顯要。三品，加持節都督者二品。　王邃：王敦從弟，歷任征北將軍、徐州刺史等職。　盱眙：縣名，治所在今江蘇省盱眙縣東北。

[7]鷹揚將軍：官名，雜號將軍中地位較高者，曾作爲荆州、兖州等州刺史的加官。五品。

[8]都督石頭軍事：石頭城最高軍政長官。

蘇峻反，温嶠、庾亮移檄征鎮同赴京師。敦擁兵不下，又不給軍糧，唯遣督護荀璲領數百人隨大軍而已。[1]時朝野莫不怪嘆，獨陶侃亦切齒忿之。[2]峻平，侃奏敦阻軍顧望，不赴國難，無大臣之節，請檻車收付廷尉。丞相王導以喪亂之後宜加寬宥，轉安南將軍、廣州刺史。病不之職。徵爲光禄大夫，領少府。[3]敦既不討蘇峻，常懷愧耻，名論自此虧矣。尋以憂卒，追贈本官，加散騎常侍，謚曰敬。子滔嗣。

[1]督護：官名，州郡及出鎮方面將軍府皆設，掌兵事。兩晋時常統軍征伐，祇督一軍。

[2]獨陶侃亦切齒忿之：切，殿本作“功”。中華本校勘記：“《校文》：‘獨’字衍文。按：《通志》一二六無‘獨’字。”

[3]少府：官名，掌管宫廷手工業。三品。

劉超

劉超，字世瑜，琅邪臨沂人，[1]漢城陽景王章之後也。[2]章七世孫封臨沂縣慈鄉侯，子孫因家焉。父和，爲琅邪國上軍將軍。[3]超少有志尚，爲縣小吏，稍遷琅邪國記室掾。[4]以忠謹清慎爲元帝所拔，恒親侍左右，遂從渡江，轉安東府舍人，專掌文檄。相府建，又爲舍人。于時天下擾亂，伐叛討貳，超自以職在近密，而書迹與帝手筆相類，乃絶不與人交書。時出休沐，閉門不通賓客，由是漸得親密。以左右勤勞，賜爵原鄉亭侯，食邑七百户，轉行參軍。

[1]臨沂：縣名，治所在今山東省費縣東。

[2]城陽景王章：劉章，漢高祖劉邦之孫，齊悼惠王劉肥之子。娶吕禄女爲妻。吕后死，諸吕謀爲亂，劉章與周勃等共平諸吕，迎立文帝。被封城陽王，卒謚景王。

[3]上軍將軍：官名，西晋王國置。大國置上中下三軍共五千人，由上中下三將軍統領；中國置上下二軍共三千人，由上下將軍統領。

[4]稍：漸漸地。　琅邪國：封國名，治所在今山東省臨沂市。　記室掾：郡國屬官，掌文書記録。

中興建，爲中書舍人，[1]拜騎都尉、奉朝請。[2]時臺閣初建，庶績未康，超職典文翰，而畏慎静密，彌見親待。加以處身清苦，衣不重帛，家無儋石之儲。每帝所賜，皆固辭曰："凡陋小臣，橫竊賞賜，[3]無德而禄，殃咎是懼。"帝嘉之，不奪其志。尋出補句容令，[4]推誠於物，爲百姓所懷。常年賦税，主者常自四出結評百姓家貲。[5]至超，但作大函，[6]村别付之，使各自書家産，投函中訖，送還縣。百姓依實投上，課輸所入，有逾常年。入爲中書通事郎。[7]以父憂去官。既葬，屬王敦稱兵，詔超復職，又領安東上將軍。[8]尋六軍敗散，唯超案兵直衛，帝感之，遣歸終喪禮。及錢鳳構禍，[9]超招合義士，從明帝征鳳。事平，以功封零陵伯。超家貧，妻子不贍，帝手詔褒之，賜以魚米，超辭不受。超後須純色牛，市不可得，啓買官外厩牛，詔便以賜之。出爲義興太守。[10]未幾，徵拜中書侍郎。[11]拜受往還，朝廷莫有知者。會帝崩，穆后臨朝，遷射聲校尉。[12]時軍校無兵，義興人多義隨超，因統其衆以宿衛，號爲"君子營"。咸和初，遭母憂去官，衰服不離身，朝夕號泣，朔望輒步至墓所，哀感路人。

[1]中書舍人：官名，中書省屬官，三國魏、西晋中書省置。魏置通事，西晋增設舍人，與通事共掌收納、轉呈文書章奏。東晋合爲一官，後省"通事"二字。多由名流擔任。

[2]騎都尉：官名，最高位領騎兵之武職，不領兵時爲侍衛武官。因親近皇帝，多以侍中兼任。與駙馬都尉、奉車都尉並爲三都尉。六品。　奉朝請：原爲兩漢朝廷給與退休大臣、列侯、宗室、

外戚等的一種政治優待。西晋時成爲加官名號。晋武帝以宗室、外戚爲奉車都尉、駙馬都尉、騎都尉，並授此號。

[3]賞賜：賜，殿本作“物”。

[4]句容：縣名，治所在今江蘇省句容市。

[5]四出結評百姓家貲：結，殿本作“詰”。

[6]但作大函：但，原本、宋本作“伹”，殿本作“但”，據殿本改。

[7]中書通事郎：官名，中書省屬官，掌呈奏。黄門郎簽署檔後由通事郎書名，呈皇帝省讀、批准。亦省稱中書郎，西晋改爲中書侍郎，東晋初曾改回此稱，不久仍改爲中書侍郎。五品。

[8]安東上將軍：職掌同安東將軍，加“上”字以示位高。

[9]錢鳳：字世儀，王敦鎧曹參軍。知王敦有不臣之心，因進邪説，遂相朋構，專弄威權，言成禍福。

[10]義興：郡名，治所在陽羨縣（今江蘇省宜興市）。

[11]中書侍郎：官名，三國魏文帝黄初初年設中書省，在長官中書監、中書令以下有通事郎，後增設中書郎，亦稱中書侍郎。掌草擬詔書，外出執行重要使命等。五品。

[12]射聲校尉：官名，統宿衛兵，魏晋時隸屬中領軍。四品。

及蘇峻謀逆，超代趙胤爲左衛將軍。[1]時京邑大亂，朝士多遣家人入東避難。[2]義興故吏欲迎超家，而超不聽，盡以妻孥入處宫内。及王師敗績，王導以超爲右衛將軍，親侍成帝。屬太后崩，軍衛禮章頓闕，[3]超躬率將士奉營山陵。峻遷車駕石頭，時天大雨，道路沉陷，超與侍中鍾雅步侍左右，賊給馬不肯騎，而悲哀慷慨。峻聞之，甚不平，然未敢加害，而以其所親信許方等補司馬督、殿中監，[4]外託宿衛，内實防禦超等。時饑饉米貴，峻等問遺，一無所受，繾綣朝夕，臣節愈恭。帝時年八歲，雖幽厄之中，超猶所口授《孝經》《論語》。[5]温嶠等至，峻猜忌朝士，而超爲帝所親遇，疑之尤甚。後王導出奔，超與懷德令匡術、建康令管旆等密謀，[6]將欲奉帝而出。未及期，事泄，峻使任讓將兵入收超及鍾雅。[7]帝抱持悲泣曰："還我侍中、右衛！"任讓不奉詔，因害之。及峻平，任讓與陶侃有舊，侃欲特不誅之，乃請於帝。帝曰："讓是殺我侍中、右衛者，不可宥。"由是遂誅讓。及超將改葬，帝痛念之不已，詔還高顯近地葬之，[8]使出入得瞻望其墓。追贈衛尉，謚曰忠。

[1]左衛將軍：官名，三國魏咸熙二年（265），司馬炎即晋王位，分中衛將軍爲左、右衛將軍。掌佽飛虎賁及前驅、由基、强弩三部司馬，屬下還有虎賁、羽林、上騎、異力、命中共五部督，負責宫禁侍衛。西晋屬中軍將軍，後屬領軍將軍。爲禁衛軍主要統帥之一，權任很重。四品。

[2]入東避難：入，宋本作"又"。

[3]頓闕：頓，殿本作"損"；闕，宋本作"闊"。

[4]司馬督：官名，殿中司馬督簡稱。西晋置，統禁軍，負責宫殿内的宿衛。分隸於左、右衛將軍。六品。　殿中監：官名，三國魏置，掌殿中張設監護之事，領禁兵。兩晋及十六國後凉皆領禁兵，掌殿中宿衛，管理皇帝生活事務，亦代宣詔旨，地位雖低，頗有權勢。七品。

[5]猶所口授：所口，殿本作"啓"。

[6]懷德：縣名，東晋大興三年（320）僑置，治所在今江蘇省南京市城内。　建康：縣名，西晋建興元年（313）改建鄴縣名

爲建康縣，治所在今江蘇省南京市。

[7]峻使任讓將兵入收超及鍾雅：中華本校勘記："《舉正》：時峻已死，當云蘇逸。按：《通鑑》九四作'逸'。"

[8]詔遷高顯近地：遷，原本、宋本作"遣"，殿本作"遷"，據殿本改。

超天性謙慎，歷事三帝，恒在機密，並蒙親遇，而不敢因寵驕諂，故士人皆安而敬之。

子訥嗣，謹飭有石慶之風，[1]歷中書侍郎、下邳内史。訥子享，[2]亦清慎，爲散騎郎。

[1]石慶：西漢温（今河南省温縣西南）人，石奮之子。景帝時，與其父石奮及兄弟四人皆官至二千石。武帝時歷任太僕、齊相、沛郡守、太子太傅、御史大夫等職。在位九年無所匡言，武帝以其年老拘謹，不使參與議政。

[2]訥子享：殿本無"訥"字。

鍾雅

鍾雅，字彦胄，潁川長社人也。[1]父曅，公府掾，早終。雅少孤，好學有才志，舉四行，[2]除汝陽令，[3]入爲佐著作郎。[4]母憂去官，服闋復職。東海王越請爲參軍，遷尚書郎。

[1]潁川：潁，原本、宋本作"穎"，殿本作"潁"，據殿本改。　長社：縣名，治所在今河南省長葛市東北。

[2]四行：即四科。漢代以德行舉士的四條標準。《漢書》卷八六《何武傳》："光禄勛舉四行，遷爲鄠令。"顔師古注："元帝永

光元年詔舉質樸、敦厚、遜讓、有行義各一人。時詔書又令光禄歲以此科第郎從官，故武以此四行得舉之也。”

[3]汝陽：縣名，治所在今河南省商水縣西北。

[4]佐著作郎：官名，三國時隸中書省，西晋改隸秘書省，協助著作郎修撰國史及起居注，整理秘書省所藏典籍。七品。

避亂東渡，元帝以爲丞相記室參軍，[1]遷臨淮内史、振威將軍。[2]頃之，徵拜散騎侍郎，轉尚書右丞。時有事於太廟，雅奏曰：“陛下繼承世數，於京兆府君爲玄孫，[3]而今祝文稱曾孫，恐此因循之失，宜見改正。又禮，祖之昆弟，從祖父也。景皇帝自以功德爲世宗，不以伯祖而登廟，亦宜除伯祖之文。”詔曰：“禮，事宗廟，自曾孫已下皆稱曾孫，此非因循之失也。義取於重孫，可歷世共其名，無所改也。稱伯祖不安，如所奏。”轉北軍中候。[4]大將軍王敦請爲從事中郎，補宣城内史。[5]錢鳳作逆，加廣武將軍，[6]率衆屯青弋。[7]時廣德縣人周玘爲鳳起兵攻雅，[8]雅退據涇縣，[9]收合士庶，討玘，斬之。鳳平，徵拜尚書左丞。[10]

[1]丞相記室參軍：官名，丞相府屬官。丞相府記室曹長官，掌文書表奏。

[2]臨淮：郡國名，治所在盱眙縣（今江蘇省盱眙縣東北）。

[3]京兆府君：即司馬懿父司馬防，字建公。

[4]北軍中候：官名，掌監屯騎校尉、越騎校尉、步兵校尉、長水校尉、射聲校尉所領北軍五營。魏晋時增設禁軍兵力，由地位更高的中領軍統轄，北軍五營作用漸輕，北軍中候置省無常，常與中領軍並置。五品。

[5]宣城：郡名，治所在宛陵縣（今安徽省宣城市）。

[6]廣武將軍：官名，曹魏、西晋皆置。名號將軍中地位較高。四品。

[7]青弋：即青弋城，位於今安徽省南陵縣東青弋鎮。

[8]廣德縣：治所在今安徽省廣德市西南。

[9]涇縣：治所在今安徽省涇縣西。涇，原本、宋本作“徑”，殿本作“涇”，據殿本改。

[10]尚書左丞：官名，尚書省佐官，位次尚書，居尚書右丞上。與右丞共掌尚書都省庶務，率諸都令史監督稽核諸尚書曹、郎曹政務。左丞又掌督録近道文書章奏，監察糾彈尚書令、僕射、尚書等文武百官，號稱“監司”，權勢甚重。六品。

明帝崩，遷御史中丞。時國喪未期，而尚書梅陶私奏女妓，雅劾奏曰：“臣聞放勛之殂，[1]八音遏密，[2]雖在凡庶，猶能三載。自兹以來，歷代所同。肅祖明皇帝崩背萬國，當期來月。聖主縞素，泣血臨朝，百僚慘愴，動無歡容。陶無大臣忠慕之節，家庭侈靡，聲妓紛葩，絲竹之音，流聞衢路，宜加放黜，以整王憲。請下司徒，論正清議。”穆后臨朝，特原不問。雅直法繩違，百僚皆憚之。

[1]放勛：帝堯名。《尚書·堯典》：“曰若稽古，帝堯曰放勛。”

[2]八音遏密：指帝王等死後停止舉樂。八音，石、革、匏、竹、木、絲、土、金，此泛指音樂。

北中郎將劉遐卒，[1]遐部曲作亂，詔郭默討之，以雅監征討軍事、假節。[2]事平，拜驍騎將軍。[3]

[1]北中郎將：官名，與東、西、南中郎將並稱四中郎將，統兵征戰，權職甚重。四品。　劉遐：字正長，本書卷八一有傳。

[2]監征討軍事：征討部隊的監軍。

[3]驍騎將軍：官名，三國魏爲内軍將領，統營兵。兩晋與領軍、護軍、左右衛、游擊諸將軍合稱六軍，擔當宿衛之任，是護衛宮廷的主要將領。四品。

蘇峻之難，詔雅爲前鋒監軍、假節，領精勇千人以距峻。雅以兵少，不敢擊，退還。拜侍中。尋王師敗績，雅與劉超並侍衛天子。或謂雅曰："見可而進，知難而退，古之道也。君性亮直，必不容於寇仇，何不隨時之宜而坐待其斃。"雅曰："國亂不能匡，君危不能濟，各遜遁以求免，吾懼董狐執簡而至矣。"[1]庾亮臨去，顧謂雅曰："後事深以相委。"雅曰："棟折榱崩，[2]誰之責也？"亮曰："今日之事，不容復言，卿當期克復之效耳。"雅曰："想足下不愧荀林父耳。"[3]及峻逼遷車駕幸石頭，雅、超流涕步從。[4]明年，並爲賊所害。賊平，追贈光禄勛。其後以家貧，詔賜布帛百匹。子誕，位至中軍參軍，[5]早卒。

[1]吾懼：吾，原本、宋本作"五"，殿本作"吾"，據殿本改。　董狐：亦稱史狐，春秋時晋國太史。晋靈公十四年（前607），晋靈公謀害趙盾，趙盾逃亡。剛逃到邊境，聽説晋靈公已被趙穿殺死，遂返回朝廷。董狐記道："趙盾弑其君。"趙盾否認，董狐説："子爲正卿，亡不越境，反不討賊，非子而誰？"孔子稱之爲"古之良史"。事見《漢書》卷九三《佞幸傳》顔師古注。

[2]棟折榱崩：宋本作"陳拆攘崩"。

[3]荀林父：又稱荀伯、中行桓子、中行伯。春秋時晋國正卿，字伯。晋景公三年（前597）楚軍圍鄭，荀林父率三軍救鄭，與楚軍戰於邲，被楚軍打敗，損失慘重。

[4]雅、超流涕步從：雅，原本、殿本作"惟"，宋本作"雅"，據宋本改。

[5]中軍參軍：官名，中軍將軍府佐官。參軍，亦作參軍事，謂參謀軍事。兩晋公府、軍府皆置。

史臣曰：應詹行業聿修，[1]文史足用，入居列位，則嘉謀屢陳；出撫藩條，則惠政斯洽。甘卓伐暴寧亂，庸績克宣，作鎮扞城，威略具舉。及凶渠犯順，志在勤王。既而人撓其謀，天奪其鑒，疑留不斷，自取誅夷。卞壼束帶立朝，以匡正爲己任；褰裳衛主，蹈忠義以成名。遂使臣死於君，子死於父，惟忠與孝，萃其一門。古稱社稷之臣，忠貞之謂矣。劉超勤肅奉上，鍾雅正直當官。屬巨猾滔天，[2]幼君危逼，乃崎嶇寇難，契闊艱虞，[3]匪石爲心，[4]寒松比操，貞軌皆没，亮迹雙升。雖高赫在難彌恭，[5]荀息繼之以死，[6]方之二子，曾何足云！

[1]行業聿修：繼承發揚先人的德行功業。

[2]巨猾滔天：猾，原本、宋本作"滑"，殿本作"猾"，據殿本改。

[3]契闊艱虞：勤苦辛勞，艱難憂患。

[4]匪石爲心：堅定的心。匪石，非石。語出《詩·邶風·柏舟》："我心匪石，不可轉也。"孔穎達疏："言我心非如石然，石雖堅尚可轉，我心堅，不可轉也。"

［5］高赫：一作高赦、高共，戰國初人，趙襄子家臣。趙襄子二十一年（前455），智伯與韓、魏攻趙，圍困晋陽三年。城中懸釜而炊，易子而食。群臣皆有外心，唯獨高赫不失其禮。後趙襄子解圍，賞有功者五人，高赫爲首。事見《史記》卷四三《趙世家》。

［6］荀息：春秋時晋國大夫，名叔。晋獻公病，囑咐他輔佐太子奚齊。荀息許諾“竭其股肱之力，加以忠貞”。晋獻公死後，里克殺奚齊，荀息立奚齊弟卓子。里克又殺卓子，荀息乃以身從死。事見《國語·晋語二》。

贊曰：卓臨南服，詹莅西州。[1]政刑克舉，威惠兼修。應嗟運促，甘斃疑留。望之徇義，處死爲易。惟子惟臣，名節斯寄。鍾、劉入仕，忠貞攸履。竭其股肱，繼之以死。

［1］卓臨南服，詹莅西州：中華本校勘記：“周校：應詹爲江州刺史，在南；甘卓爲梁州刺史，在西。又本傳詹前卓後。‘卓’‘詹’二字宜互易上下。”

晋書　卷七一

列傳第四十一

孫惠　熊遠　王鑒　陳頵　高崧

孫惠

孫惠，字德施，吴國富陽人，[1]吴豫章太守賁曾孫也。[2]父祖並仕吴。惠口訥，好學有才識，州辟不就，寓居蕭沛之間。[3]永寧初，赴齊王冏義，[4]討趙王倫，[5]以功封晋興縣侯，辟大司馬户曹掾，[6]轉東曹屬。[7]冏驕矜僭侈，天下失望。惠獻言於冏，諷以五難、四不可，勸令歸藩，辭甚切至。冏不納。惠懼罪，辭疾去。頃之，冏果敗。成都王穎引惠爲大將軍參軍、領奮威將軍、白沙督。[8]是時，穎將征長沙王乂，[9]以陸機爲前鋒都督。[10]惠與機同鄉里，憂其致禍，勸機讓都督於王粹。[11]及機兄弟被戮，惠甚傷恨之。時惠又擅殺穎牙門將梁儁，[12]懼罪，因改姓名以遁。

[1]吴國：郡國名，治所在吴縣（今江蘇省蘇州市）。　富陽：

縣名，治所在今浙江省杭州市富陽區。

［2］豫章：郡名，治所在南昌縣（今江西省南昌市）。　賁：孫賁，東漢末吴郡富春（今浙江省杭州市富陽區）人。

［3］蕭：蕭縣，治所在今安徽省蕭縣西北。　沛：沛縣，治所在今江蘇省沛縣。

［4］齊王冏：司馬冏，字景治，本書卷五九有傳。

［5］趙王倫：司馬倫，字子彝，本書卷五九有傳。

［6］大司馬：官名，八公之一，位在上公之下、大將軍及三公之上，高級將帥，多爲大臣加官。一品。　户曹掾：官名，户曹長官。漢朝至西晋三公府及郡府皆置，主户曹事。東晋、南北朝僅置於州郡縣户曹，公府、將軍府改以參軍主之。

［7］東曹屬：官名，丞相府僚屬，秩二百石，協助東曹掾管理二千石長吏任免事務。

［8］成都王穎：司馬穎，字章度，本書卷五九有傳。　引惠：引，殿本作“薦”。　大將軍：官名，高級軍事統帥。曹魏時多以之屯駐長安，對付蜀漢，蜀漢以其爲最高軍事長官，孫吴則别置上大將軍居其上。西晋時爲八公之一，位居上公、大司馬下，三公之上。東晋時常專擅軍政事務。一品。　參軍：官名，亦作參軍事，謂參謀軍事。兩晋公府、軍府皆置。　領：以地位較高的官員兼理較低的職務。　奮威將軍：官名，爲雜號將軍。四品。　白沙督：負責白沙軍事的長官。

［9］長沙王乂：司馬乂，字士度，本書卷五九有傳。

［10］陸機：字士衡，本書卷五四有傳。　前鋒都督：前鋒部隊的統帥。

［11］王粹：弘農（今河南省靈寶市）人，歷任魏郡太守、北中郎將，附賈謐，與石崇、歐陽建、潘岳等爲“二十四友”。

［12］牙門將：官名，簡稱牙門，魏晋南北朝皆置，統兵武職，位在裨將軍下、郡守上。五品。

後東海王越舉兵下邳，[1]惠乃詭稱南岳逸士秦祕之，以書干越曰：

天禍晉國，遘兹厄運。歷觀危亡，其萌有漸，枝葉先零，根株乃斃。伏惟明公資叡哲之才，[2]應神武之略，承衰亂之餘，當傾險之運，側身昏讒之俗，跼蹐凶諂之間。[3]執夷正立，則取疾奸佞；抱忠懷直，則見害賊臣。餔糟非聖性所堪，苟免非英雄之節，是以感激於世，發憤忘身。抗辭金門，則謇諤之言顯；扶翼皇家，則匡主之功著。事雖未集，大命有在。夫以漢祖之賢，猶有彭城之耻；[4]魏武之能，亦有濮陽之失。[5]孟明三退，[6]終於致果；句踐喪衆，[7]期於擒吴。今明公名著天下，聲振九域，公族歸美，萬國宗賢。加以四王齊聖，仁明篤友，急難之感，同奬王室，股肱爪牙，足相維扞。[8]皇穹無親，惟德是輔；惡盈福謙，鬼神所讚。以明公達存亡之符，察成敗之變，審所履之運，思天人之功，武視東夏之藩，[9]龍躍海嵎之野。西諮河間，[10]南結征鎮，東命勁吴鋭卒之富，北有幽并率義之旅，[11]宣喻青徐，啓示群王，旁收雄俊，廣延秀傑，糾合携貳，明其賞信。仰惟天子蒙塵鄴宫，[12]外矯詔命，擅誅無辜，豺狼篡噬，其事無遠。夫心火傾移，[13]喪亂可必，太白横流，[14]兵家攸杖，歲鎮所去，[15]天厭其德。玄象著明，[16]謫譴彰見。違天不祥，奉時必克。明公思安危人神之應，慮禍敗前後之徵，弘勞謙日昃之德，[17]躬吐捉求賢之義，[18]傾府竭庫以振貧乏，將有濟世之才，渭濱之士，[19]含奇謨於朱脣，握神策於玉掌，逍遥川岳之上，以俟真人之求。目想不世之佐，耳聽非常之輔，舉而任之，則元勛建矣。

[1]東海王越：司馬越，字元超，本書卷五九有傳。　下邳：縣名，治所在今江蘇省睢寧縣古邳鎮東。

[2]資叡哲之才：憑藉神聖而明智的才幹。資，殿本作"咨"。

[3]跼蹐凶諂之間：困頓於凶險的奉承之間。

[4]猶有彭城之耻：中華本校勘記："《册府》九〇〇'彭城'作'平城'，當從之。"平城之耻指劉邦在平城白登山被匈奴圍困之事。

[5]濮陽之失：濮陽，縣名，治所在今河南省濮陽市西南。濮陽之失指興平元年（194），曹操攻打徐州，吕布趁機攻占曹操地盤。會張邈與陳宫叛迎吕布，郡縣皆應。荀彧、程昱保鄄城，范、東阿二縣固守，曹操乃引軍還。吕布攻鄄城不能下，西屯濮陽。曹操便進攻濮陽，吕布出兵戰，先以騎兵衝擊曹操青州兵。青州兵奔，曹軍陣脚大亂，曹操馳馬突火出，墜馬，燒左手掌。司馬樓異扶曹操上馬，乃得脱。

[6]孟明：春秋時秦國人，名視，字孟明。秦穆公三十二年（前628），帥秦軍襲擊鄭國，得知鄭國有備，便滅滑國之後退兵反秦，途經殽山遭晉軍伏擊被俘。後被晉國釋放回到秦國，仍被秦國任用。穆公三十四年（前626），孟明再次伐晉，在彭衙又被晉國打敗。次年第三次伐晉，攻取晉國的王官及郊邑兩地，報了殽山敗軍之仇。

[7]句踐：亦作勾踐，春秋末越國國君，越王允常之子。勾踐三年（前494）與吴軍戰於夫椒，敗後求和，入吴國爲人質三年。回國後與文種、范蠡等大臣共謀强國，卧薪嘗膽，奮發圖强，十年

生聚，十年教訓，終於轉弱爲强。十五年，乘吴王夫差北上黄池與晉、魯兩國相會，率軍攻入吴國國都，逼迫吴國與之媾和。以後又多次攻吴，滅掉吴國。

［8］足相維扞：扞，殿本作“持”。

［9］武視：武，殿本作“虎”。

［10］河間：河間王司馬顒，字文載，本書卷五九有傳。

［11］幽：幽州，治所在薊縣（今北京市西南）。　并：并州，治所在晋陽縣（今山西省太原市西南）。

［12］蒙塵：帝王失位逃亡在外，蒙受風塵。　鄴宫：鄴城的宫殿。八王之亂中，晋惠帝曾被劫持到成都王穎的鄴城，故稱。鄴，宋本作“業”。

［13］心火：即心宿。二十八宿之一。蒼龍七宿的第五宿，有星三顆。其主星亦稱商星、鶉火、大火、大辰。

［14］太白：即金星。

［15］歲鎮：即木星和土星。木星又稱歲星，土星又稱鎮星，故稱。

［16］玄象：天象。

［17］日昃之德：昃，原本、宋本作“昊”，殿本作“昃”，據殿本改。

［18］吐捉：《韓詩外傳》卷三：“成王封伯禽於魯，周公誡之曰：‘往矣，子其無以魯國驕士。吾文王之子，武王之弟，成王之叔父也，又相天子，吾於天下亦不輕矣，然一沐三握髮，一飯三吐哺，猶恐失天下之士。’”後遂以“吐哺握髮”或“吐哺捉髮”形容禮賢下士，求才心切。捉，殿本作“握”。

［19］渭濱之士：商周之際的吕尚，事文王之前釣魚於渭水之濱。此指尚未被發現的人才。

祕之不天，值此衰運，竊慕墨翟、申包之

誠，[1]跋涉荆棘，重繭而至，櫛風沐雨，來承禍難。思以管穴毗佐大猷，道險時吝，未敢自顯。伏在川泥，繫情宸極，謹先白箋，以啓天慮。若猶沉吟際會，徘徊二端，徼倖在險，請從恕宥之例。

[1]墨翟：即墨子，戰國時魯國人（一説爲宋國人），墨家創始者，曾爲宋國大夫。其學説與儒家並稱“儒墨顯學”。　申包：申包胥，春秋時楚國人，與伍員是好朋友。伍員受迫害逃離楚國，臨行對申包胥發誓將來一定顛覆楚國。申包胥説若伍員能顛覆楚國，自己就一定能復興楚國。後伍員率吴軍在柏舉大敗楚軍，攻入郢都。申包胥入秦告急，求救於秦。秦不許。包胥立於秦廷，晝夜哭，七日七夜不絶其聲。秦哀公憐之，乃發兵救楚擊吴。敗吴兵於稷。

明公今旋軫臣子之邦，宛轉名義之國，指麾則五岳可傾，呼噏則江湖可竭。况履順討逆，執正伐邪，是烏獲摧冰，[1]賁育拉朽，[2]猛獸吞狐，泰山壓卵，因風燎原，未足方也。今時至運集，天與神助，復不能鵲起於慶命之會，[3]拔劍於時哉之機，[4]恐流濫之禍不在一人。自先帝公王，海内名士，近者死亡，皆如蟲獸，尸元曳於糞壤，形骸捐於溝澗，非其口無忠貞之辭，心無義正之節，皆希目下之小生而惑終焉之大死。凡人知友，猶有刎頸之報，朝廷之内，而無死命之臣。非獨祕之所耻，惜乎晋世之無人久矣。今天下喁喁，四海注目。社稷危而復安，宗廟替而復紹，惟明公兄弟能弘濟皇猷。國之存亡，在斯舉矣。

[1]烏獲：戰國時的大力士。

[2]賁育：古代的勇士孟賁和夏育。《漢書》卷五七下《司馬相如傳下》："臣聞物有同類而殊能者，故力稱烏獲，捷言慶忌，勇期賁育。"顏師古注："孟賁，古之勇士也，水行不避蛟龍，陸行不避豺狼，發怒吐氣，聲響動天。夏育，亦猛士也。"

[3]慶命之會：可慶的時運。

[4]時哉之機：適時到來的機會。

祕之以不才之姿，而值危亂之運，竭其狗馬之節，加之忠貞之心，左屬平亂之鞬，右握滅逆之矢，控馬鵠立，計日俟命。時難獲而易失，機速變而成禍，介如石焉，[1]實無終日，自求多福，惟君裁之！

[1]介如石焉：耿介如石。《易·豫》："六二，介于石，不終日。貞吉。"王弼注："順不苟從，豫不違中，是以上交不諂，下交不瀆。明禍福之所生，故不苟説；辨必然之理，故不改其操。介如石焉，不終日明矣。"

越省書，榜道以求之，惠乃出見。越即以爲記室參軍，[1]專掌文疏，豫參謀議。除散騎郎、太子中庶子，[2]復請補司空從事中郎。[3]越誅周穆等，[4]夜召參軍王廙造表，[5]廙戰懼，壞數紙不成。時惠不在，越嘆曰："孫中郎在，表久就矣。"越遷太傅，[6]以惠爲軍諮祭酒，[7]數諮訪得失。每造書檄，越或驛馬催之，應命立成，皆有文采。除秘書監，[8]不拜。轉彭城内史、廣陵相，[9]遷廣武將軍、安豐内史。[10]以迎大駕之功，封臨湘縣公。

[1]記室參軍：官名，又稱記室參軍事。西晋始置，爲記室曹長官，掌文書表奏。

[2]散騎郎：官名，即散騎侍郎，三國魏置。隸屬散騎省，侍從皇帝左右，顧問應對，諫諍拾遺，與散騎常侍、侍中等共平尚書奏事。五品。　太子中庶子：官名，太子侍從，掌侍從、奏事、諫議等。五品。

[3]司空：官名，魏晋南北朝爲名譽宰相，多爲大臣加官。晋八公之一，位在三公之末。一品。　從事中郎：官名，東漢時爲大將軍屬官，地位較高。魏晋時爲將軍府或公府屬官。六品。此爲司空府從事中郎。

[4]周穆：西晋侍中、御史中丞諸葛玫的妻弟，因與諸葛玫勸司馬越廢懷帝立清河王司馬覃，被司馬越斬殺。

[5]王廙：字世將，本書卷七六有傳。

[6]太傅：官名，晋爲八公之一。位上公，太宰之下、太保之上。一品。

[7]軍諮祭酒：官名，即軍師祭酒，晋朝避司馬師名諱而改。亦稱軍咨祭酒、軍謀祭酒、軍祭酒，諸軍府屬官，參謀軍事，位在軍府諸僚佐之上。

[8]秘書監：官名，秘書省長官，掌管藝文圖籍、課試署吏，統著作局，掌國史修撰並管理中外三閣圖書。三品。

[9]彭城：此指彭城國。　内史：官名，西晋武帝太康十年（289）改諸王國相爲内史，掌管民政。五品。周家禄《晋書校勘記》認爲："晋制，以郡爲國，内史治民事，若郡太守。國除爲郡，復稱太守。然二名往往混淆，史家亦互稱之。"　廣陵：郡名，治所在廣陵縣（今江蘇省揚州市西北蜀岡上）。　相：官名，郡國相，

也稱内史。五品。

[10]廣武將軍：官名，曹魏、西晋皆置。名號將軍中地位較高。四品。　安豐：郡名，曹魏文帝分廬江郡置，西晋治所在安風縣（今安徽省霍邱縣西南）。

元帝遣甘卓討周馥於壽陽，[1]惠乃率衆應卓，馥敗走。廬江何鋭爲安豐太守，[2]惠權留郡境。鋭以他事收惠下人推之，惠既非南朝所授，常慮讒間，因此大懼，遂攻殺鋭，奔入蠻中。尋病卒，時年四十七。喪還鄉里，朝廷明其本心，追加吊賻。[3]

[1]甘卓：字季思，本書卷七〇有傳。　周馥：字祖宣，本書卷六一有傳。　壽陽：縣名，治所在今安徽省壽縣東南。

[2]廬江：郡名，三國魏、吴於境内各置廬江郡，魏治所在六安縣（今安徽省六安市），吴治所在皖縣（今安徽省潜山市）。西晋合爲一，治所在舒縣（今安徽省廬江縣西南）。

[3]吊賻：往喪家吊唁並送以財物。

熊遠

熊遠，字孝文，豫章南昌人也。[1]祖翘，嘗爲石崇蒼頭，[2]而性廉直，有士風。黄門郎潘岳見而稱異，[3]勸崇免之，乃還鄉里。遠有志尚，縣召爲功曹，[4]不起，强與衣幘，扶之使謁。十餘日薦於郡，由是辟爲文學掾。[5]遠曰："辭大不辭小也。"固請留縣。太守察遠孝廉。[6]屬太守討氐羌，[7]遠遂不行，送至隴右而還。[8]後太守會稽夏静辟爲功曹。[9]及静去職，遠送至會稽以歸。州辟主簿、别駕，[10]舉秀才，[11]除監軍華軼司馬、領武昌太守、寧遠護軍。[12]

[1]南昌：縣名，治所在今江西省南昌市。

[2]石崇：字季倫，本書卷三三有傳。　蒼頭：奴僕。

[3]黄門郎：官名，黄門侍郎或給事黄門侍郎的省稱。五品。　潘岳：字安仁，本書卷五五有傳。

[4]功曹：官名，即功曹史。郡縣屬官，職掌人事，參與郡縣政務。兩晋時，不開府將軍、太子二傅、特進、郡縣皆置。

[5]文學掾：官名，州、郡、王國、丞相府均置，主管教育。

[6]孝廉：漢代選拔人才的科目。

[7]氐羌：氐族和羌族，古代生活在我國西北地區的少數民族。

[8]隴右：地區名，指甘肅省隴山以西地區。

[9]會稽：郡名，治所在山陰縣（今浙江省紹興市）。

[10]主簿：官名，丞相府屬官，典領文書籍簿，省録衆事，職權甚重。　別駕：官名，別駕從事、別駕從事史省稱。州部佐官，因從刺史行部，別乘傳車，故稱。位居州吏之右。

[11]秀才：察舉科目，州舉秀才，郡舉孝廉。

[12]監軍：官名，軍隊出征所置官員，掌監視將帥，權勢頗重。四品。　華軼：字彦夏，本書卷六一有傳。　司馬：官名，府署高級幕僚。掌參讚軍務、管理府内武職，位僅次於長史。魏晋南北朝時王府、公府、軍府、邊郡均置。八至六品。　武昌：郡名，治所在武昌縣（今湖北省鄂州市鄂城區）。　寧遠護軍：官名，領兵武職。魏晋時常隨征伐目的，置諸雜號護軍統兵，如征蜀護軍、平虜護軍、揚威護軍等，職如將軍，而地位稍遜同號將軍，資歷稍淺之統帥常授此。魏晋時皆五品。

元帝作相，引爲主簿。時傳北陵被發，帝將舉哀，遠上疏曰："園陵既不親行，承傳言之者未可爲定。且園陵非一，而直言侵犯，遠近吊問，答之宜當有主。謂應更遣使攝河南尹案行，[1]得審問，[2]然後可發哀。即宜命將至洛，修復園陵，討除逆類。昔宋殺無畏，莊王奮袂而起，[3]衣冠相追於道，軍成宋城之下。况此酷辱之大耻，臣子奔馳之日！夫修園陵，至孝也；討逆叛，至順也；救社稷，至義也；恤遺黎，至仁也。若修此四道，則天下響應，無思不服矣。昔項羽殺義帝以爲罪，[4]漢祖哭之以爲義，劉項存亡，在此一舉。群賊豺狼，弱於往日；惡逆之甚，重於丘山。大晋受命，未改於上；兆庶謳吟，[5]思德於下。今順天下之心，命貔貅之士，[6]鳴檄前驅，大軍後至，威風赫然，聲振朔野，則上副西土義士之情，下允海内延頸之望矣。"屬有杜弢之難，[7]不能從。

[1]攝：兼職。　河南尹：官名，京都洛陽所在河南郡長官，主管京都事務。三品。　案行：巡視，巡查。

[2]審問：確切消息。

[3]宋殺無畏，莊王奮袂而起：無畏即文之無畏，又稱子舟、申舟。春秋時楚國人。宋國臣服楚國，楚王打獵，讓宋公做獵陣的右翼，子朱和文之無畏擔任左司馬。下令在車上裝取火工具清早出發。宋公不聽命令，無畏鞭打宋公的僕人並在全軍示衆。後楚王派無畏出使於齊，途經宋國而未向宋國履行借道手續。宋國華元説："過我而不假道，鄙我也。鄙我，亡也。殺其使者必伐我，伐我亦亡也。亡一也。"於是殺了無畏。楚王聽到消息後，投袂而起，發兵伐宋。事見《左傳·宣公十四年》。

[4]項羽殺義帝：義帝即楚懷王熊心。楚懷王熊槐之孫。被項梁立爲楚王。項羽分封諸王，封楚王爲義帝，徙都長沙，乃陰令九

江王布等行擊之。布使將擊義帝，追殺之郴縣。

[5]謳吟：原本、宋本作“嘔吟”，殿本作“謳吟”，據殿本改。

[6]貔貅：古籍中的兩种猛獸。多連用以比喻勇猛的戰士。

[7]杜弢：字景文，本書卷一〇〇有傳。

時江東草創，[1]農桑弛廢，遠建議曰：“立春之日，天子祈穀于上帝，乃擇元辰，載耒耜，帥三公、九卿、諸侯、大夫，躬耕帝籍，[2]以勸農功。《詩》云：‘弗躬弗親，庶人不信。’[3]自喪亂以來，農桑不修，游食者多，皆由去本逐末故也。”時議美之。

[1]江東：亦稱江左，因自北方視之，江東在左，江西在右，故稱。

[2]帝籍：籍，殿本作“耤”。

[3]“弗躬弗親”句：語出《詩·小雅·節南山》，意爲君民之所以互相信任，是因爲君親行政，民親受教。今王不親自爲政，委任小人，施政於民，不以實情相告，故庶民之言亦不可信。

建興初，正旦將作樂，遠諫曰：“謹案《尚書》，堯崩，四海遏密八音。[1]《禮》云：凶年，天子徹樂減膳。孝懷皇帝梓宫未反，[2]豺狼當塗，人神同忿。公明德茂親，社稷是賴。今杜弢蟻聚湘川，比歲征行，百姓疲弊，故使義衆奉迎未舉。履端元日，正始之初，貢士鱗萃，[3]南北雲集，有識之士於是觀禮。公與國同體，憂容未歇。昔齊桓貫澤之會，[4]有憂中國之心，不召而至者數國。及葵丘自矜，[5]叛者九國。人心所歸，惟道與義。將紹皇綱於既往，恢霸業於來今，表道德之軌，闡忠孝之儀，明仁義之統，弘禮樂之本，使四方之士退懷嘉則。今榮耳目之觀，崇戲弄之好，懼違《雲》《韶》《雅》《頌》之美，[6]非納軌物，有塵大教。謂宜設饌以賜群下而已。”元帝納之。

[1]遏密八音：因帝王去世停止音樂。《尚書·虞書》：“帝乃殂落，百姓如喪考妣，三載，四海遏密八音。”孔安國傳：“遏，絶；密，静也。”八音，泛指音樂。

[2]梓宫：帝王的棺材。

[3]貢士鱗萃：所舉薦的人如鱗集。形容所舉薦的人多。

[4]齊桓貫澤之會：魯僖公二年，齊桓公爲伯主在貫澤與諸侯會盟，諸侯遠近畢至。史稱“貫澤之會”，標志着齊桓公的高度威望。

[5]葵丘自矜：《史記》卷三二《齊太公世家》載，齊桓公“會諸侯於葵丘，益有驕色。周使宰孔會。諸侯頗有叛者”。集解《公羊傳》曰：“葵丘之會，桓公震而矜之，叛者九國。”

[6]《雲》：即《雲門》，周朝六樂舞之一。《周禮·春官·大司樂》：“以樂舞教國子。舞《雲門》《大卷》《大咸》《大磬》《大夏》《大濩》《大武》。”鄭玄注：“此周所存六代之樂，黄帝曰《雲門》《大卷》。黄帝能成名萬物，以明民共財，言其德如雲之所出，民得以有族類。”　《韶》：《大韶》。《周禮·春官·大司樂》鄭玄注：“《大韶》，舜樂也。言其德能紹堯之道也。”　《雅》：朝廷禮儀所用的音樂。　《頌》：宗廟祭祀所用的音樂。

轉丞相參軍。[1]是時琅邪國侍郎王鑒勸帝親征杜弢，[2]遠又上疏曰：“皇綱失統，中夏多故，聖主肇祚，遠奉西都。[3]梓宫外次，未反園陵，逆寇游魂，國賊未夷。明公憂勞，乃心王室，伏讀聖教，人懷慷慨。杜弢小豎，寇抄湘川，比年征討，經載不夷。昔高宗伐鬼方，[4]三年乃克，用兵之難，非獨在今。伏以古今之霸王遭時艱難，亦有親征以隆大勛，亦有遣將以平小寇。今公親征，文武將吏、度支籌量、舟輿器械所出若足用者，[5]然後可征。愚謂宜如前遣五千人，徑與水軍進征，既可得速，必不後時。昔齊用穰苴，[6]燕晋退軍；秦用王翦，[7]克平南荆。必使督護得才，[8]即賊不足慮也。"會弢已平，轉從事中郎，累遷太子中庶子、尚書左丞、散騎常侍。[9]帝每嘆其忠公，謂曰："卿在朝正色，不茹柔吐剛，忠亮至到，[10]可謂王臣也。吾所欣賴，卿其勉之！"

[1]丞相參軍：官名，丞相府屬官。參軍，亦作參軍事，謂參謀軍事。兩晋公府、軍府皆置。

[2]琅邪國：封國名，治所在今山東省臨沂市。邪，殿本作"琊"。　侍郎：諸侯王國屬官，掌贊相威儀、通傳教令。魏、西晋王公和諸侯國皆置。位在典書令下。屬郎中令。東晋改屬常侍。八品。

[3]西都：指長安。相對洛陽長安在西，故言。

[4]高宗伐鬼方：高宗即殷王武丁，又稱殷武。名昭，小乙之子。曾被父置於民間，知稼穡之艱難、百姓之疾苦。即位後求賢覓才，以傅説爲相，使王朝興盛。死後尊爲高宗。《易·既濟》："高宗伐鬼方，三年克之。"

[5]度支籌量：規劃計算支出。《禮記·王制》"五穀皆入，然後制國用"。鄭玄注："制國用，如今度支經用。"

［6］穰苴：即司馬穰苴，春秋時齊國人，田氏，名穰苴。齊景公時，晋國和燕國軍隊入侵齊境，齊師敗績。景公患之。晏嬰乃推薦田穰苴統軍抗敵。田穰苴治軍法律嚴明，並親自巡視士卒次舍、井竈、飲食，問疾醫藥。又悉取將軍之資糧享士卒，身與士卒平分糧食，最比其羸弱者。三日而後勒兵，士氣大振，病者皆求行，争奮出爲之赴戰。晋、燕軍聞之，各自撤兵。

［7］王翦：戰國末頻陽東鄉（今陝西省富平縣東北）人。少好軍事。事秦王嬴政。善統兵征戰。率兵攻趙，取其九城。攻燕，拔其薊城。攻楚，殺項燕，略城邑。建立滅趙滅楚之功。

［8］督護：官名，州郡及出鎮方面將軍府皆設，掌兵事。兩晋時常統軍征伐，祇督一軍。

［9］尚書左丞：官名，尚書省佐官，位次尚書，居尚書右丞上。與右丞共掌尚書都省庶務，率諸都令史監督稽核諸尚書曹、郎曹政務。左丞又掌督録近道文書章奏，監察糾彈尚書令、僕射、尚書等文武百官，號稱“監司”，權勢甚重。六品。　散騎常侍：官名，三國魏文帝黄初年間置，侍從皇帝左右，諫諍得失，顧問應對，與侍中等共平尚書奏事。也用作宰相、諸公等加官，入宫議政。三品。

［10］忠亮至到：中華本校勘記：“《斠注》：《初學記》一二引王隱《晋書》‘至到’作‘至勁’。按：《御覽》二二六引《晋書》亦作‘至勁’。”

及中興建，[1]帝欲賜諸吏投刺勸進者加位一等，百姓投刺者賜司徒吏，[2]凡二十餘萬。遠以爲“秦漢因赦賜爵，非長制也。今案投刺者不獨近者情重，遠者情輕，可依漢法例，賜天下爵，於恩爲普，無偏頗之失。可以息檢覈之煩，[3]塞巧僞之端”。帝不從。

[1]中興建：指東晋建立。

[2]投刺：投遞名帖，自我舉薦。

[3]檢覈：檢查核實。

轉御史中丞。[1]時尚書刁協用事，[2]衆皆憚之。尚書郎盧綝將入直，[3]遇協於大司馬門外。[4]協醉，使綝避之，綝不迴。協令威儀牽捽綝墮馬，[5]至協車前而後釋。遠奏免協官。

[1]御史中丞：官名，御史大夫副手，掌監察、執法，爲京師顯官，職權甚重。四品。

[2]尚書：官名，此指尚書令。秦漢時爲尚書署長官。秩位雖低，權力甚重。魏晋時沿置，爲尚書省長官，綜理全國政務，參議大政，爲高級政務長官。三品。　刁協：字玄亮，本書卷六九有傳。

[3]尚書郎：官名。東漢之制，取孝廉中之有才能者入尚書臺，在皇帝左右處理政務，初入臺稱守尚書郎中，滿一年稱尚書郎，滿三年稱侍郎。魏晋以後尚書各曹有侍郎、郎中等官，綜理職務，通稱爲尚書郎。六品。　入直：入省當值。

[4]大司馬門：即司馬門，皇宫外門。

[5]威儀：儀仗，扈從。

時冬雷電，且大雨，帝下書責躬引過，遠復上疏曰：

被《庚午詔書》，以雷電震，暴雨非時，深自克責。雖禹湯罪己，未足以喻。臣暗於天道，竊以人事論之。陛下節儉敦朴，愷悌流惠，而王化未興者，皆群公卿士不能夙夜在公，以益大化，素餐負乘，[1]秕穢明時之責也。[2]

[1]素餐：無功受禄，不勞而食。語出《詩·魏風·伐檀》："彼君子兮，不素餐兮。" 負乘：典出《易·解》："六三：負且乘，致寇至，貞吝。《象》曰：'負且乘，亦可醜也。自我致戎，又誰咎也。'"孔穎達疏："乘者，君子之器也。負者，小人之事也。施之於人，即在車騎之上而負於物也，故寇盗知其非己所有，於是競欲奪之。"意思是卑賤者背着人家的財物，又坐上大馬車顯耀，就會招致强盗來搶。後以"負乘"謂居非其位，才不稱職。

[2]秕穢明時：把清明的時代污損敗壞了。

今逆賊猾夏，[1]暴虐滋甚，二帝幽殯，梓宫未反，四海延頸，莫不東望。而未能遣軍北討，仇賊未報，此一失也。昔齊侯既敗，[2]七年不飲酒食肉，况此耻尤大。臣子之責，宜在枕戈爲王前驅。若此志未果者，當上下克儉，恤人養士，徹樂減膳，惟修戎事。陛下憂勞於上，而群官未同戚容於下，[3]每有會同，務在調戲酒食而已，此二失也。選官用人，不料實德，惟在白望，[4]不求才幹，鄉舉道廢，請託交行。有德而無力者退，修望而有助者進；[5]稱職以違俗見譏，虚資以從容見貴。是故公正道虧，私塗日開，强弱相陵，冤枉不理。今當官者以理事爲俗吏，奉法爲苛刻，盡禮爲諂諛，從容爲高妙，放蕩爲達士，驕蹇爲簡雅，此三失也。

[1]猾夏：擾亂、侵犯華夏。《尚書·舜典》："蠻夷猾夏。"孔安國傳："猾，亂也。夏，華夏。"

[2]齊侯：齊桓公。《春秋公羊傳·成公八年》載："鞌之戰，齊師大敗。齊侯歸，吊死視疾，七年不飲酒、不食肉。晋侯聞之曰：'嘻！奈何使人之君七年不飲酒，不食肉！請皆反其所取侵地。'"

[3]戚容：憂愁之容。

[4]白望：不實的聲望，虚名。

[5]修望而有助者：修飾自己的名望而且有人幫助。

世所謂三失者：公法加其身；私議貶其非；轉見排退，陸沉泥滓。[1]時所謂三善者：王法所不加；清論美其賢；漸相登進，[2]仕不輟官，攀龍附鳳，翱翔雲霄。遂使世人削方爲圓，撓直爲曲，豈待顧道德之清塗，踐仁義之區域乎！是以萬機未整，[3]風俗僞薄，皆此之由。不明其黜陟，[4]以審能否，此則俗未可得而變也。

[1]陸沉泥滓：沉没在污泥中。

[2]登進：宋本無"進"字。

[3]萬機：機，殿本作"幾"。

[4]黜陟：人才的進退，官吏的升降。黜，貶降、罷退。陟，提拔、升遷。

今朝廷群司以從順爲善，相違見貶，不復論才之曲直，言之得失也。時有言者，或不見用，是以朝少辯争之臣，士有禄仕之志焉。郭翼上書，[1]武帝擢爲屯留令,[2]又置諫官，所以容受直言，誘進將來，故人得自盡，言無隱諱。任官然後爵之，位定然後禄之。敷奏以言，明試以功，車服以庸。[3]舜猶歷試諸難，而今先禄不試，甚違古義，亂之所由也。求才急於疏賤,[4]用刑先於親貴，然後令行禁止，野無遺滯。堯取舜於仄陋,[5]舜拔賢於巖穴，姬公不曲繩於天倫,[6]叔向不虧法於孔懷。[7]今朝廷法吏多出於寒賤，是以章書日奏而不足以懲物，官人選才而不足以濟事。宜招賢良於屠釣，聘耿介於丘園。若此道不改，雖并官省職，無救弊亂也。“能哲而惠，何憂乎驩兜,[8]何遷乎有苗,[9]何畏乎巧言令色孔壬!”[10]此官得其人之益也。

[1]郭翼上書：事見本書卷三《武帝紀》，然“郭翼”爲“郭廙”。宋本及監本均如是。

[2]屯留：縣名，西漢置。治所在今山西省長治市屯留區南。

[3]車服以庸：賜以車服以酬功勛。

[4]求才：才，宋本作“財”。

[5]仄陋：簡陋，此指居住簡陋的下層人。

[6]姬公不曲繩於天倫：指周公旦平定管叔、蔡叔之亂。二人均爲周武王之弟，故言“不曲繩於天倫”，即不因血緣親近而枉法。

[7]叔向不虧法於孔懷：春秋時，晉國的邢侯和雍子争田，調解很久無效。後叔向的弟弟叔魚代理法官職務，韓宣子命令他審理舊案。雍子把他的女兒嫁給叔魚，叔魚便判定邢侯有罪。邢侯發怒，在朝廷上殺了叔魚和雍子。叔向認爲三個人罪行相同，活着的殺了然後陳屍，死了的暴露屍體就可以了。雍子知道自己無理，却用賄賂的手段換取勝訴；叔魚受賄賂而徇私枉法；邢侯則擅自殺

人，他們的罪行是一樣的。於是殺了邢侯，和雍子、叔魚的屍體一起示衆。孔懷，兄弟之情。《詩·小雅·常棣》："死喪之威，兄弟孔懷。"鄭玄箋："維兄弟之親，甚相思念。"

[8]驩兜：或作讙頭、讙朱。相傳爲堯之臣，有罪，自投南海而死。或説即四凶之一的渾敦。

[9]有苗：古國名。亦稱三苗。堯、舜、禹時代我國南方較强大的部族，傳説舜時被遷到三危。

[10]巧言令色孔壬：《尚書·臯陶謨》："能哲而惠，何憂乎驩兜，何遷乎有苗，何畏乎巧言令色孔壬！"孔安國傳："禹言有苗、驩兜之徒甚佞如此。"孔穎達疏："巧言令色爲甚佞之人。""能哲而惠"至"巧言令色孔壬"爲《尚書·臯陶謨》之文，中華本此處無引號，應加。

累遷侍中，[1]出補會稽内史。時王敦作逆，[2]沈充舉兵應之，[3]加遠將軍，距而不受，不輸軍資於充，保境安衆爲務。敦至石頭，[4]諷朝廷徵遠，乃拜太常卿，[5]加散騎常侍。敦深憚其正而有謀，引爲長史，[6]數月病卒。

[1]侍中：官名，東漢建安中與給事黄門侍郎出入禁中，省尚書事。曹魏時爲門下之侍中省長官。常侍衛皇帝左右，掌顧問應對、諫諍糾察、平議奏事、駁奏異議等，權力甚重。三品。

[2]王敦：字處仲，本書卷九八有傳。

[3]沈充：字士居，本書卷九八有傳。

[4]石頭：石頭城，故址在今江蘇省南京市清涼山。

[5]太常卿：官名，對太常的尊稱。太常，漢代稱奉常，本掌禮樂宗廟、社稷祭祀，魏晋時此職掌歸尚書裁定，太常成爲閑職。三品。

[6]長史：官名，掌顧問參謀，爲所在官署掾屬之長。魏晋南

北朝時王府、公府、軍府、邊郡均置。八至六品。

遠弟緡，名亞於遠，爲王敦主簿，終於鄱陽太守。[1]緡子嗚鵠，位至武昌太守。

[1]鄱陽：郡名，治所在廣晋縣（今江西省鄱陽縣東北）。

王鑒

王鑒，字茂高，堂邑人也。[1]父濬，御史中丞。鑒少以文筆著稱，初爲元帝琅邪國侍郎。[2]時杜弢作逆，江湘流弊，王敦不能制，朝廷深以爲憂。鑒上疏勸帝征之，曰：

天禍晋室，四海顛覆，喪亂之極，開闢未有。明公遭曆運之厄，[3]當陽九之會，[4]聖躬負伊周之重，[5]朝廷延匡合之望。[6]方將振長轡而御八荒，掃河漢而清天塗。所藉之資，[7]江南之地，蓋九州之隅角，垂盡之餘人耳。[8]而百越鴟視於五嶺，[9]蠻蜀狼顧於湘漢，[10]江州蕭條，[11]白骨塗地，豫章一郡，十殘其八。繼以荒年，公私虚匱，倉庫無旬月之儲，三軍有絶乏之色。賦斂搜奪，周而復始，卒散人流，相望於道。殘弱之源日深，全勝之勢未舉。鑒懼雲旗反旆，元戎凱入，未在旦夕也。昔齊旅未期而申侯懼其老，[12]况暴甲三年，介胄生蟣蝨，而可不深慮者哉！江揚本六郡之地，[13]一州封域耳。若兵不時戢，人不堪命，三江受敵，彭蠡振摇，[14]是賊逾我垣墻之内，鬩我室家之好。黷武之衆易動，驚弓之鳥難安，鑒之所甚懼也。去年已來，累喪偏將，軍師屢失，送死之寇，兵厭奔命，賊量我力矣。雖繼遣偏裨，懼未足成功也。愚謂尊駕宜親幸江州，然後方召之臣，[15]其力可得而宣；熊羆之士，其鋭可得而奮。進左軍於武昌，爲陶侃之重；[16]建名將於安成，[17]連甘卓之壘。南望交廣，[18]西撫蠻夷。要害之地，勒勁卒以保之；深溝堅壁，案精甲而守之。六軍既贍，戰士思奮，爾乃乘隙騁奇，擾其窟穴，顯示大信，開以生塗，杜弢之頸固已鎖於麾下矣。

[1]堂邑：郡名，東晋僑置郡，治所在堂邑縣（今江蘇省南京市六合區東），安帝時改爲秦郡。

[2]琅邪：邪，殿本作“琊”。

[3]厝運之厄：厄運。

[4]陽九：指灾難或厄運。

[5]伊周：伊尹、周公。伊尹是輔佐商湯及其後代外丙、仲壬、太甲的賢臣，周公是輔佐周武王、成王的重臣。

[6]匡合：集合諸侯匡扶王室。

[7]所藉之資：藉，殿本作“籍”。

[8]垂盡之餘人：瀕臨滅絶而剩下的人。

[9]百越：泛指戰國、秦、漢分佈在長江下游及東南、中南沿海地區的各族。　鴟視於五嶺：像鴟鴞一樣盯着五嶺。五嶺，即今湘贛與桂粵邊界的越城嶺、都龐嶺、萌渚嶺、騎田嶺、大庾嶺。

[10]狼顧：像狼一樣看着。形容凶狠而貪婪地企圖攫取。

[11]江州：治所在南昌縣（今江西省南昌市）。

[12]齊旅未期而申侯懼其老：春秋時，齊桓公率軍伐楚，退軍

時，有人建議不經過陳國和鄭國，從東方走，向東夷炫耀武力，沿着海邊回國。申侯對齊桓公建議説：軍隊已經疲憊了，如果從東方走而遇到敵人，恐怕不能够打仗了。如果經過陳國、鄭國一帶，由他們供給糧食、草鞋，這是可以的。

[13]江揚：揚，原本、宋本作“楊”，殿本作“揚”，據殿本改。

[14]彭蠡：即彭蠡澤，本在今湖北省黄梅縣、安徽省宿松縣以南，安徽省望江縣境長江北岸龍感湖、大官湖和泊湖一帶。西漢中葉以後，彭蠡澤漸南移。

[15]方召：指西周方叔和召虎。二人曾幫助周宣王中興。後借指國之重臣。

[16]陶侃：字士行，本書卷六六有傳。

[17]安成：郡名，治所在平都縣（今江西省安福縣東南）。

[18]交：交州，又稱交阯，公元前2世紀初南越王趙佗置，後屬西漢。東漢改爲交州，治所在番禺縣（今廣東省廣州市）。三國時移治龍編縣（今越南社會主義共和國河北省仙游縣東）。　廣：廣州，治所在番禺縣（今廣東省廣州市）。

議者將以大舉役重，人不可擾。鑒謂暫擾以制敵，愈於放敵而常擾也。夫四體者，人之所甚愛，苟宜伐病，則削肌刮骨矣。然守不可虚，鑒謂王導可委以蕭何之任。[1]或以小賊方斃，不足動千乘之重。鑒見王彌之初，[2]亦小寇也，官軍不重其威，狡逆得肆其變，卒令温懷不守，[3]三河傾覆，[4]致有今日之弊，此已然之明驗也。蔓草猶不可長，況狼兕之寇乎！[5]當五霸之世，[6]將非不良，士非不勇，征伐之役，君必親之，故齊桓免胄於邵陵，[7]晋文擐甲於城濮。[8]昔漢高、光武二帝，征無遠近，敵無大小，必手振金鼓，身當矢石，櫛風沐雨，壺漿不贍，馳騖四方，匪遑寧處，[9]然後皇基克構，元勛以融。今大弊之極，劇於曩代，崇替之命，繫我而已。欲使鑾旗無野次之役，聖躬遠風塵之勞，而大功坐就，鑒未見其易也。魏武既定中國，親征柳城，[10]揚旍盧龍之嶺，[11]頓轡重塞之表，非有當時烽燧之虞，蓋一日縱敵，終己之患，雖戎軺蒙嶮，不以爲勞，况急於此者乎！劉玄德躬登漢山，而夏侯之鋒摧；[12]吴僞祖親泝長江，而關羽之首懸；[13]袁紹猶豫後機，[14]挫衄三分之勢；劉表卧守其衆，[15]卒亡全楚之地。歷觀古今撥亂之主，雖聖賢，未有高拱閑居不勞而濟者也。前鑒不遠，可謂蓍龜。[16]

[1]王導：字茂弘，本書卷六五有傳。　蕭何：秦末泗水沛縣豐邑（今江蘇省豐縣）人。隨劉邦起兵反秦。楚漢戰争中，留守關中，爲前綫籌集糧草。劉邦稱帝後，因功高封酇侯。助吕后誅除韓信，封相國。劉邦死後復事惠帝，死前推薦曹參繼任。

[2]王彌：本書卷一〇〇有傳。

[3]温：縣名，治所在今河南省温縣西南。　懷：縣名，治所在今河南省武陟縣西南。

[4]三河：河南、河内、河東三郡的合稱，相當今河南省伊河、洛河流域與黄河以北及山西省南部一帶。

[5]狼兕：狼，殿本作“虎”。

[6]五霸：指春秋五霸，一説爲齊桓公、晋文公、宋襄公、楚莊公、秦繆公；一説爲齊桓公、宋襄公、晋文公、秦穆公、吴王

夫差。

[7]齊桓免胄於邵陵：指齊桓公親率大軍征楚，與之在召陵會盟之事。事見《左傳·僖公四年》。

[8]晋文擐甲於城濮：指春秋時晋文公親自率軍與楚軍戰於城濮之事。事見《左傳·僖公二十八年》。

[9]匪遑寧處：遑，殿本作“皇”。

[10]柳城：縣名，治所在今遼寧省朝陽市西南十二臺營子。

[11]旍（jīng）：旌旗。　盧龍：盧龍塞，一名盧龍嶺，位於今河北省遷西縣北喜峰口一帶。

[12]夏侯：夏侯淵，東漢末沛國譙縣（今安徽省亳州市）人，字妙才，夏侯惇族弟。從曹操起兵，歷任護軍將軍、都護將軍、征西將軍等職。後被劉備將黄忠殺於漢中定軍山。

[13]關羽：東漢末河東解縣（今山西省運城市）人，字雲長，本字長生。東漢末亡命涿郡，與劉備、張飛起兵。赤壁之戰後，任襄陽太守、蕩寇將軍，駐守荆州。建安二十四年（219）率兵攻打曹魏襄陽，被孫吴背後襲取江陵。關羽回軍欲奪回江陵，於麥城被俘，遭殺害。

[14]袁紹：東漢汝南汝陽（今河南省商水縣西北）人，字本初。出身世家大族，靈帝時歷任侍御史、虎賁中郎將等職。董卓進京，廢少帝立獻帝，袁紹不滿董卓專横，起兵討伐，並任討董聯盟盟主。後據有青、冀、幽、并四州。與曹操決戰於官渡，兵敗，病死。

[15]劉表：東漢末山陽高平（今山東省鄒城市西南）人，字景升。少知名，爲“八俊”之一。東漢末黨人，後任荆州刺史。依靠當地名士大族的支持，南收零、桂，北據漢水，控地數千里，帶甲十餘萬。建學校、求儒士，保江漢間以觀天下之變。

[16]蓍龜：借鑒。

議者或以當今暑夏，非出軍之時。鑒謂今宜戒嚴，[1]須秋而動。高風啓塗，龍舟電舉，曾不十日，可到豫章。豫章去賊尚有千里之限，[2]但臨之以威靈，則百勝之理濟矣。既掃清湘野，滌蕩楚郢，然後班爵序功，酬將士之勞；卷甲韜旗，廣農桑之務，播愷悌之惠，[3]除煩苛之賦。比及數年，國富兵强，龍驤虎步，以威天下，何思而不服，何往而不濟，桓文之功不難懋也。[4]今惜一舉之勞，而緩垂死之寇，誠國家之大耻，臣子之深憂也。

[1]今宜戒嚴：今，宋本作“令”；戒嚴，殿本乙作“嚴戒”。

[2]去賊尚有千里：宋本無“賊”字。

[3]愷悌：和樂平易。《左傳·僖公十二年》：“《詩》曰：‘愷悌君子，神所勞矣。’”杜預注：“愷，樂也；悌，易也。”

[4]桓：齊桓公，春秋時齊國國君，名小白，僖公之子，襄公之弟。公元前 685 至前 643 年在位。爲公子時因國家内亂出走至莒，襄公死後被迎回立爲國君。在位時任用管仲，改革内政，國力漸强。九合諸侯，尊王攘夷，成爲春秋五霸之首。　文：晋文公，名重耳，晋獻公之子，因受迫害而流亡在外十九年，歷盡艱難險阻。回國即位後改革朝政，加强軍備，國力漸强，終成五霸之一。　懋：盛大。

鑒以凡瑣，謬蒙獎育，思竭愚忠以補萬一。芻蕘之言，[1]聖王不棄，戍卒之謀，先后采之。乞留神鑒，思其所陳。

疏奏，帝深納之，即命中外戒嚴，將自征弢。會弢已平，故止。

[1]芻蕘：草野之人。

中興建，拜駙馬都尉、奉朝請，[1]出補永興令。[2]大將軍王敦請爲記室參軍，未就而卒，時年四十一。文集傳於世。

[1]駙馬都尉：官名，與奉車都尉、騎都尉並稱三都尉，多用於宗室、外戚、功臣子、貴族、近臣的加官，亦用於尚公主者。六品。　奉朝請：原爲兩漢朝廷給與退休大臣、列侯、宗室、外戚等的一種政治優待。西晋時成爲加官名號。晋武帝以宗室、外戚爲奉車都尉、駙馬都尉、騎都尉，並授此號。

[2]永興：縣名，治所在今浙江省杭州市蕭山區。

鑒弟濤及弟子戩，並有才筆。濤，字茂略，歷著作郎、無錫令。[1]戩，字庭堅，亦爲著作。並早卒。

[1]著作郎：官名，三國時爲著作局長官，隸屬中書省。西晋時著作局别自置省，長官仍爲著作郎，改隸屬秘書省。西晋後亦稱大著作郎、大著作、著作，掌國史及起居注的修撰。兩晋南北朝時爲清要之官，多由有名望的文學之士擔任，也用司空、侍中、尚書等官典領。職閑位重，南朝時多爲貴族起家官。六品。　無錫：縣名，治所在今江蘇省無錫市。

陳頵

陳頵，字延思，陳國苦人也。[1]少好學，有文義。父訢立宅起門，頵曰："當使容馬車。"訢笑而從之。[2]仕爲郡督郵，[3]檢獲隱匿者三千人，爲一州尤最。太守劉享拔爲主簿，州辟部從事，[4]乘馬車還家，宗黨榮之。

[1]陳國：治所在陳縣（今河南省周口市淮陽區）。　苦：縣名，治所在今河南省鹿邑縣東。

[2]訢笑而從之：訢，殿本作“訴”。

[3]郡督郵：官名，郡府屬吏。本名督郵書掾，或謂督郵曹掾，省稱郵掾、督郵。掌督送郵書，此外還代表郡守督查諸縣、宣達教令，兼及按擊盜賊、點録囚徒、催繳租賦等。不由朝廷任命，守相自辟，職權甚重。督郵分部，有二部、三部、四部、五部不等。其職名或冠以東、西、南、北、中，或稱五部督郵。

[4]州辟部從事：州部辟爲從事。州部從事，官名，州部屬吏。東漢稱從事史，由州部長官自己選拔任命。

劾案沛王韜獄，[1]未竟，會解結代楊準爲刺史，[2]韜因河間王顒屬結。[3]結至大會，問主簿史鳳曰：“沛王貴藩，州據何法而擅拘邪？”時頵在坐，對曰：“《甲午詔書》，刺史銜命，國之外臺，[4]其非所部而在境者，刺史并糾。事徵文墨，前後列上，七被詔書。如州所劾，無有違謬。”結曰：“衆人之言不可妄聽，宜依法窮竟。”又問僚佐曰：“河北白壤膏粱，何故少人士，每以三品爲中正？”答曰：“《詩》稱‘維岳降神，生甫及申’，[5]夫英偉大賢多出於山澤，河北土平氣均，蓬蒿裁高三尺，不足成林故也。”結曰：“張彦真以爲汝潁巧辯，[6]恐不及青徐儒雅也。”[7]頵曰：“彦真與元禮不協，[8]故設過言。老子、莊周生陳梁，[9]伏羲、傅説、師曠、大項出陽夏，[10]漢魏二祖起於沛譙，[11]準之衆州，莫之與比。”結甚異之，曰：“豫州士人常半天下，[12]此言非虛。”會結遷尚書，結恨不得盡其才用。

[1]沛王韜：沛王司馬景之子，咸寧元年（275）繼父爵爲王。

[2]解結：字叔連，本書卷六〇有傳。　楊準：西晉弘農（今河南省靈寶市）人，字始丘，楊修之孫，惠帝末爲冀州刺史。見王綱不振，遂縱酒，不以官事爲意，逍遥卒歲而已。成都王司馬穎知楊準不治，猶以其爲名士，惜而不責，召以爲軍謀祭酒。

[3]因河間王顒屬結：通過河間王司馬顒囑託解結。

[4]外臺：刺史爲州郡的長官，置別駕、治中、諸曹掾屬，號爲外臺。

[5]“維岳降神”句：語出《詩·大雅·崧高》。

[6]張彦真：張升，字彦真，東漢陳留尉氏（今河南省尉氏縣）人，富平侯張放之孫。少好學，多關覽，而任情不羈。其意相合者，則傾身交結，不問窮賤；如乖其志好者，雖王公大人，終不屈從。黨錮之禍中被殺。　汝潁：指汝南、潁川地區。潁，原本、宋本作“穎”，殿本作“潁”，據殿本改。本卷下文此地名同。

[7]青：青州，治所在臨淄縣（今山東省淄博市臨淄區）。　徐：徐州，治所在彭城縣（今江蘇省徐州市）。

[8]元禮：李膺，東漢潁川襄城（今河南省襄城縣）人，字元禮。歷任青州刺史、漁陽太守、蜀郡太守、度遼將軍、河南尹等。與太學生郭泰等交游，反對宦官專權，聲譽日高。世人以與之結交爲榮，稱爲“登龍門”。後遭黨錮之禍，被禁錮終身。後復出任長樂少府，再遭黨錮之禍，下獄致死。　不協：不和。

[9]陳梁：陳國和梁國。梁國，郡國名，治所在睢陽縣（今河南省商丘市）。

[10]伏羲：又作庖犧氏、伏戲、伏犧、包羲、犧皇、宓犧等。即太昊，或稱黄熊氏。神話中的人類始祖，八卦創始人。　傅説：商朝武丁時賢臣，曾爲刑徒，服勞役於傅巖，後被舉爲相，輔佐武

丁振興王朝。　師曠：春秋時樂師，晋國人，善於辨音。《荀子·大略》："言味者予易牙，言音者予師曠，言治者予三王。"　大項：即項橐，七歲爲孔子師。　陽夏：縣名，治所在今河南省太康縣。

[11]沛：沛郡，治所在沛縣（今江蘇省沛縣）。　譙：譙郡，曹魏置，治所在譙縣（今安徽省亳州市）。

[12]豫州：曹魏時治所在安城縣（今河南省正陽縣東北），西晋移治陳縣（今河南省周口市淮陽區）。

元康中，舉孝廉，而州將留之。顗薦同縣焦保曰："保出自寒素，禀質清冲，若得參嘉命，[1]必能光贊大猷，[2]允清朝望，使黄憲之徒不乏於豫土，[3]令顗庶免臧文之責。"[4]州乃辟保。

[1]嘉命：宋本"嘉"字下有小字夾文"一作佳"三字。

[2]光贊大猷：光輔治國大道。

[3]黄憲：字叔度，東漢汝南慎陽（今河南省正陽縣北）人。世貧賤，父爲牛醫。黄憲聲譽甚高，荀淑稱之爲國之顔淵。郭林宗説："叔度汪汪若千頃陂，澄之不清，淆之不濁，不可量也。"（語見《後漢書》卷五三《黄憲傳》）初舉孝廉，又辟公府，友人勸其仕，憲亦不拒之，暫到京師而還，竟無所就。年四十八終，天下號曰"徵君"。

[4]臧文之責：臧文，春秋時魯人臧文仲。《左傳·文公二年》載，仲尼曰："臧文仲，其不仁者三，不知者三。下展禽，廢六關，妾織蒲，三不仁也。作虚器，縱逆祀，祀爰居，三不知也。"

齊王冏起義，州遣顗將兵赴之，拜駙馬都尉。遭賊避難于江西。歷陽内史朱彦引爲參軍。[1]鎮東從事中郎袁琇薦顗於元帝，[2]遷鎮東行參軍事，[3]典法兵二曹。[4]

顒與王導書曰："中華所以傾弊，四海所以土崩者，正以取才失所，先白望而後實事，浮競驅馳，互相貢薦，言重者先顯，言輕者後叙，遂相波扇，乃至陵遲。[5]加有莊老之俗傾惑朝廷，養望者爲弘雅，政事者爲俗人，王職不恤，法物墜喪。夫欲制遠，先由近始，故出其言善，千里應之。今宜改張，明賞信罰，拔卓茂於密縣，[6]顯朱邑於桐鄉，[7]然後大業可舉，中興可冀耳。"

[1]歷陽：郡名，西晉永興元年（304）置，治所在歷陽縣（今安徽省和縣）。

[2]鎮東：官名，即鎮東將軍。東漢建安年間置，與鎮西、鎮南、鎮北將軍合稱四鎮將軍，多爲持節都督，出鎮方面。曹魏二品。晋三品，加持節都督者二品。

[3]鎮東行參軍事：官名，兼鎮東將軍府參軍事。參軍事，亦作參軍，謂參謀軍事。兩晋公府、軍府皆置。

[4]典法兵二曹：主持法曹和兵曹。法曹，公府、將軍府僚屬諸曹之一，掌郵驛科程事，以掾主之。兵曹，公府、將軍府僚屬諸曹之一，主兵事。

[5]陵遲：衰敗，敗壞。

[6]卓茂：西漢末南陽宛（今河南省南陽市）人，字子康。元帝時游學長安，號爲通儒。後以儒術舉爲侍郎。曾任密令、京部丞。更始時爲侍中祭酒，旋以年老辭歸。東漢建立後，光武帝聞名求之，任爲太傅。　密縣：治所在今河南省新密市東南。

[7]朱邑：西漢廬江舒縣（今安徽省廬江縣西南）人，字仲卿。少爲本縣桐鄉嗇夫，廉平不苛。後舉賢良爲大司農丞，遷北海太守，以治行第一爲大司農。　桐鄉：即今安徽省桐城市的别稱。

建興初制，版補録事參軍。[1]參佐掾屬多設解故以避事任。[2]顗議："諸僚屬乘昔西臺養望餘弊，[3]小心恭肅，更以爲俗，偃蹇倨慢，[4]以爲優雅。至今朝士縱誕，臨事游行，漸弊不革，以至傾國。故百尋之屋突直而燎焚，[5]千里之隄蟻垤而穿敗，古人防小以全大，慎微以杜萌。自今臨使稱疾，須催乃行者，皆免官。"

[1]版補録事參軍：任命補録事參軍。録事參軍，官名，西晋丞相府始置，爲録事曹長官，掌總録衆曹文簿、舉彈善惡，位在列曹參軍上。東晋及南朝公府、將軍府、州刺史開軍府者皆置。

[2]解故：藉故解説。《後漢書》卷二〇《祭遵傳》："隗囂不欲漢兵上隴，辭説解故。"李賢注："解故，謂解説事故以爲辭説。"

[3]西臺：兩晋、南朝稱朝廷禁省及中樞政權機構爲臺。西晋末丞相司馬睿南渡，在江左建立政權，承制行事，長安朝廷遂號西臺。　養望：培養虚名。

[4]偃蹇倨慢：高傲，傲慢。

[5]百尋之屋突直而燎焚：高屋巨厦因烟囱太直而發生火灾。燎焚，殿本乙作"焚燎"。

初，趙王倫篡位，三王起義，[1]制《己亥格》，其後論功雖小，亦皆依用。顗意謂不宜以爲常式，駁之曰："聖王懸爵賞功，制罰糾違，斯道苟明，人赴水火。且名器之實，不可妄假，非才謂之致寇，寵厚戒在斯亡。昔孫秀口唱篡逆，[2]手弄天機，惠皇失御，九服無戴。三王建議，[3]席卷四海，合起義之衆，結天下之心，故設《己亥義格》以權濟難。此自一切之法，非常倫之格也。其起義以來，依格雜猥，遭人爲侯，或加兵伍，或出皂僕，金紫佩士卒之身，[4]符策委庸隸之門，使天官降辱，王爵黷賤，非所以正皇綱重名器之謂也。請自今以後宜停之。”頵以孤寒，數有奏議，朝士多惡之，出除譙郡太守。

[1]三王起義：西晉八王之亂中，齊王司馬冏、成都王司馬穎、河間王司馬顒起兵反對趙王司馬倫篡位之舉。

[2]孫秀：西晉琅邪臨沂（今山東省臨沂市）人，趙王倫心腹。趙王倫執政後任中書令，威震朝廷。趙王倫稱帝，任侍中、中書監、驃騎將軍。趙王倫失敗後被殺。

[3]三王建議：中華本校勘記：“《通志》一二七及《册府》七一七‘議’作‘義’，與上‘三王起義’句合。”

[4]之身：宋本乙作“身之”。

太興初，以疾徵。久之，白衣兼尚書，因陳時務，以爲“昔江外初平，[1]中州荒亂，故貢舉不試。宜漸循舊，搜揚隱逸，試以經策。又馬隆、孟觀雖出貧賤，[2]勛濟甚大，以所不習，而統戎事，鮮能以濟。宜開舉武略任將率者，言問核試，盡其所能，[3]然後隨才授任。舉十得一，猶勝不舉，况或十得二三。日磾降虜，[4]七世内侍；由余戎狄，[5]入爲秦相。豈藉華宗之族，見齒於奔競之流乎！宜引幽滯之俊，抑華校實，則天清地平，人神感應”。

[1]江外：江表，指長江以南地區。

[2]馬隆：字孝興，本書卷五七有傳。　孟觀：字叔時，本書卷六〇有傳。

[3]盡其所能：其，原本、宋本作“出”，殿本作“其”，據殿本改。

[4]日磾：金日磾，字翁叔，本匈奴休屠王太子。漢武帝元狩中，昆邪王、休屠王謀降漢，旋休屠王後悔，昆邪王殺之，將其衆降漢。日磾以父不降見殺，與母閼氏、弟倫俱没入官，輸黄門養馬。後被武帝信任寵愛。班固評金日磾“以篤敬寤主，忠信自著，勒功上將，傳國後嗣，世名忠孝，七世内侍”。語見《漢書》卷六八《金日磾傳》。

[5]由余：又作繇余，春秋時戎人。其祖先本晋人，因能言晋語，戎王遣其入秦。秦穆公愛其才，乃離間由余與戎王的關係，使人召之入秦，待以客禮。後由余爲秦國謀劃滅戎，開地千里，稱霸西戎。

後拜天門太守，[1]殊俗安之。選腹心之吏爲荆州參軍，[2]若有調發，動静馳白，故恒得宿辦。[3]陶侃征還，顗先至巴陵上禮。[4]侃以爲能，表爲梁州刺史。[5]綏懷荒弊，甚有威惠。梁州大姓互相嫉妒，説顗年老耳聾。侃召顗還，以西陽太守蔣巽代之。[6]年六十九卒。

[1]天門：郡名，三國孫吴置，治所在溇中縣（今湖南省慈利縣），西晋治所在澧陽縣（今湖南省石門縣）。

[2]荆州：三國時曹魏治所在新野縣（今河南省新野縣），孫吴治所在江陵縣（今湖北省江陵縣），西晋統一後治所在江陵縣（今湖北省江陵縣）。

[3]恒得宿辦：辦，原本作“辨”，宋本、殿本作“辦”，據宋本、殿本改。

[4]巴陵：縣名，治所在今湖南省岳陽市。

[5]梁州：三國曹魏治所在沔陽縣（今陝西省勉縣東），西晋

移治南鄭縣（今陝西省漢中市東）。

[6]西陽：郡名，治所在西陽縣（今湖北省黄岡市東）。

高崧

高崧，[1]字茂琰，廣陵人也。父悝，少孤，事母以孝聞。年十三，值歲饑，悝菜蔬不饜，每致甘肥於母。撫幼弟以友愛稱。寓居江州，刺史華軼辟爲西曹書佐。[2]及軼敗，悝藏匿軼子經年，會赦乃出。元帝嘉而宥之，以爲參軍，遂歷顯位，至丹楊尹、光禄大夫，[3]封建昌伯。

[1]高崧：崧，原本作“嵩”，宋本、殿本作“崧”，據宋本、殿本改。

[2]西曹書佐：官名，州刺史佐吏。晋改功曹書佐置。掌諸吏及選舉事，位在别駕、治中下，與主簿相亞而略低，但在諸從事上。

[3]丹楊尹：官名，東晋京城所在郡府長官，掌京城行政諸務並詔獄，亦稱“京尹”。三品。楊，殿本作“揚”。　光禄大夫：官名，三公等大臣告老回家即拜此職，或作爲在朝顯職的加官。三品，開府位從公者一品。

崧少好學，善史書。總角時，[1]司空何充稱其明惠。[2]充爲揚州，[3]引崧爲主簿，益相欽重。轉驃騎主簿，[4]舉州秀才，除太學博士，[5]父艱去職。初，悝以納妾致訟被黜，及終，崧乃自繫廷尉訟冤，[6]遂停喪五年不葬，[7]表疏數十上。帝哀之，乃下詔曰：“悝備位大臣，[8]違憲被黜，事已久判。其子崧求直無已，今特聽傳侯爵。"[9]由是見稱。拜中書郎，[10]再遷黄門侍郎。[11]

[1]總角：童年。

[2]何充：字次道，本書卷七七有傳。

[3]揚州：揚，宋本作"楊"。

[4]驃騎主簿：官名，驃騎將軍屬官。典領文書籍簿、省録衆事，職權甚重。

[5]太學博士：學官，掌經學傳授、參議禮儀制度。六品。太，宋本作"大"。

[6]廷尉：官名，中央最高司法審判機構長官，負責會審朝中有罪文武大臣，覆核審决郡國疑獄等。三品。

[7]不葬：不，宋本作"下"。

[8]備位：位，原本、宋本作"爲"，殿本作"位"，據殿本改。

[9]今：原本作"令"，宋本、殿本作"今"，據宋本、殿本改。

[10]中書郎：官名，隸屬中書令。掌草擬詔書、外出執行重要使命等。亦作爲中書通事郎、中書侍郎的省稱。五品。

[11]黄門侍郎：官名，魏晋時爲侍中省或門下省次官。侍從皇帝，顧問應對，多以重臣或外戚子弟擔任，位頗重要。五品。

簡文帝輔政，引爲撫軍司馬。[1]時桓温擅威，[2]率衆北伐，軍次武昌，簡文患之。崧曰："宜致書諭以禍福，[3]自當反旆。如其不爾，[4]便六軍整駕，逆順於兹判矣。若有異計，請先釁鼓。"便於坐爲簡文書草曰："寇難宜平，時會宜接，此實爲國遠圖，經略大算。能弘斯會，非足下而誰！但以此興師動衆，要當以資實爲本。

運轉之艱，古人之所難，不可易之於始而不熟慮，頃所以深用惟疑，[5]在乎此耳。然異常之舉，衆之所駭，游聲噂喈喈，想足下亦少聞之。苟患失之，無所不至。或能望風振擾，一時崩散。如其不然者，則望實並喪，社稷之事去矣。皆由吾暗弱，德信不著，不能鎮静群庶，保固維城，所以内愧于心，外慚良友。吾與足下雖職有内外，安社稷，保家國，其致一也。天下安危，繫之明德。先存寧國，而後圖其外，使王基克隆，大義弘著，所望於足下。區區誠懷，豈可復顧嫌而不盡哉！”温得書，還鎮。

[1]撫軍司馬：官名，撫軍將軍府司馬。府署高級幕僚，掌參讚軍務、管理府内武職，位僅次於長史。七品。撫軍將軍，官名，三國蜀漢、孫吴皆置，爲加官，以示權重。晋沿置，與中軍將軍、鎮軍將軍並爲三名號將軍。三品。

[2]桓温：字元子，本書卷九八有傳。

[3]諭以禍福：諭，殿本作“喻”。

[4]如其不爾：爾，原本、宋本作“耳”，殿本作“爾”，據殿本、中華本校勘記改。

[5]頃所以深用惟疑：頃，殿本作“須”。

崧累遷侍中。是時謝萬爲豫州都督，[1]疲於親賓相送，方卧在室。崧徑造之，謂曰：“卿今疆理西藩，何以爲政？”萬粗陳其意。崧便爲叙刑政之要數百言。萬遂起坐，呼崧小字曰：“阿酃！故有才具邪！”哀帝雅好服食，[2]崧諫以爲“非萬乘所宜。陛下此事，實日月之一食也”。後以公事免，卒於家。子耆，官至散騎常侍。

[1]謝萬：字萬石，本書卷七九有傳。　豫州都督：即都督豫州，豫州地區最高軍事行政長官。

[2]服食：服用仙藥。

史臣曰：昔張良拙説項氏，[1]巧謀於沛公；孫惠沮計齊王，耀奇於東海，終而誓甘之旅炎運載昌，[2]稱狩之師金行不競。[3]豈遭時之會斯蹇，[4]將謀國之道未通？迷於委質之貞，暗於所修之慮，本既顛矣，何以能終！熊遠、王鑒有毗濟之道，比之大夏，[5]其榱桷之佐乎！[6]崧之詆温，頵之距結，挫其勞役之策，申其汝潁之論，采郭嘉之風旨，[7]挹朱育之餘波，[8]故桓温輟許攸之謀，[9]解結欽王朗之迹。[10]緝之時典，用此道歟！

[1]張良拙説項氏：劉邦封漢王後，張良送其至褒中，獻計燒絶棧道，示天下無還心，以免除項羽的懷疑。回到韓國後，又對項羽説劉邦已經燒絶棧道，無還心。並以齊王田榮反，寫信告訴項羽。項羽因此不擔心西邊的漢王，而發兵北上擊齊，使劉邦贏得了平定三秦的機會。

[2]誓甘之旅炎運載昌：指孫惠率衆嚮應甘卓討周馥之事。

[3]稱狩之師金行不競：指孫惠的安豐内史之職並非東晋所授，因與東晋所授安豐太守何鋭發生矛盾之事。

[4]時之會斯蹇：時運不濟。

[5]大夏：夏，宋本、殿本作“廈”。

[6]榱桷之佐：僅次於棟樑的輔佐之臣。

[7]郭嘉：東漢末潁川陽翟（今河南省禹州市）人，字奉孝。

曾北見袁紹，以袁紹好謀無決，難於成事，遂離去。後投到曹操帳下，任司空軍師祭酒。多謀善斷，爲曹操征吕布、破袁紹、敗袁譚、平烏桓屢立謀功。

[8]朱育：西晋山陰（今浙江省紹興市）人，少好奇字，凡所特達，依體象類，造作異字千名以上。孫吴孫亮時任郡門下書佐。入晋後常在臺閣，爲東觀令，遥拜清河太守，加位侍中，推刺占射，文藝多通。

[9]許攸：東漢末南陽（今河南省南陽市）人，字子遠。少於袁紹及曹操善。隨袁紹在冀州，官渡之戰時，見袁紹剛愎自用，知不可與謀，遂投奔曹操。向曹操獻計輕兵襲烏巢袁氏輜重，對官渡大勝立大功勞。後自恃勛勞，對曹操不敬，遭忌被殺。

[10]王朗：三國時東海郯縣（今山東省郯城北）人，字景興。曾任會稽太守，被孫策攻破，降附孫策。後被曹操征招，任諫議大夫、御史大夫等職。魏文帝、明帝時任司空、司徒等。

贊曰：臨湘游藝，才識英發。詭名違穎，陳書干越。[1]孝文忠謇，嘉言斯踐。茂高器鑒，彫章尤善。侯爵崧傳，高門頵顯。

[1]陳書干越：干，宋本作“于”。

晋書　卷七二

列傳第四十二

郭璞　葛洪

郭璞

郭璞，字景純，河東聞喜人也。[1]父瑗，尚書都令史。[2]時尚書杜預有所增損，[3]瑗多駁正之，以公方著稱。終於建平太守。[4]璞好經術，博學有高才，而訥於言論，詞賦爲中興之冠。好古文奇字，妙於陰陽算曆。有郭公者，客居河東，精於卜筮，璞從之受業。公以《青囊中書》九卷與之，由是遂洞五行、天文、卜筮之術，攘灾轉禍，通致無方，雖京房、管輅不能過也。[5]璞門人趙載嘗竊《青囊書》，未及讀，而爲火所焚。

[1]河東：郡名，治所在安邑縣（今山西省夏縣西北禹王城）。聞喜：縣名，治所在今山西省聞喜縣東北。

[2]尚書都令史：官名，兩晋、南北朝皆置，位在令史上，屬尚書省。協助尚書左、右丞管理都省事務，監督諸曹尚書、尚書

郎。八品。

[3]尚書：官名，此爲度支尚書，尚書省度支曹長官，掌全國財富的收支會計及事役、漕運、物價、屯田之政令。三品。　杜預：字元凱，本書卷三四有傳。

[4]建平：郡名，治所在巫縣（今重慶市巫山縣）。

[5]京房：西漢東郡頓丘（今河南省清豐縣西南）人，字君明。本姓李。治《易》，師事梁人焦延壽。元帝初元四年（前45）以孝廉爲郎，數以灾異推論時政。因奏劾石顯而被石顯誣告，下獄死。　管輅：三國魏平原（今山東省平原縣西南）人，字公明。喜天文，明《周易》，善卜筮。世人凡有灾難疾病，多求其爲之解。曾任曹魏少府丞。

惠、懷之際，河東先擾。璞筮之，投策而嘆曰："嗟乎！黔黎將湮於異類，桑梓其翦爲龍荒乎！"[1]於是潛結姻昵及交游數十家，欲避地東南。抵將軍趙固，[2]會固所乘良馬死，固惜之，不接賓客。璞至，門吏不爲通。璞曰："吾能活馬。"吏驚入白固。固趨出，曰："君能活吾馬乎？"璞曰："得健夫二三十人，皆持長竿，東行三十里，有丘林社廟者，便以竿打拍，當得一物，宜急持歸。得此，馬活矣。"固如其言，果得一物似猴，持歸。[3]此物見死馬，便噓吸其鼻。頃之馬起，奮迅嘶鳴。食如常，不復見向物。固奇之，厚加資給。

[1]桑梓：此指故鄉。

[2]抵將軍趙固：曹道衡先生對這條史實非常懷疑。他認爲，第一，郭璞離開聞喜南遷的時間在"惠、懷之際"，而趙固在徐州的時間爲永嘉五年（311）四月前後，其間有五六年時間，即使路

途有耽擱，到達徐州也不會用這麼長時間。第二，郭璞出走的目的是躲避前趙劉淵、後趙石勒的侵擾，此時趙固還在前趙軍中任將，很難設想他在途中要去見一位前趙將領。第三，考郭璞《流寓賦》和《晉書》本傳，郭璞從聞喜出發一直向南經過洛陽經廬江至宣城，然後東下到建康等地，似乎没有必要向東繞道徐州。第四，在永嘉五年（311），郭璞已經到達江南，這有確切史料可證。因此郭璞見將軍趙固之事爲虚。（參見曹道衡《〈晉書·郭璞傳〉志疑》，《蘇州大學學報》1983 年第 2 期）

[3] 持歸：持，原本、宋本作“將”，殿本作“持”，據殿本改。

行至廬江，[1] 太守胡孟康被丞相召爲軍諮祭酒。[2] 時江淮清晏，孟康安之，無心南渡。璞爲占曰“敗”。康不之信。璞將促裝去之，愛主人婢，無由而得，乃取小豆三斗，繞主人宅散之。主人晨見赤衣人數千圍其家，就視則滅，甚惡之，請璞爲卦。璞曰：“君家不宜畜此婢，可於東南二十里賣之，慎勿争價，則此妖可除也。”主人從之。璞陰令人賤買此婢。復爲符投于井中，數千赤衣人皆反縛，一一自投于井，主人大悦。璞携婢去。後數旬而廬江陷。

[1] 廬江：郡名，三國魏、吴於境内各置廬江郡，魏治所在六安縣（今安徽省六安市），吴治所在皖縣（今安徽省潜山市）。西晋合爲一，治所在舒縣（今安徽省廬江縣西南）。

[2] 軍諮祭酒：官名，即軍師祭酒，晋朝避司馬師名諱而改。亦稱軍咨祭酒、軍謀祭酒、軍祭酒，諸軍府屬官，參謀軍事，位在軍府諸僚佐之上。

璞既過江，宣城太守殷祐引爲參軍。[1]時有物大如水牛，灰色卑脚。脚類象，胸前尾上皆白，大力而遲鈍，來到城下，衆咸異焉。祐使人伏而取之，令璞作卦，遇《遁》之《蠱》，[2]其卦曰：[3]"艮體連《乾》，[4]其物壯巨。山潛之畜，匪兕匪武。[5]身與鬼并，精見二午。法當爲禽，兩靈不許。[6]遂被一創，還其本墅。按卦名之，是爲驢鼠。"卜適了，伏者以戟刺之，深尺餘，遂去不復見。郡綱紀上祠，請殺之。巫云："廟神不悦，曰：'此是郲亭驢山君鼠，使詣荆山，[7]暫來過我，不須觸之。'"其精妙如此。祐遷石頭督護，[8]璞復隨之。時有鼯鼠出延陵，[9]璞占之曰："此郡東當有妖人欲稱制者，尋亦自死矣。後當有妖樹生，然若瑞而非瑞，辛螫之木也。[10]儻有此者，東南數百里必有作逆者，期明年矣。"無錫縣欻有茱萸四株交枝而生，若連理者，其年盜殺吴興太守袁琇。[11]或以問璞，璞曰："卯爻發而沴金，[12]此木不曲直而成灾也。"

[1]宣城：郡名，治所在宛陵縣（今安徽省宣城市）。　殷祐：東晋人，任吴郡内史、宣城太守等職。　參軍：官名，亦作參軍事，謂參謀軍事。兩晋公府、軍府皆置。

[2]《遁》：六十四卦之一。王弼注："遁之爲義，遁乃通也。"《蠱》：六十四卦之一。王弼注："蠱者，有事而待能之時也。可以有爲，其在此時矣。"

[3]卦：宋本作"林"。

[4]連：宋本作"使"。

[5]山潛之畜，匪兕匪武：武，殿本作"虎"。中華本校勘記：

"'武'本作'虎'，蓋唐人避諱改。"

[6]兩靈不許：靈，殿本作"翼"。

[7]荆山：位於今湖北省境内，漳水、沮水發源處。

[8]石頭：石頭城，故址在今江蘇省南京市清凉山。 督護：官名，州郡及出鎮方面將軍府皆設，掌兵事。兩晋時常統軍征伐，祇督一軍。

[9]延陵：縣名，治所在今江蘇省丹陽市西南延陵鎮。

[10]辛螫之木：有毒刺螫人之木。

[11]吴興：郡名，治所在烏程縣（今浙江省湖州市南）。

[12]卯：宋本作"卦"。

王導深重之，[1]引參己軍事。[2]嘗令作卦，璞言："公有震厄，可命駕西出數十里，得一柏樹，截斷如身長，置常寢處，灾當可消矣。"導從其言。數日果震，柏樹粉碎。

[1]王導：字茂弘，本書卷六五有傳。

[2]參己軍事：作爲自己的參軍。

時元帝初鎮建鄴，[1]導令璞筮之，遇《咸》之《井》，[2]璞曰："東北郡縣有'武'名者。當出鐸，[3]以著受命之符。西南郡縣有'陽'名者，井當沸。"其後晋陵武進縣人於田中得銅鐸五枚，[4]歷陽縣中井沸，[5]經日乃止。及帝爲晋王，又使璞筮，遇《豫》之《睽》，[6]璞曰："會稽當出鍾，[7]以告成功，上有勒銘，應在人家井泥中得之。繇辭所謂'先王以作樂崇德，殷薦之上帝'者也。"及帝即位，太興初，會稽剡縣人果於井中得一鍾，長七寸二分，口徑四寸半，上有古文奇書十八字，云“會稽岳命”，餘字時人莫識之。璞曰：“蓋王者之作，必有靈符，塞天人之心，與神物合契，然後可以言受命矣。觀五鐸啓號於晋陵，棧鍾告成於會稽，瑞不失類，出皆以方，豈不偉哉！若夫鐸發其響，鍾徵其象，器以數臻，事以實應，天人之際不可不察。”帝甚重之。

[1]建鄴：地名，即今江蘇省南京市。

[2]《咸》：六十四卦之一。卦辭曰：“咸。亨。利貞，取女吉。”　《井》：六十四卦之一。王弼注：“井以不變爲德者也。”

[3]鐸：軍中樂器，比鐲大的鈴。

[4]晋陵：縣名，治所在今江蘇省常州市。　武進縣：治所在今江蘇省丹陽市東。

[5]歷陽縣：治所在今安徽省和縣。

[6]《豫》：六十四卦之一。卦辭曰：“利建侯、行師。”　《睽》：六十四卦之一。卦辭曰：“小事吉。”

[7]會稽：郡名，治所在山陰縣（今浙江省紹興市）。

璞著《江賦》，其辭甚偉，爲世所稱。後復作《南郊賦》，帝見而嘉之，以爲著作佐郎。[1]于時陰陽錯繆，而刑獄繁興，璞上疏曰：

臣聞《春秋》之義，貴元慎始，故分至啓閉以觀雲物，[2]所以顯天人之統，存休咎之徵。臣不揆淺見，輒依歲首粗有所占，卦得《解》之《既濟》。[3]案爻論思，方涉春木王龍德之時，而爲廢水之氣來見乘，加升陽未布，隆陰仍積，《坎》爲法象，刑獄所麗，變《坎》加《離》，厥象不燭。以義推之，皆爲刑獄殷繁，理有壅濫。[4]又去年十二月二十九日，太白蝕月。[5]月者屬坎，群陰之府，所以照察幽情，以佐太陽者也。[6]太白，金行之星，而來犯之。天意若曰刑理失中，自壞其所以爲法者也。臣術學庸近，不練内事，卦理所及，敢不盡言。又去秋以來，沉雨跨年，雖爲金家涉火之祥，然亦是刑獄充溢，怨嘆之氣所致。往建興四年十二月中，行丞相令史淳于伯刑於市，[7]而血逆流長摽。[8]伯者小人，雖罪在未允，何足感動靈變，致若斯之怪邪！明皇天所以保祐金家，子愛陛下，屢見灾異，殷勤無已。陛下宜側身思懼，以應靈譴。皇極之謫，事不虚降。不然，恐將來必有愆陽苦雨之灾，[9]崩震薄蝕之變。狂狡蠢戾之妖，[10]以益陛下旰食之勞也。[11]

[1]著作佐郎：官名，即佐著作郎，三國時隸中書省，西晋改隸秘書省，協助著作郎修撰國史及起居注，整理秘書省所藏典籍。七品。

[2]分至：即春分、秋分、夏至、冬至。

[3]《解》：六十四卦之一。卦辭曰："利西南。無所往，其來復吉；有攸往，夙吉。"　《既濟》：六十四卦之一。王弼注："既濟者，以皆濟爲義者也。小者不遺，乃爲皆濟，故舉小者以明既濟也。"

[4]理有壅濫：刑獄治理有壅滯有不實。殿本"理"下有"者"字。

[5]太白蝕月：金星靠近月亮。

[6]以佐太陽者也：殿本“陽”下有“精”字。

[7]行：兼攝官職。　丞相令史：官名，丞相府屬吏。辦事員吏，地位較低。

[8]血逆流長摽：摽，宋本、殿本作“標”。

[9]苦雨之灾：苦，宋本作“若”。

[10]狂狡蠢戾：狂妄狡詐的動亂者。

[11]旰食：忘食，不按時吃飯。

臣謹尋案舊經，《尚書》有五事供禦之術，[1]京房《易傳》有消復之救，所以緣咎而致慶，因異而邁政。故木不生庭，太戊無以隆；[2]雉不鳴鼎，武丁不爲宗。[3]夫寅畏者所以饗福，怠慠者所以招患，此自然之符應，不可不察也。案《解卦》繇云：“君子以赦過宥罪。”《既濟》云：“思患而豫防之。”臣愚以爲宜發哀矜之詔，引在予之責，蕩除瑕釁，贊陽布惠，使幽斃之人應蒼生以悦育，否滯之氣隨谷風而紓散。此亦寄時事以制用，藉開塞而曲成者也。

[1]五事供禦：《尚書·洪範》：“一曰貌，二曰言，三曰視，四曰聽，五曰思。貌曰恭，言曰從，視曰明，聽曰聰，思曰睿。”

[2]太戊：殷商王，名密，太庚之子。太戊是廟號。《史記》卷三《殷本紀》載：“亳有祥桑穀共生於朝，一暮大拱。帝太戊懼，問伊陟。伊陟曰：‘臣聞妖不勝德，帝之政其有闕與？帝其修德。’太戊從之，而祥桑枯死而去。”

[3]武丁：又稱殷武，商王，名昭，小乙之子。曾被父置於民間，知稼穡之艱難、百姓之疾苦。即位後求賢覓才，以傅説爲相，

使王朝興盛。死後尊爲高宗。《史記》卷三《殷本紀》載：殷帝武丁祭成湯，有雉飛落在鼎耳，武丁懼，因此修政行德，殷道復興。

臣竊觀陛下貞明仁恕，體之自然，天假其祚，奄有區夏，啓重光於已昧，廓四祖之遐武，祥靈表瑞，人鬼獻謀，應天順時，殆不尚此。然陛下即位以來，中興之化未闡，雖躬綜萬機，[1]勞逾日昃，[2]玄澤未加於群生，聲教未被乎宇宙，臣主未寧於上，黔細未輯於下，《鴻雁》之咏不興，[3]康哉之歌不作者，[4]何也？杖道之情未著，而任刑之風先彰，經國之略未振，[5]而軌物之迹屢遷。夫法令不一則人情惑，職次數改則覬覦生，官方不審則秕政作，懲勸不明則善惡渾，此有國者之所慎也。臣竊爲陛下惜之。[6]夫以區區之曹參，[7]猶能遵蓋公之一言，[8]倚清靖以鎮俗，寄市獄以容非，[9]德音不忘，流咏于今。漢之中宗，聰悟獨斷，可謂令主，然厲意刑名，用虧純德。《老子》以禮爲忠信之薄，况刑又是禮之糟粕者乎！夫無爲而爲之，不宰以宰之，固陛下之所體者也。耻其君不爲堯舜者，亦豈惟古人！是以敢肆狂瞽，不隱其懷。若臣言可采，或所以爲塵露之益；若不足采，所以廣聽納之門。願陛下少留神鑒，賜察臣言。

疏奏，優詔報之。

[1]萬機：機，殿本作“幾”。

[2]日昃：太陽偏西。比喻勤勞。昃，原本、宋本作“昊”，

殿本作“昃”，據殿本改。

［3］《鴻雁》之咏：《詩·小雅·鴻雁序》：“《鴻雁》，美宣王也；萬民離散，不安其居，而能勞來還定，安集之，至於矜寡，無不得其所焉。”

［4］康哉之歌：《尚書·益稷》：“（皋陶）乃賡載歌曰：‘元首明哉，股肱良哉，庶事康哉。’”意爲歌頌君明臣良，諸事安寧。哉，殿本作“衢”。

［5］未振：振，殿本作“震”。

［6］竊爲：爲，宋本作“惟”。

［7］曹參：秦末泗水沛（今江蘇省沛縣）人，早年爲獄掾。秦末隨劉邦起兵，屢建戰功。先後任假左丞相、左丞相。西漢建立後任齊相國。蕭何死後繼之爲漢相。

［8］蓋公：西漢人，生活在膠西。善治黄老言，教丞相曹參以清静無爲治國。曹參以之爲師，退避正堂，讓蓋公居住。

［9］寄市獄以容非：西漢齊相曹參聞蕭何去世消息後，讓舍人趕快收拾行裝，説“吾將入相”。不大工夫，朝廷使者果至召參。曹參臨走對繼承他的職位的人説：“以齊獄市爲寄，慎勿擾也。”繼承者問：“治無大於此者乎？”曹參説：“不然。夫獄市者，所以并容也，今君擾之，奸人安所容也？吾是以先之。”語見《史記》卷五四《曹相國世家》。

其後日有黑氣，璞復上疏曰：

臣以頑昧，近者冒陳所見，陛下不遺狂言，事蒙御省。伏讀聖詔，歡懼交戰，臣前云升陽未布，隆陰仍積，《坎》爲法象，刑獄所麗，變《坎》加《離》，厥象不燭，疑將來必有薄蝕之變也。此月四日，日出山六七丈，精光潜暗，[1]而色都赤，中有異物大如鷄子，又有青黑之氣共相薄擊，[2]良久方解。案時在歲首純陽之月，日在癸亥全陰之位，而有此異，殆元首供禦之義不顯，消復之理不著之所致也。計去臣所陳，[3]未及一月，而便有此變，益明皇天留情陛下懇懇之至也。

[1]潛暗：殿本作“暫昧”。

[2]薄擊：薄，殿本作“搏”。

[3]去臣所陳：殿本“去”下有“微”字。

往年歲末，太白蝕月，今在歲始，日有咎謫。曾未數旬，大眚再見，[1]日月告釁，見懼詩人，無曰天高，其鑒不遠。故宋景言善，熒惑退次；[2]光武寧亂，呼沱結冰。[3]此明天人之懸符，有若形影之相應。應之以德，則休祥臻；[4]酬之以怠，則咎徵作。陛下宜恭承靈譴，敬天之怒，施沛然之恩，諧玄同之化，上所以允塞天意，下所以弭息群謗。

[1]大眚再見：大災再次出現。

[2]宋景言善，熒惑退次：宋景公時，火星出現在心宿的位置上。占星者子韋對景公説心宿代表宋國的版圖，火星出現在那裹，預示着天要懲罰宋國君主了。但是有辦法把灾禍轉移到宰相身上。景公説宰相是治理國家的重臣，不可以這樣做。子韋又説可以移禍於百姓，宋景公反問：百姓都死了，他當誰的君主。子韋又説移禍於當年的收成也行，宋景公説收成受禍必發生饑荒，發生饑荒百姓必被餓死。作爲君主用殺害百姓的辦法使自己活命，誰還以其爲君主。子韋便向景公恭恭敬敬地施了個禮，闡明天居高而聽卑，景公剛剛所作的三種回答，都是至德至善之言，天一定都聽見了，一定

會對景公加以賞賜。當夜火星一定會移開心宿三舍，而景公的生命也將延長二十一年。事見《史記》卷三八《宋微子世家》。

[3]光武寧亂，呼沱結冰：《後漢書》卷一《光武帝紀》載，劉秀北征，晨夜兼行，蒙犯霜雪，當時天寒，臉都凍裂了。至呼沱河，無船，適遇冰合，得過，未畢數車而陷。

[4]則休祥臻：原本、宋本無"則"字，殿本有，據殿本補。

臣聞人之多幸，國之不幸。赦不宜數，實如聖旨。臣愚以爲子産知鑄刑書，[1]非政事之善，然不得不作者，須以救弊故也。今之宜赦，理亦如之。隨時之宜，亦聖人所善者。此國家大信之要，[2]誠非微臣所得干豫。今聖朝明哲，思弘謀猷，方闢四門以亮采，[3]訪輿誦於群心，[4]况臣蒙珥筆朝末，[5]而可不竭誠盡規哉！

[1]子産知鑄刑書：事見《左傳·昭公六年》。鄭國人把刑書鑄在鼎上，叔向給子産寫信説："民知争端矣，將棄禮而徵於書。錐刀之末，將盡争之。亂獄滋豐，賄賂並行，終子之世，鄭其敗乎！肸聞之：'國將亡，必多制'，其此之謂乎！"子産回信説："若吾子之言，僑不才，不能及子孫，吾以救世也。既不承命，敢忘大惠？"

[2]國家：殿本乙作"家國"。

[3]四門：明堂四面之門。《尚書·舜典》："賓于四門，四門穆穆。"

[4]群心：心，殿本作"小"。

[5]珥筆：古代史官、諫官上朝，常插筆冠側，以便記録，謂之"珥筆"。

頃之，遷尚書郎。[1]數言便宜，多所匡益。明帝之在東宫，與温嶠、庾亮並有布衣之好，[2]璞亦以才學見重，埒於嶠、亮，[3]論者美之。然性輕易，不修威儀，嗜酒好色，時或過度。著作郎干寶常誡之曰：[4]“此非適性之道也。”璞曰：“吾所受有本限，用之恒恐不得盡，卿乃憂酒色之爲害乎！”[5]

[1]尚書郎：官名。東漢之制，取孝廉中之有才能者入尚書臺，在皇帝左右處理政務，初入臺稱守尚書郎中，滿一年稱尚書郎，滿三年稱侍郎。魏晋以後尚書各曹有侍郎、郎中等官，綜理職務，通稱爲尚書郎。六品。

[2]温嶠：字太真，本書卷六七有傳。　庾亮：字元規，本書卷七三有傳。

[3]埒：等同，比並。

[4]著作郎：官名，三國時爲著作局長官，隸屬中書省。西晋時著作局别自置省，長官仍爲著作郎，改隸屬秘書省。西晋後亦稱大著作郎、大著作、著作，掌國史及起居注的修撰。兩晋南北朝時爲清要之官，多由有名望的文學之士擔任，也用司空、侍中、尚書等官典領。職閑位重，南朝時多爲貴族起家官。六品。　干寶：字令升，本書卷八二有傳。

[5]爲害：害，殿本作“患”。

璞既好卜筮，縉紳多笑之。又自以才高位卑，乃著《客傲》，其辭曰：

客傲郭生曰：“玉以兼城爲寶，士以知名爲賢。明月不妄映，蘭葩豈虚鮮。今足下既以拔文秀於叢薈，蔭弱根於慶雲，陵扶摇而竦翮，揮清瀾以濯鱗，而響不徹於一皋，[1]賈不登乎十金。[2]傲岸榮悴之際，頡頏龍魚之間，[3]進不爲諧隱，退不爲放言，無沉冥之韵，而希風乎嚴先，徒費思於鑽味，摹《洞林》乎《連山》，[4]尚何名乎！夫攀驪龍之髯，撫翠禽之毛，[5]而不得絶霞肆、跨天津者，未之前聞也。"

[1]響不徹於一皋：聲音不足於一聲呼唤。

[2]賈不登乎十金：賈，殿本作"價"；十，殿本作"千"。

[3]頡頏：傲視。

[4]摹《洞林》乎《連山》：模仿《易》而寫作《洞林》。《連山》，古《易》名。《周禮·春官·大卜》："掌三易之法，一曰《連山》，二曰《歸藏》，三曰《周易》。"《洞林》，郭璞自己的著作。

[5]撫翠禽之毛：原本、宋本"毛"下衍"者"字，殿本無，據殿本、中華本校勘記删。

郭生粲然而笑曰："鷦鷯不可與論雲翼，[1]井蛙難與量海鼇。雖然，將袪子之惑，訊以未悟，其可乎？

[1]鷦鷯：鳥名。形小，体長約三寸。羽毛赤褐色，略有黑褐色斑點。尾羽短，略向上翹。以昆虫爲主要食物。常取茅葦毛毳爲巢，大如鷄卵，繫以麻发，於一側開孔出入，甚精巧，故俗稱"巧婦鳥"。又名黄脰鳥、桃雀、桑飛等。　雲翼：像雲彩一樣的翅膀，指大鳥。《莊子·逍遥游》："北冥有魚，其名爲鯤。鯤之大，不知其幾千里也。化而爲鳥，其名爲鵬。鵬之背，不知其幾千里也；怒

而飛，其翼若垂天之雲。”

“乃者地維中絶，[1]乾光墜采，皇運暫迴，廓祚淮海。[2]龍德時乘，群才雲駭，藹若鄧林之會逸翰，[3]爛若溟海之納奔濤，不煩咨嗟之訪，[4]不假蒲帛之招，[5]羈九有之奇駿，[6]咸總之於一朝，豈惟豐沛之英，[7]南陽之豪！[8]昆吾挺鋒，[9]驌驦軒髦，[10]杞梓競敷，[11]蘭蕙争翹，[12]嚶聲冠於伐木，援類繁乎拔茅。[13]是以水無浪士，巖無幽人，刈蘭不暇，爨桂不給，安事錯薪乎！

[1]地維中絶：繫地的大繩子斷絶。

[2]淮海：殿本乙作“海淮”。

[3]藹若鄧林：古代神話傳説中的樹林。《山海經·海外北經》：“誇父與日逐走，入日。渴欲得飲，飲於河、渭，河、渭不足，北飲大澤。未至，道渴而死。棄其杖，化爲鄧林。” 逸翰：指疾飛的鳥。

[4]咨嗟：讚嘆。

[5]蒲帛：蒲輪布帛。古代招納賢人，常用蒲草裹着車輪，以防賢才受顛簸。

[6]羈九有之奇駿：駕冠九州之内的駿馬。九有，九州。

[7]豐沛之英：劉邦是沛縣豐邑人，曾做沛縣泗水亭亭長，故稱。

[8]南陽之豪：指劉秀。劉秀是南陽人，故稱。

[9]昆吾：用昆吾山的銅鑄造的刀劍。《山海經·中山經》：“又西二百里曰昆吾之山，其上多赤銅。”郭璞注：“此山出名銅，色赤如火，以之作刃，切玉如割泥也。”

[10]驌驦：良馬名。《後漢書》卷六〇《馬融傳》："登於疏鏤之金路，六驌驦之玄龍。"李賢注："驌驦，馬名。《左傳》云，唐成公有兩驌驦馬。"　軒髦：揚起鬃毛。

[11]杞梓：杞和梓。比喻良才。

[12]蘭荑：蘭草的新葉。

[13]援類繁乎拔茅：提拔自己的同類比拔茅草還多。

"且夫窟泉之潛不思雲罩，[1]熙冰之采不羨旭晞，[2]混光耀於埃藹者，亦曷顧滄浪之深，秋陽之映乎！登降紛於九五，淪涌懸乎龍津。蚓蛾以不才陸槁，[3]蟒蛇以騰鶩暴鱗。連城之寶藏於褐裏，三秀雖艷，[4]糜于麗采。香惡乎芬？賈惡乎在？是以不塵不冥，不驪不騂，支離其神，蕭悴其形。形廢則神王，迹粗而名生。體全者爲犧，至獨者不孤，傲俗者不得以自得，默覺者不足以涉無。故不恢心而形遺，[5]不外累而智喪，無巖穴而冥寂，無江湖而放浪。玄悟不以應機，洞鑒不以昭曠。不物物我我，[6]不是是非非。[7]忘意非我意，意得非我懷。寄群籟乎無象，域萬殊於一歸。不壽殤子，[8]不夭彭涓，[9]不壯秋豪，不小太山。蚊淚與天地齊流，[10]蜉蝣與大椿齒年。[11]然一闔一開，兩儀之迹，一冲一溢，[12]懸象之節，[13]涣沍期於寒暑，[14]凋蔚要乎春秋，青陽之翠秀，龍豹之委穎，駿狼之長暉，玄陸之短景。故皋壤爲悲欣之府，[15]胡蝶爲物化之器矣。[16]

[1]窟泉之潛不思雲翬：潛在地下的泉水中不想在雲端疾飛。

[2]熙冰之采不羨旭晞：晶瑩的冰采不羨慕旭日的晨輝。

[3]蚓蛾以不才陸槁：蟲蛾因無才而枯槁。

[4]三秀：靈芝的别名。

[5]不恢心而形遺：不因心灰意冷而放棄形體。

[6]物物我我：把物看作物，把我看作我。

[7]是是非非：肯定對的，否定錯的。

[8]不壽殤子：不以夭折爲壽。

[9]不夭彭涓：不以彭祖和涓子爲短命。

[10]蚊淚：蚊蟲之淚。

[11]蜉蝣：虫名。幼虫生活在水中，成虫褐緑色，有四翅，生存期極短。　大椿：古寓言中的木名，以一万六千歲爲一年。　齒年：比年齡。

[12]一冲一溢：一虚一實。

[13]懸象：天象。

[14]涣沍：融化和凍結。

[15]皋壤：沼澤和陸地。

[16]物化：殿本乙作“化物”。

“夫欣黎黄之音者，[1]不顰蟪蛄之吟；[2]豁雲臺之觀者，[3]必閟帶索之歡。[4]縱蹈而咏采薺，[5]擁璧而嘆抱關。[6]戰機心以外物，不能得意於一弦。悟往復於嗟嘆，安可與言樂天者乎！若乃莊周偃蹇於漆園，[7]老萊婆娑於林窟，[8]嚴平澄漠於塵肆，[9]梅真隱淪乎市卒，[10]梁生吟嘯而矯迹，[11]焦先混沌而槁杌，[12]阮公昏酣而賣傲，[13]翟叟遁形以倏忽。[14]吾不能幾韵於數賢，[15]故寂然玩此員策與智骨。”

［1］黎黄：即黄鸝鳥，亦作鵹黄、倉庚。

［2］螗蛄：蟬的一種。體短，吻長，黄緑色，有黑色條紋，翅膀有黑斑，雄的腹部有發音器，夏末自早至暮鳴聲不息。

［3］雲臺：高聳入雲的臺閣。

［4］帶索之歡：貧寒清苦却很歡樂。《列子·天瑞》："孔子游於太山，見榮啓期行乎郕之野，鹿裘帶索，鼓琴而歌。"

［5］采薺：古樂曲名。一説，逸詩名。《周禮·春官·樂師》："行以《肆夏》，趨以《采薺》。"鄭玄注引鄭司農曰："《肆夏》《采薺》皆樂名。或曰：皆逸詩。"

［6］抱關：監門。借指小吏的職務。亦借指職位卑微。

［7］偃蹇：安卧。　漆園：古地名。戰國時莊周爲吏之處。其地一説在今河南省商丘市北；一説在今山東省菏澤市北；一説在今安徽省定遠縣東。

［8］老萊：老萊子，春秋時楚國人，與孔子同時。相傳居住蒙山之陽，自耕而食，有孝行。　婆娑：逍遥；闲散自得。《文選·班彪〈北征賦〉》："登障隧而遥望兮，聊須臾以婆娑。"李善注："婆娑，容與之貌也。"

［9］嚴平：即嚴君平，爲人修身自保，非其服弗服，非其食弗食。成帝時，君平卜筮於成都市，裁日閲數人，得百錢足自養，則閉肆下簾而授《老子》。　澄漠：隱藏。

［10］梅真：即梅福，西漢九江壽春（今安徽省壽縣西南）人，字子真。少時入長安求學。曾任郡文學，補南昌尉。及王莽當政，乃棄家隱居。其後有人見其變易姓名爲吴市門卒。

［11］梁生：梁鴻，東漢扶風平陵（今陝西省咸陽市西北）人，字伯鸞。家貧好學。娶同縣女孟光爲妻。東出關，過京師，作《五噫之歌》曰："陟彼北芒兮，噫！顧覽帝京兮，噫！宫室崔嵬兮，噫！人之劬勞兮，噫！遼遼未央兮，噫！"肅宗聞而非之，求鴻不得。乃易姓運期，名燿，字侯光，與妻子居齊魯之間。有頃又去，適吴。

[12]焦先：東漢末河東（今山西省夏縣西北）人，字孝然。中平末避地揚州，建安初西還關中隱居大陽（今山西省平陸縣西南）。自作蝸牛廬，飢則出爲客作，飽食而已，不取其值。冬夏恒不著衣，卧不設席，以身親土。呻吟獨語，少與人言，以隱士異節聞世。時人稱之“狂癡”。先，殿本作“光”。　槁杌：愚拙，愚癡。

[13]阮公：即阮籍，字嗣宗，本書卷四九有傳。

[14]翟叟遁形以倏忽：翟叟，翟文耀，東漢末平原（今山東省平原縣西南）人，與管輅同鄉，有隱形之術。

[15]幾韵於數賢：達到與那些賢人的氣韵相合。

永昌元年，皇孫生，璞上疏曰：

有道之君，未嘗不以危自持，亂世之主，未嘗不以安自居。故存而不忘亡者，三代之所以興也；亡而自以爲存者，三季之所以廢也。是以古之令主開納忠讜，以弼其違；標顯切直，[1]用攻其失。至乃聞一善則拜，見規誡則懼。何者？蓋不私其身，處天下以至公也。臣竊惟陛下符運至著，勛業至大，而中興之祚不隆、聖敬之風未躋者，殆由法令太明，刑教太峻。故水至清則無魚，政至察則衆乖，此自然之勢也。

[1]標顯切直：標，宋本作“摽”。

臣去春啓事，以囹圄充斥，陰陽不和，推之卦理，宜因郊祀作赦，以蕩滌瑕穢。不然，將來必有愆陽苦雨之灾，崩震薄蝕之變，狂狡蠢戾之妖。其後月餘，日果薄鬥。去秋以來，諸郡並有暴雨，水皆洪潦，歲用無年。適聞吴興復欲有構妄者，咎徵漸成，臣甚惡之。頃者以來，役賦轉重，獄犴日結，[1]百姓困擾，甘亂者多，小人愚嶮，共相扇動。[2]雖勢無所至，然不可不虞。案《洪範傳》，君道虧則日蝕，人憤怨則水涌溢，陰氣積則下代上。此微理潛應已著實於事者也。假令臣遂不幸謬中，必貽陛下側席之憂。

[1]獄犴日結：牢獄之事天天都有。
[2]扇動：動，殿本作“惑”。

今皇孫載育，天固靈基，黔首顒顒，實望惠潤。又歲涉午位，[1]金家所忌。宜於此時崇恩布澤，則火氣潛消，灾譴不生矣。陛下上承天意，下順物情，可因皇孫之慶大赦天下。然後明罰敕法，以肅理官，克厭天心，慰塞人事，兆庶幸甚，禎祥必臻矣。

[1]歲涉午位：歲星在正南。古人以十二支配方位，午爲正南，因以爲南方的代稱。

臣今所陳，暫而省之，或未允聖旨；久而尋之，終亮臣誠。若所啓上合，願陛下勿以臣身廢臣之言。臣言無隱，而陛下納之，適所以顯君明臣直之義耳。

疏奏，納焉，即大赦改年。[1]

[1]大赦：大，宋本作“太”。

時暨陽人任谷因耕息於樹下，[1]忽有一人著羽衣就淫之，既而不知所在，谷遂有娠。積月將産，羽衣人復來，以刀穿其陰下，出一蛇子便去。谷遂成宦者。後詣闕上書，自云有道術。帝留谷于宫中。璞復上疏曰：“任谷所爲妖異，無有因由。陛下玄鑒廣覽，欲知其情狀，引之禁内，供給安處。臣聞爲國以禮正，不聞以奇邪。所聽惟人，故神降之吉。陛下簡默居任，[2]動遵典刑。案《周禮》，奇服怪人不入宫，况谷妖詭怪人之甚者，而登講肆之堂，[3]密邇殿省之側，塵點日月，穢亂天聽，臣之私情竊所以不取也。陛下若以谷信爲神靈所憑者，則應敬而遠之。夫神，聰明正直，接以人事。若以谷爲妖蠱詐妄者，則當投畀裔土，不宜令褻近紫闈。[4]若以谷或是神祇告譴、爲國作眚者，則當克己修禮以弭其妖，不宜令谷安然自容，肆其邪變也。臣愚以爲陰陽陶烝，[5]變化萬端，亦是狐貍魍魎憑假作慝。願陛下采臣愚懷，特遣谷出。臣以人乏，忝荷史任，敢忘直筆，惟義是規。”其後元帝崩，谷因亡走。

[1]暨陽：縣名，治所在今江蘇省江陰市東南長壽鎮南。
[2]簡默居任：任，殿本作“正”。
[3]講肆：講習。肆，殿本作“肄”。
[4]紫闈：指皇宫。

[5]陶烝：烝，殿本作“蒸”。

璞以母憂去職，[1]卜葬地於暨陽，去水百步許。[2]人以近水爲言，璞曰：“當即爲陸矣。”其後沙漲，去墓數十里皆爲桑田。未期，王敦起璞爲記室參軍。[3]是時潁川陳述爲大將軍掾，[4]其美名，[5]爲敦所重，未幾而没。璞哭之哀甚，呼曰：“嗣祖，嗣祖，焉知非福！”未幾而敦作難。時明帝即位逾年，未改號，而熒惑守房。[6]璞時休歸，帝乃遣使賫手詔問璞。會暨陽縣復上言曰赤烏見。璞乃上疏請改年肆赦，文多不載。璞嘗爲人葬，帝微服往觀之，因問主人何以葬龍角，此法當滅族。主人曰：“郭璞云此葬龍耳，不出三年當致天子也。”帝曰：“出天子邪？”答曰：“能致天子問耳。”帝甚異之。璞素與桓彝友善，[7]彝每造之，或值璞在婦間，便入。璞曰：“卿來，他處自可徑前，但不可厠上相尋耳。必客主有殃。”彝後因醉詣璞，正逢在厠，掩而觀之，見璞裸身被髮，銜刀設醊。[8]璞見彝，撫心大驚曰：“吾每屬卿勿來，反更如是！非但禍吾，卿亦不免矣。天實爲之，將以誰咎！”璞終嬰王敦之禍，彝亦死蘇峻之難。[9]

[1]母憂：母親去世。

[2]百步許：原本、宋本作“百許步”，殿本作“百步許”，據殿本改。

[3]王敦：字處仲，本書卷九八有傳。　記室參軍：官名，又稱記室參軍事。西晋始置，爲記室曹長官，掌文書表奏。

[4]潁川：郡名，治所在許昌縣（今河南省許昌市東）。潁，

原本、宋本作“穎”，殿本作“潁”，據殿本改。　大將軍掾：將軍府屬官。

［5］其美名：其，殿本作“有”。

［6］熒惑守房：火星進入房宿。熒惑，火星。房，房宿，二十八星宿之一。

［7］桓彝：字茂倫，本書卷七四有傳。

［8］銜刀設醊：祭祀儀式，口銜刀，手托酒杯，以酒酹地。

［9］蘇峻：字子高，本書卷一〇〇有傳。

王敦之謀逆也，温嶠、庾亮使璞筮之，璞對不決。嶠、亮復令占己之吉凶，璞曰：“大吉。”嶠等退，相謂曰：“璞對不了，是不敢有言，或天奪敦魄。今吾等與國家共舉大事，而璞云大吉，是爲舉事必有成也。”於是勸帝討敦。初，璞每言“殺我者山宗”，至是果有姓崇者構璞於敦。敦將舉兵，又使璞筮。璞曰：“無成。”敦固疑璞之勸嶠、亮，又聞卦凶，乃問璞曰：“卿更筮吾壽幾何？”答曰：“思向卦，明公起事，必禍不久。若住武昌，[1]壽不可測。”敦大怒曰：“卿壽幾何？”曰：“命盡今日日中。”敦怒，收璞，詣南岡斬之。璞臨出，謂行刑者欲何之。曰：“南岡頭。”璞曰：“必在雙柏樹下。”既至，果然。復云：“此樹應有大鵲巢。”衆索之不得。璞更令尋覓，果於枝間得一大鵲巢，密葉蔽之。初，璞中興初行經越城，[2]間遇一人，呼問姓名，因以袴褶遺之。[3]其人辭不受，璞曰：“但取，後自當知。”其人遂受而去。至是，果此人行刑。時年四十九。及王敦平，追贈弘農太守。[4]

[1]若住武昌：住，殿本作“往”。

[2]越城：位於今江蘇省南京市城區南部。

[3]袴褶：服裝名。以褶爲上衣，褲爲下衣，故稱。名起於漢末，始爲騎服。盛行於南北朝，亦作常服和朝服。

[4]弘農：郡名，治所在弘農縣（今河南省靈寶市）。

初，庾翼幼時嘗令璞筮公家及身，[1]卦成，曰：“建元之末丘山傾，長順之初子凋零。”及康帝即位，將改元爲建元，或謂庾冰曰：[2]“子忘郭生之言邪？丘山上名，此號不宜用。”冰撫心嘆恨。及帝崩，何充改元爲永和，[3]庾翼嘆曰：“天道精微，乃當如是。長順者，永和也，吾庸得免乎！”其年翼卒。冰又令筮其後嗣，卦成，曰：“卿諸子並當貴盛，然有白龍者，凶徵至矣。若墓碑生金，庾氏之大忌也。”後冰子蘊爲廣州刺史，妾房内忽有一新生白狗子，莫知所由來，其妾秘愛之，不令蘊知。狗轉長大，蘊入，見狗眉眼分明，又身至長而弱，異於常狗，蘊甚怪之。將出，共視在衆人前，忽失所在。蘊慨然曰：“殆白龍乎！庾氏禍至矣。”又墓碑生金。俄而爲桓温所滅，[4]終如其言。璞之占驗，皆如此類也。

[1]庾翼：字稚恭，本書卷七三有傳。

[2]庾冰：字季堅，本書卷七三有傳。

[3]何充：字次道，本書卷七七有傳。

[4]桓温：字元子，本書卷九八有傳。

璞撰前後筮驗六十餘事，名爲《洞林》。又抄京、費諸家要最，[1]更撰《新林》十篇、《卜韵》一篇。注釋《爾雅》，别爲《音義》《圖譜》。又注《三蒼》《方言》《穆天子傳》《山海經》及《楚辭》《子虚》《上林賦》數十萬言，[2]皆傳於世。所作詩賦誄頌亦數萬言。子驁，官至臨賀太守。[3]

[1]費：費長房，東漢汝南（今河南省平輿縣北）人。曾爲市掾。遇老翁有仙術，乃棄家學仙。

[2]《三蒼》：蒼，殿本作“倉”。

[3]臨賀：縣名，治所在今廣西壯族自治區賀州市八步區。

葛洪

葛洪字稚川，丹楊句容人也。[1]祖系，吴大鴻臚。[2]父悌，吴平後入晋，爲邵陵太守。[3]洪少好學，家貧，躬自伐薪以貿紙墨，[4]夜輒寫書誦習，[5]遂以儒學知名。性寡欲，無所愛玩，不知棋局幾道，摴蒲齒名。[6]爲人木訥，不好榮利，閉門却掃，未嘗交游。於餘杭山見何幼道、郭文舉，[7]目擊而已，各無所言。時或尋書問義，不遠數千里崎嶇冒涉，[8]期於必得，遂究覽典籍，尤好神仙導養之法。從祖玄，[9]吴時學道得仙，號曰葛仙公，以其鍊丹秘術授弟子鄭隱。洪就隱學，悉得其法焉。後師事南海太守上黨鮑玄。[10]玄亦内學，逆占將來，見洪深重之，以女妻洪。洪傳玄業，兼綜練醫術，凡所著撰，皆精覈是非，而才章富贍。

[1]丹楊：郡名，治所在建鄴縣（今江蘇省南京市）。楊，殿

本作“揚”。　句容：縣名，治所在今江蘇省句容市。

[2]大鴻臚：官名，九卿之一，掌賓客迎送接待、贊襄引導朝會百官等。晋三品。

[3]邵陵：郡名，治所在邵陵縣（今湖南省邵陽市）。

[4]紙墨：墨，殿本作“筆”。

[5]誦習：殿本無“習”字。

[6]摴蒱：風靡當時的賭博游戲。蒱，殿本作“蒲”。

[7]餘杭山：位於今江蘇省蘇州市西。　何幼道：何準，字幼道，本書卷九三有傳。　郭文舉：郭文，字文舉，本書卷九四有傳。

[8]千里：千，宋本作“十”。

[9]玄：葛玄，三國吴丹楊句容（今江蘇省句容市）人，字孝先，葛洪之從祖父。家世官宦。曾從左慈學道，於江西閣皂山修道，爲東漢道教丹鼎派最早傳授者。

[10]後師事南海太守上黨鮑玄：中華本校勘記：“《鮑靚傳》云，靚，字太玄，爲南海太守。則此‘玄’字上脱‘太’字，或雙名單稱。”

太安中，石冰作亂，[1]吴興太守顧秘爲義軍都督，[2]與周玘等起兵討之，[3]秘檄洪爲將兵都尉，[4]攻冰别率，破之，遷伏波將軍。[5]冰平，洪不論功賞，徑至洛陽，欲搜求異書以廣其學。

[1]石冰：西晋人，太安二年（303）隨張昌起兵，攻破江州。後被晋將周玘打敗，又被陳敏擊破，乃北投封雲，爲封雲部將張統所殺。

[2]顧秘：東晋人，任員外散騎常侍、吴興内史等職，討伐石冰之亂時任義軍都督。　義軍都督：討伐石冰叛亂軍隊的統帥。

［3］周玘：字宣佩，本書卷五八有傳。

［4］將兵都尉：官名，晋朝置，領兵。多爲戰時臨時設置，故未假以名號。

［5］伏波將軍：官名，屬名號將軍，地位較高。五品。

洪見天下已亂，欲避地南土，乃參廣州刺史嵇含軍事。[1]及含遇害，遂停南土多年，征鎮檄命一無所就。後還鄉里，禮辟皆不赴。元帝爲丞相，辟爲掾。[2]以平賊功，賜爵關内侯。咸和初，司徒導召補州主簿，轉司徒掾，遷諮議參軍。[3]干寶深相親友，[4]薦洪才堪國史，選爲散騎常侍，[5]領大著作，[6]洪固辭不就。以年老，欲鍊丹以祈遐壽，聞交阯出丹，[7]求爲句屚令。[8]帝以洪資高，不許。洪曰："非欲爲榮，以有丹耳。"帝從之。洪遂將子侄俱行。至廣州，刺史鄧嶽留不聽去，洪乃止羅浮山煉丹。[9]嶽表補東官太守，[10]又辭不就。嶽乃以洪兄子望爲記室參軍。在山積年，優游閑養，著述不輟。其自序曰：

洪體乏進趣之才，偶好無爲之業。假令奮翅則能陵厲玄霄，騁足則能追風躡景，猶欲戢勁翮於鷦鷯之群，[11]藏逸迹於跛驢之伍，[12]豈况大塊禀我以尋常之短羽，[13]造化假我以至駑之蹇足？[14]自卜者審，不能者止，豈敢力蒼蠅而慕冲天之舉，[15]策跛鱉而追飛兔之軌；[16]飾嫫母之篤陋，[17]求媒陽之美談；推沙礫之賤質，索千金於和肆哉！[18]夫僬僥之步而企及夸父之踪，[19]近才所以躓礙也；[20]要離之羸而强赴扛鼎之勢，[21]秦人所以斷筋也。是以望絶於榮華之塗，而志安乎窮圮之域；藜藿有八珍之甘，[22]蓬蓽有藻棁之樂也。[23]故權貴之家，雖咫尺弗從也；知道之士，雖艱遠必造也。考覽奇書，既不少矣，率多隱語，難可卒解，自非至精不能尋究，[24]自非篤勤不能悉見也。

[1]廣州：治所在番禺縣（今廣東省廣州市）。　嵇含：字君道，本書卷八九有傳。

[2]掾：此指丞相掾，丞相府屬官。

[3]諮議參軍：官名，兩晋時大將軍府、丞相府、公府、位從公府、州軍府均有置者，掌顧問謀議。

[4]干寶：干，原本、宋本作“于”，殿本作“干”，據殿本改。

[5]散騎常侍：官名，三國魏文帝黄初年間置，侍從皇帝左右，諫諍得失，顧問應對，與侍中等共平尚書奏事。也用作宰相、諸公等加官，入宫議政。三品。

[6]領：以地位較高的官員兼理較低的職務。　大著作：著作郎别稱。六品。

[7]交阯：郡名，治所在龍編縣（今越南社會主義共和國河北省仙游縣東）。

[8]句屚：縣名，治所在今廣西壯族自治區北流縣一帶。屚，原本、宋本、殿本作“漏”，據中華本改。

[9]羅浮山：位於今廣東省博羅縣西北。

[10]東官：郡名，東晋義熙年間置，治所在今廣東省茂名市電白區電城鎮。

[11]戢勁翮：收斂强健的翅膀。

[12]藏逸迹：隱藏駿馬疾飛的快步。

[13]大塊：大自然。

［14］造化：同“大塊”。

［15］豈敢：殿本“豈”上有“又”字。

［16］策跛鱉而追飛兔之軌：駕着瘸腿的鱉追踪飛兔。

［17］嫫母：傳説爲黄帝第四妃，貌甚醜。《荀子·賦》：“閭娵、子奢莫之媒也；嫫母、力父，是之喜也。”楊倞注：“嫫母，醜女，黄帝時人。” 篤陋：中華本校勘記：“魯藩刻本《抱樸子》‘篤陋’作‘陋醜’。”

［18］和肆：出售寶玉的市場。

［19］僬僥：古代傳説中的矮人，因以爲其國名。《列子·湯問》：“帝憑怒，侵減龍伯之國使阨，侵小龍伯之民使短。至伏羲神農時，其國人猶數十丈。從中州以東四十萬里得僬僥國，人長一尺五寸。” 夸父：神話人物。《山海經·海外北經》：“夸父與日逐走，入日。渴欲得飲，飲於河渭，河渭不足，北飲大澤。未至，道渴而死。棄其杖，化爲鄧林。”

［20］躓礙：使人跌絆的障礙。

［21］要離：春秋末吴國刺客。身體羸弱，拔劍則不能舉臂，上車則不能登軾，但勇氣非凡。相傳吴王闔閭派專諸刺殺王僚後，又派要離謀刺出奔在衛的王子慶忌。要離請吴王斷其右手，殺其妻子，詐稱得罪出逃。及至衛國，見慶忌，慶忌喜，與之謀。當同舟渡江時，慶忌被他刺中要害。慶忌釋令歸吴，他行至江陵，也伏劍自殺。

［22］藜藿：藜和藿。亦泛指粗劣的飯菜。

［23］蓬蓽：即蓬門蓽户，用草、樹枝等做成的門户。形容窮苦人家所住的簡陋房屋。 藻棁（zhuō）：藻井和房梁上的短柱。此指華麗的宫室。

［24］自非：如果不是。 尋究：殿本無“尋”字。

道士弘博洽聞者寡，而意斷妄説者衆。至於時有好事者，欲有所修爲，倉卒不知所從，而意之所疑又無足諮。今爲此書，粗舉長生之理。其至妙者不得宣之於翰墨，蓋粗言較略以示一隅，冀悱憤之徒省之可以思過半矣。[1]豈謂暗塞必能窮微暢遠乎，聊論其所先覺者耳。世儒徒知服膺周孔，莫信神仙之書，不但大而笑之，又將謗毀真正。故余所著子言黄白之事，[2]名曰《内篇》，其餘駁難通釋，名曰《外篇》，大凡内外一百一十六篇。雖不足藏諸名山，且欲緘之金匱，以示識者。

自號抱朴子，因以名書。其餘所著碑誄、詩賦百卷，移檄、章表三十卷，神仙、良吏、隱逸、集異等傳各十卷，又抄《五經》、《史》、《漢》、百家之言、方伎雜事三百一十卷，[3]《金匱藥方》一百卷，《肘後要急方》四卷。

[1]悱憤：思慮鬱結，渴求啓发。

[2]余：殿本作“予”。

[3]方伎：伎，殿本作“技”。

洪博聞深洽，江左絶倫。[1]著述篇章富於班馬，[2]又精辯玄賾，[3]析理入微。後忽與嶽疏云：“當遠行尋師，克期便發。”嶽得疏，狼狽往别。而洪坐至日中，兀然若睡而卒，[4]嶽至，遂不及見。時年八十一。視其顔色如生，體亦柔軟，舉尸入棺，甚輕，如空衣，世以爲尸解得仙云。

[1]江左：江東。因自北方視之，江東在左，江西在右，故稱。
[2]班馬：班超和司馬遷。
[3]玄賾：幽微深奥。
[4]兀然：静謐的樣子。

史臣曰：景純篤志綈緗，[1]洽聞强記，在異書而畢綜，瞻往滯而咸釋；情源秀逸，思業高奇；襲文雅於西朝，[2]振辭鋒於南夏，爲中興才學之宗矣。夫語怪徵神，伎成則賤，前修貽訓，鄙乎兹道。景純之探策定數，考往知來，邁京管於前圖，軼梓、竈於遐篆。[3]而官微於世，禮薄於時，區區然寄《客傲》以申懷，斯亦伎成之累也。若乃大塊流形，玄天賦命，吉凶修短，定乎自然。雖稽象或通，而厭勝難恃，[4]禀之有在，必也無差，自可居常待終，頽心委運，何至銜刀被髮，遑遑於幽穢之間哉！晚抗忠言，無救王敦之逆；初慚智免，竟斃"山宗"之謀。仲尼所謂攻乎異端，斯害也已，悲夫！[5]稚川束髮從師，老而忘倦。紬奇册府，[6]總百代之遺篇；[7]紀化仙都，窮九丹之秘術。謝浮榮而捐雜藝，賤尺寶而貴分陰，游德栖真，超然事外。全生之道，其最優乎！

[1]綈緗：絲織品，常用作書籍外套，此指書籍。
[2]西朝：指在長安的愍帝西晋朝廷。
[3]梓：梓慎，春秋時魯國史官。　竈：裨竈，春秋時鄭國史官。　遐篆：卜算未來。
[4]厭勝：古代巫术，通過詛咒方式，壓服人或物，以達取勝目的。

[5]悲夫：夫，宋本作“大”。

[6]紬奇册府：册，原本、宋本作“策”，殿本作“册”，據殿本改。

[7]遺篇：篇，殿本作“編”。

贊曰：景純通秀，夙振宏材。沉研鳥册，[1]洞曉龜枚。[2]匪寧國釁，坐致身灾。[3]稚川優洽，[4]貧而樂道。載範斯文，永傳洪藻。

[1]鳥册：指一般人看不懂的占卜書。

[2]龜枚：指占卜術。

[3]坐致身灾：灾，宋本作“之”。

[4]稚川：稚，宋本作“移”。

晋書　卷七三

列傳第四十三

庾亮 子彬 羲 龢 弟懌 懌子統 懌弟冰 冰子希 冰弟條 條弟翼[1]

庾亮

庾亮，字元規，明穆皇后之兄也。[2]父琛，在《外戚傳》。亮美姿容，善談論，性好《莊》《老》，風格峻整，動由禮節，閨門之内不肅而成，時人或以爲夏侯太初、陳長文之倫也。[3]年十六，東海王越辟爲掾，[4]不就，隨父在會稽，[5]嶷然自守。[6]時人皆憚其方儼，[7]莫敢造之。

[1]原本總目録及卷首目録附傳人名爲：子彬，羲，龢，弟懌，冰，條，翼。據中華本目録和正文調整、增補。

[2]明穆皇后：明帝庾皇后，名文君，本書卷三二有傳。

[3]夏侯太初：夏侯玄，三國時沛國譙縣（今安徽省亳州市）人，字太初，夏侯淵之孫，曹爽之姑子。善談名理，玄學家。　陳長文：陳群，三國時潁川（今河南省許昌市東）人，字長文，陳寔孫。歷任曹魏御史中丞、尚書令、中領軍、中護軍，録尚書事，官

至司空。九品官人法的倡建者。

[4]東海王越：司馬越，字元超，本書卷五九有傳。　掾：司馬越官至司空，此爲司空掾，司空府屬官。

[5]會稽：郡名，治所在山陰縣（今浙江省紹興市）。

[6]嶷然：端莊。

[7]方儼：儼，宋本、殿本作“嚴”。

元帝爲鎮東時，[1]聞其名，辟西曹掾。[2]及引見，風情都雅，過於所望，甚器重之。由是娉亮妹爲皇太子妃，亮固讓，不許。轉丞相參軍。[3]預討華軼功，[4]封都亭侯，轉參丞相軍事，掌書記。中興初，拜中書郎，[5]領著作，[6]侍講東宫。其所論釋，多見稱述。與温嶠俱爲太子布衣之好。[7]時帝方任刑法，以《韓子》賜皇太子，亮諫以申、韓刻薄傷化，[8]不足留聖心，太子甚納焉。累遷給事中、黄門侍郎、散騎常侍。[9]時王敦在蕪湖，[10]帝使亮詣敦籌事。敦與亮談論，不覺改席而前，退而嘆曰：“庾元規賢於裴頠遠矣！”[11]因表爲中領軍。[12]

[1]鎮東：官名，即鎮東將軍。東漢建安年間置，與鎮西、鎮南、鎮北將軍合稱四鎮將軍，多爲持節都督，出鎮方面。曹魏二品。晋三品，加持節都督者二品。

[2]西曹掾：官名，東漢、魏晋諸公、位從公府僚屬，爲西曹長官，掌府吏署用事。

[3]丞相參軍：官名，丞相府的屬官。參軍，亦作參軍事，謂參謀軍事。兩晋公府、軍府皆置。

[4]華軼：字彦夏，本書卷六一有傳。

[5]中書郎：官名，隸屬中書令。掌草擬詔書、外出執行重要使命等。亦作爲中書通事郎、中書侍郎的省稱。五品。

[6]領：以地位較高的官員兼理較低的職務。　著作：官名，即著作郎。三國時爲著作局長官，隸屬中書省。西晋時著作局别自置省，長官仍爲著作郎，改隸屬秘書省。西晋後亦稱大著作郎、大著作、著作，掌國史及起居注的修撰。兩晋南北朝時爲清要之官，多由有名望的文學之士擔任，也用司空、侍中、尚書等官典領。職閑位重，南朝時多爲貴族起家官。六品。

[7]温嶠：字太真，本書卷六七有傳。

[8]申：申不害，戰國時鄭國京（今河南省滎陽市東南）人。早爲賤臣，後爲韓昭侯相。相韓十五年，使韓國實力變强。其思想本於黄老而主刑名，主張法治，尤其重“術”，是先秦法家人物。　韓：韓非，戰國末韓國人，師事荀子，法家人物。得秦王賞識，入秦後又遭李斯陷害，被下獄。因不勝其虐而服藥自殺。

[9]給事中：官名，爲加官，所加爲三公、將軍、中書監令、博士、郎等。常侍從皇帝左右，諫諍糾彈，爲中朝要職。五品。　黄門侍郎：官名，魏晋時爲侍中省或門下省次官。侍從皇帝，顧問應對，多以重臣或外戚子弟擔任，位頗重要。五品。　散騎常侍：官名，三國魏文帝黄初年間置，侍從皇帝左右，諫諍得失，顧問應對，與侍中等共平尚書奏事。也用作宰相、諸公等加官，入宫議政。三品。

[10]王敦：字處仲，本書卷九八有傳。　蕪湖：縣名，治所在今安徽省蕪湖市東。

[11]裴頠：字逸民，本書卷三五有傳。

[12]中領軍：官名，東漢建安中曹操改領軍置。與中護軍皆典禁兵，屬丞相府。三品。

明帝即位，以爲中書監，[1]亮上書讓曰：[2]

臣凡庸固陋，少無殊操，昔以中州多故，舊邦喪亂，隨侍先臣遠庇有道，爰容逃難，求食而已。不悟徼時之福，遭逢嘉運。[3]先帝龍興，垂異常之顧，既眷同國士，又申以婚姻，遂階親寵，累忝非服。弱冠濯纓，[4]沐浴芳風，頻煩省闥，[5]出總六軍，十餘年間，位超先達。無勞受遇，無與臣比。小人禄薄，福過灾生，止足之分，臣所宜守。[6]而偷榮昧進，日爾一日，謗讟既集，上塵聖朝。始欲自聞，而先帝登遐，區區微誠，竟未上達。

[1]中書監：官名，中書省長官之一。三國魏文帝初年分秘書置中書省，長官爲中書監、中書令。掌收納奏章、草擬詔令。平常不分高下，入朝時監略高於令。三品。

[2]上書：書，宋本作“疏”。

[3]遭逢：逢，殿本作“遇”。

[4]弱冠：指男子二十歲時。《禮記·曲禮上》：“二十曰弱，冠。”年少爲弱，待至二十，即爲成年，舉行冠禮。　濯纓：洗濯冠纓。比喻超脱世俗，操守高潔。此處指年少做官。

[5]省闥：宫中，禁中。又稱禁闥。

[6]臣所宜守：所宜，原本、宋本乙作“宜所”，殿本作“所宜”，據殿本改。

陛下踐阼，聖政惟新，宰輔賢明，庶僚咸允，康哉之歌實存于至公。[1]而國恩不已，復以臣領中書。臣領中書，則示天下以私矣。何者？臣於陛下，后之兄也。姻婭之嫌，與骨肉中表不同。[2]雖太上至公，聖德無私，然世之喪道，有自來矣。悠悠六合，[3]皆私其姻，人皆有私，則天下無公矣。是以前後二漢，咸以抑后黨安，進婚族危。向使西京七族、東京六姓皆非姻族，[4]各以平進，縱不悉全，决不盡敗。今之盡敗，更由姻昵。

[1]康哉之歌：頌太平的歌。語出《尚書·益稷》："（皋陶）乃賡載歌曰：'元首明哉，股肱良哉，庶事康哉。'"

[2]中表：指與祖父、父親的姐妹的子女的親戚關係，或與祖母、母親的兄弟姐妹的子女的親戚關係。

[3]六合：天下。

[4]西京七族：西漢時七個以外戚關係把持朝政的家族。　東京六姓：東漢時六個以外戚關係把持朝政的姓族。

臣歷觀庶姓在世，無黨於朝，無援於時，植根之本輕也薄也。[1]苟無大瑕，猶或見容。至於外戚，憑托天地，連勢四時，根援扶疏，重矣大矣。而或居權寵，四海側目，事有不允，罪不容誅。身既招殃，國爲之弊。其故何邪？由姻媾之私群情之所不能免，[2]是以疏附則信，姻進則疑。疑積於百姓之心，則禍成於重闈之内矣。此皆往代成鑒，可爲寒心者也。夫萬物之所不通，聖賢因而不奪。冒親以求一寸之用，未若防嫌以明至公。今以臣之才，[3]兼如此之嫌，而使内處心膂，外總兵權，以此求治，未之聞也；以此招禍，可立待也。雖陛下二相明其愚款，朝士百僚頗識其情，天下之人安可門到户説使皆坦然邪！

[1]輕也薄也：殿本無“薄也”二字。

[2]姻媾：姻，原本、宋本作“因”，殿本作“姻”，據殿本改。

[3]今以臣之才：中華本校勘記：“《册府》三〇五‘才’上有‘不’字，似是。”

夫富貴榮寵，臣所不能忘也；刑罰貧賤，臣所不能甘也。今恭命則愈，違命則苦，臣雖不達，何事背時違上，自貽患責邪？實仰覽殷鑒，量己知弊，身不足惜，爲國取悔，是以悾悾屢陳丹款。而微誠淺薄，未垂察諒，憂惶屏營不知所措。願陛下垂天地之鑒，察臣之愚，則臣雖死之日，猶生之年矣。

疏奏，帝納其言而止。

王敦既有異志，内深忌亮，而外崇重之。亮憂懼，以疾去官。復代王導爲中書監。[1]及敦舉兵，加亮左衛將軍，[2]與諸將距錢鳳。[3]及沈充之走吴興也，[4]又假亮節、都督東征諸軍事，[5]追充。事平，以功封永昌縣開國公，賜絹五千四百匹，固讓不受。轉護軍將軍。[6]

[1]王導：字茂弘，本書卷六五有傳。

[2]左衛將軍：官名，三國魏咸熙二年（265），司馬炎即晋王位，分中衛將軍爲左、右衛將軍。掌佽飛虎賁及前驅、由基、强弩三部司馬，屬下還有虎賁、羽林、上騎、異力、命中共五部督，負責宫禁侍衛。西晋屬中軍將軍，後屬領軍將軍。爲禁衛軍主要統帥之一，權任很重。四品。

[3]錢鳳：字世儀，王敦鎧曹參軍。知王敦有不臣之心，因進

邪説，遂相朋構，專弄威權，言成禍福。

[4]沈充：字士居，本書卷九八有傳。　吴興：郡名，治所在烏程縣（今浙江省湖州市南）。

[5]都督東征諸軍事：東征諸軍的最高統帥。

[6]護軍將軍：官名，東漢建安十二年（207）曹操改丞相府護軍爲中護軍，資重者可遷護軍將軍，典武官選舉，與中領軍同掌禁軍。曹魏時四品，西晋時三品。

及帝疾篤，不欲見人，群臣無得進者。撫軍將軍、南頓王宗，[1]右衛將軍虞胤等，[2]素被親愛，與西陽王羕將有異謀。[3]亮直入卧内見帝，流涕不自勝，既而正色陳羕與宗等謀廢大臣，規共輔政，社稷安否，將在今日，辭旨切至。帝深感悟，引亮升御座，遂與司徒王導受遺詔輔幼主。加亮給事中，徙中書令。[4]太后臨朝，政事一决於亮。

[1]撫軍將軍：官名，三國蜀漢、孫吴皆置，爲加官，以示權重。晋沿置，與中軍將軍、鎮軍將軍並爲三名號將軍。三品。　南頓王宗：司馬宗，字延祚，本書卷五九有傳。

[2]右衛將軍：官名，三國魏咸熙二年（265），司馬炎即晋王位，分中衛將軍爲左、右衛將軍。掌佽飛虎賁及前驅、由基、强弩三部司馬，屬下還有虎賁、羽林、上騎、異力、命中共五部督，負責宫禁侍衛。西晋屬中軍將軍，後屬領軍將軍。爲禁衛軍主要統帥之一，權任很重。四品。

[3]西陽王羕：司馬羕，字延年，本書卷五九有傳。

[4]中書令：官名，掌收納尚書奏事、傳達皇帝詔旨。三國魏文帝初年分秘書置中書省，設中書監和中書令，職權甚重。三品。

先是，王導輔政，以寬和得衆，亮任法裁物，頗以此失人心。又先帝遺詔褒進大臣，而陶侃、祖約不在其例，[1]侃、約疑亮删除遺詔，並流怨言。亮懼亂，於是出温嶠爲江州以廣聲援，[2]修石頭以備之。[3]會南頓王宗復謀廢執政，[4]亮殺宗而廢宗兄羕。宗，帝室近屬，羕，國族元老，又先帝保傅，天下咸以亮翦削宗室。

［1］陶侃：字士行，本書卷六六有傳。　祖約：字士少，本書卷一〇〇有傳。　不在其例：中華本校勘記："《通志》一二七及《册府》三三八'例'作'列'。"

［2］江州：治所在南昌縣（今江西省南昌市）。

［3］石頭：石頭城，故址在今江蘇省南京市清涼山。

［4］執政：掌握國家大權的人，此指庾亮。

琅邪人卞咸，[1]宗之黨也，與宗俱誅。咸兄闡亡奔蘇峻，[2]亮符峻送闡，而峻保匿之。峻又多納亡命，專用威刑，亮知峻必爲禍亂，徵爲大司農。[3]舉朝謂之不可，平南將軍温嶠亦累書止之，[4]皆不納。峻遂與祖約俱舉兵反。温嶠聞峻不受詔，便欲下衛京都，三吴又欲起義兵，[5]亮並不聽，而報嶠書曰："吾憂西陲過於歷陽，[6]足下無過雷池一步也。"[7]既而峻將韓晃寇宣城，[8]亮遣距之，不能制，峻乘勝至于京都。詔假亮節、都督征討諸軍事，[9]戰于建陽門外。[10]軍未及陣，士衆棄甲而走。亮乘小船西奔，亂兵相剥掠，亮左右射賊，誤中柂工，應弦而倒，船上咸失色欲散。亮不動容，徐曰："此手何可使著賊！"衆心乃安。

[1]琅邪：封國名，治所在今山東省臨沂市。

[2]蘇峻：字子高，本書卷一〇〇有傳。

[3]大司農：官名，掌管全國財政和各地的屯田。三品。

[4]平南將軍：官名，與平東、平西、平北將軍合稱四平將軍。多持節都督或監某一地區的軍事，有時作爲刺史等地方官員監理軍務的加官。三品，加持節都督者二品。

[5]三吴：地區名。一説指吴、吴興、會稽三郡；一説指吴、吴興、丹楊三郡；一説指吴、吴興、義興三郡。

[6]歷陽：縣名，治所在今安徽省和縣。

[7]雷池：水名。其源叫大雷水。自今湖北省黄梅縣界東流，經今安徽省宿松縣至望江縣東南，積而成池，稱爲“雷池”。

[8]宣城：郡名，治所在宛陵縣（今安徽省宣城市）。

[9]都督征討諸軍事：征討軍隊的最高統帥。

[10]建陽門：建康宫城東門。《景定建康志》卷二十《城闕志·今城郭》載，宫城正東曰建春門，後改爲建陽門。中華本校勘記：“《斠注》：《成帝紀》云亮敗於宣陽門，此‘建’字爲‘宣’之訛。”

亮携其三弟懌、條、翼南奔温嶠，嶠素欽重亮，雖在奔敗，猶欲推爲都統。亮固辭，乃與嶠推陶侃爲盟主。侃至尋陽，[1]既有憾於亮，議者咸謂侃欲誅執政以謝天下。亮甚懼，及見侃，引咎自責，風止可觀。侃不覺釋然，乃謂亮曰：“君侯修石頭以擬老子，[2]今日反見求邪！”[3]便談宴終日。亮啖薤，因留白。侃問曰：“安用此爲？”亮云：“故可以種。”侃於是尤相稱嘆云：“非唯風流，兼有爲政之實。”

[1]尋陽：縣名，治所在今湖北省黄梅縣西南。

[2]擬：針對。

[3]邪：殿本作“耶”。

既至石頭，亮遣督護王彰討峻黨張曜，[1]反爲所敗。亮送節傳以謝侃，侃答曰：“古人三敗，君侯始二。當今事急，不宜數耳。”[2]又曰：“朝政多門，用生國禍。喪敗之來，豈獨由峻也！”亮時以二千人守白石壘，[3]峻步兵萬餘，四面來攻，衆皆震懼。亮激厲將士，並殊死戰，峻軍乃退，[4]追斬數百級。

[1]督護：官名，州郡及出鎮方面將軍府皆設，掌兵事。兩晋時常統軍征伐，祇督一軍。

[2]不宜數耳：耳，殿本作“爾”。

[3]白石壘：即白下城，位於今江蘇省南京市西北金川門外幕府山南麓。《景定建康志》卷二〇《城闕志·古城郭》：“白下城，案《圖經》及《寰宇記》引《輿地志》云：本江乘之白石壘也。”

[4]乃退：退，殿本作“走”。

峻平，帝幸温嶠舟，亮得進見，稽顙鯁噎，詔群臣與亮俱升御坐。亮明日又泥首謝罪，乞骸骨，欲闔門投竄山海。帝遣尚書、侍中手詔慰喻：[1]“此社稷之難，非舅之責也。”亮上疏曰：

臣凡鄙小人，才不經世，階緣戚屬，累忝非服，叨竊彌重，[2]謗議彌興。皇家多難，未敢告退，遂隨牒展轉，便煩顯任。先帝不豫，[3]臣參侍醫藥，登遐顧命，又豫聞後事，豈云德授，蓋以親也。臣知其不可，而不敢逃命，實以田夫之交猶有寄託，况君臣之道，義貫自然，[4]哀悲眷戀，不敢違距。且先帝謬顧，情同布衣，既今恩重命輕，遂感遇忘身。加以陛下初在諒闇，[5]先后親覽萬機，[6]宣通外內，臣當其地，是以激節驅馳，不敢依違。雖知無補，志以死報。而才下位高，知進忘退，乘寵驕盈，漸不自覺。進不能撫寧外内，退不能推賢宗長，遂使四海側心，謗議沸騰。

[1]尚書：官名，東漢尚書臺六曹各置尚書，魏晋出爲朝官，分掌尚書省諸曹，品秩提高。三品。　侍中：官名，東漢建安中與給事黄門侍郎出入禁中，省尚書事。曹魏時爲門下之侍中省長官，常侍衛皇帝左右，掌顧問應對、諫諍糾察、平議奏事、駁奏異議等，權力甚重。三品。

[2]叨竊：竊，宋本作“切”。

[3]不豫：帝王有病的諱稱。

[4]君臣之道，義貫自然：道義，殿本乙作“義道”。

[5]諒闇：皇帝居喪。

[6]萬機：機，殿本作“幾”。

祖約、蘇峻不堪其憤，縱肆凶逆，事由臣發。社稷傾覆，宗廟虚廢，先后以憂逼登遐，陛下旰食逾年，[1]四海哀惶，肝腦塗地，臣之招也，臣之罪也。朝廷寸斬之，屠戮之，不足以謝祖宗七廟之靈；[2]臣灰身滅族，不足以塞四海之責。臣負國家，其罪莫大，實天所不覆，地所不載。陛下矜而不誅，有司縱而不戮。自古及今，豈有不忠不孝如臣之甚！不能伏劍北闕，偷存視息，雖生之日，亦猶死之年，朝廷復何理齒臣於人次，臣亦何顏自次於人理！

[1]旰食：忘食，不按時吃飯。

[2]七廟：古代禮制，天子七廟。魏晋南北朝以前，無嚴格意義的皇家七廟制度。三國以後鄭玄、王肅又對七廟制度有各自的解釋。鄭玄認爲七廟包括始祖、二祧、兩昭、兩穆。王肅認爲是太祖、二祧、兩昭、兩穆。實踐中按照王肅的主張踐行者居多。

臣欲自投草澤，思愆之心也，而明詔謂之獨善其身。聖旨不垂矜察，所以重其罪也。願陛下覽先朝謬授之失，雖垂寬宥，全其首領，猶宜棄之，任其自存自没，則天下粗知勸戒之綱矣。

疏奏，詔曰：

省告懇惻，執以感嘆，誠是仁舅處物宗之責，[1]理亦盡矣。若大義既不開塞，舅所執理勝，何必區區其相易奪！

[1]處物宗之責：衆望所歸之人的責任。物宗，衆望所歸之人。

賊峻奸逆，書契所未有也。是天地所不容，人神所不宥。今年不反，明年當反，愚智所見也。舅與諸公勃然而召，正是不忍見無禮於君者也。論情與義，何得謂之不忠乎！若以己總率征討，事至敗喪，有司宜明直繩，以肅國體，誠則然矣。且舅遂上告方伯，席卷來下，舅躬貫甲胄，賊峻梟懸。大事既平，天下開泰，衍得反正，社稷乂安，宗廟有奉，豈非舅二三方伯忘身陳力之勛邪！方當策勛行賞，豈復議既往之咎乎！[1]

[1]既往之咎：宋本無“既”字。

且天下大弊，死者萬計，而與桀寇對岸。舅且當上奉先帝顧託之旨，弘濟艱難，使衍冲人永有憑賴，則天下幸甚。

亮欲遁逃山海，自暨陽東出。[1]詔有司録奪舟船。亮乃求外鎮自效，出爲持節、都督豫州揚州之江西宣城諸軍事、平西將軍、假節、豫州刺史，[2]領宣城内史。[3]亮遂受命，鎮蕪湖。

[1]暨陽：縣名，治所在今江蘇省江陰市東南長壽鎮南。

[2]持節：官員外出持有皇帝授予的節杖，代表高等權威，常用於軍事長官出征。　都督豫州揚州之江西宣城諸軍事：豫州以及揚州江西之宣城郡等地區最高軍事行政長官。　平西將軍：官名，與平北、平南、平東將軍合稱四平將軍，權任很重，多持節都督或監某一地區的軍事，有時亦作爲刺史等地方官員兼理軍務的加官。三品，加持節都督者二品。　假節：假以節杖。指大臣臨時持節出巡，爲權臣掌軍、秉政的地位象徵和政治待遇。　豫州：曹魏時治所在安城縣（今河南省正陽縣東北），西晋移治陳縣（今河南省周口市淮陽區）。

[3]内史：官名，西晋武帝太康十年（289）改諸王國相爲内史，掌管民政。五品。周家禄《晋書校勘記》認爲：“晋制，以郡

爲國，内史治民事，若郡太守。國除爲郡，復稱太守。然二名往往混淆，史家亦互稱之。”

頃之，後將軍郭默據湓口以叛，[1]亮表求親征，於是以本官加征討都督，[2]率將軍路永、毛寶、趙胤、匡術、劉仕等步騎二萬，[3]會太尉陶侃俱討破之。亮還蕪湖，不受爵賞。侃移書曰："夫賞罰黜陟，[4]國之大信，竊怪矯然獨爲君子。"[5]亮曰："元帥指撝，武臣效命，亮何功之有！"遂苦辭不受。進號鎮西將軍，[6]又固讓。初，以誅王敦功，封永昌縣公。亮比陳讓，疏數十上，至是許之。陶侃薨，遷亮都督江荆豫益梁雍六州諸軍事，[7]領江荆豫三州刺史，[8]進號征西將軍、開府儀同三司、假節。[9]亮固讓開府，乃遷鎮武昌。[10]

[1]後將軍：官名，漢代爲重號將軍，與前、左、右將軍並爲上卿。魏晋以後權位漸低，僅爲將軍名號，略高於一般雜號將軍。三品。　郭默：本書卷六三有傳。　湓口：一名湓浦口，位於今江西省九江市西北，即湓浦水入長江之口。

[2]征討都督：征討部隊的統帥。

[3]路永：東晋人，蘇峻心腹，後叛蘇峻歸順朝廷，歷任龍驤將軍、豫州刺史等職。後投後趙石虎。　毛寶：字碩真，本書卷八一有傳。　趙胤：東晋時歷任建威將軍、右衛將軍、冠軍將軍、歷陽太守、護軍將軍等職。　匡術：東晋人，蘇峻心腹，後叛蘇峻歸順朝廷。

[4]黜陟：人才的進退，官吏的升降。黜，貶降、罷退。陟，提拔、升遷。

[5]竊怪：竊，宋本作"切"。

[6]鎮西將軍：官名，與鎮東、鎮南、鎮北將軍合稱四鎮將軍。多爲持節都督，出鎮方面。曹魏二品。晋改三品，加持節都督者二品。

[7]都督江荆豫益梁雍六州諸軍事：上述六州最高軍事行政長官。

[8]荆：荆州，三國時曹魏治所在新野縣（今河南省新野縣），孫吴治所在江陵縣（今湖北省江陵縣），西晋統一後治所在江陵縣（今湖北省江陵縣）。

[9]征西將軍：官名，東漢永元年間置，地位與雜號將軍、偏將軍、裨將軍等同。建安年間與征東、征南、征北將軍合稱四征將軍，地位提高。三品，加持節都督者二品。　開府儀同三司：官名，三國魏始置。爲大臣加號，意謂與太尉、司徒、司空三司待遇相同，許開設府署，任命僚屬。

[10]武昌：郡名，治所在武昌縣（今湖北省鄂州市鄂城區）。

時王導輔政，主幼時艱，務存大綱，不拘細目，委任趙胤、賈寧等諸將，並不奉法，大臣患之。陶侃嘗欲起兵廢導，而郗鑒不從，[1]乃止。至是，亮又欲率衆黜導，又以諮鑒，而鑒又不許。亮與鑒箋曰：

昔於蕪湖反覆謂彼罪雖重，而時弊國危，且令方岳道勝，亦足有所鎮壓，故共隱忍，解釋陶公。自兹迄今，曾無悛改。

[1]郗鑒：字道徽，本書卷六七有傳。郗，原本、宋本、殿本作“郄”，據其本傳及中華本改。本卷下文此人名同。

主上自八九歲以及成人，入則在宫人之手，出則唯武官小人，讀書無從受音句，顧問未嘗遇君子。侍臣雖非俊士，皆時之良也，知今古顧問，[1]豈與殿中將軍、司馬督同年而語哉！[2]不云當高選侍臣，而云高選將軍、司馬督，豈合賈生願人主之美、習以成德之意乎！[3]秦政欲愚其黔首，天下猶知不可，況乃欲愚其主哉！主之少也，不登進賢哲以輔導聖躬。春秋既盛，宜復子明辟。[4]不稽首歸政，甫居師傅之尊；成人之主，方受師臣之悖。主上知君臣之道不可以然，而不得不行殊禮之事。萬乘之君，寄坐上九，亢龍之爻，[5]有位無人。挾震主之威以臨制百官，百官莫之敢忤。是先帝無顧命之臣，[6]勢屈於驕奸而遵養之也。趙賈之徒有無君之心，是而可忍，孰不可忍！

[1]今古：殿本乙作“古今”。

[2]殿中將軍：官名，三國魏置，掌典禁兵督守殿廷。西晋分隸屬左、右衛將軍，朝會宴饗及皇帝出入護衛左右。六品。　司馬督：官名，殿中司馬督簡稱。西晋置，統禁軍，負責宫殿内的宿衛。分隸於左、右衛將軍。六品。

[3]賈生：西漢洛陽（今河南省洛陽市）人。文帝時爲博士，後遷至太中大夫。建議改正朔、定官名、興禮樂、削藩王。因大臣周勃、灌嬰等譖毁，被貶爲長沙王太傅。　習以成德之意乎：習，殿本作“翼”。

[4]復子明辟：歸老讓位。《尚書·洛誥》：“周公拜手稽首曰：‘朕復子明辟。’”孔安國傳：“言我復還明君之政於子，子成王，年二十成人，故必歸政而退老。”

[5]亢龍之爻：《易·乾》：“上九，亢龍有悔。”孔穎達疏：“上

九，亢陽之至，大而極盛，故曰亢龍，此自然之象。以人事言之，似聖人有龍德，上居天位，久而亢極，物極則反，故有悔也。”

［6］顧命之臣：接受皇帝臨終遺命的大臣。

且往日之事，含容隱忍，謂其罪可宥，良以時弊國危，兵甲不可屢動，又冀其當謝往釁，懼而修己。如頃日之縱，是上無所忌，下無所憚，謂多養無賴足以維持天下。公與下官並蒙先朝厚顧，荷託付之重，大奸不掃，何以見先帝於地下！願公深惟安國家、固社稷之遠算，次計公之與下官負荷輕重，量其所宜。

鑒又不許，故其事得息。

時石勒新死，[1]亮有開復中原之謀，乃解豫州授輔國將軍毛寶，[2]使與西陽太守樊峻精兵一萬，[3]俱戍邾城。[4]又以陶稱爲南中郎將、江夏相，[5]率部曲五千人入沔中。[6]亮弟翼爲南蠻校尉、南郡太守，[7]鎮江陵。以武昌太守陳囂爲輔國將軍、梁州刺史，[8]趣子午。[9]又遣偏軍伐蜀，至江陽，[10]執僞荆州刺史李閎、巴郡太守黄植，[11]送于京都。亮當率大衆十萬，據石城，[12]爲諸軍聲援，乃上疏曰："蜀胡二寇凶虐滋甚，内相誅鋤，衆叛親離。蜀甚弱而胡尚强，並佃並守，修進取之備。襄陽北接宛許，[13]南阻漢水，其險足固，其土足食。臣宜移鎮襄陽之石城下，并遣諸軍羅布江沔。比及數年，戎士習練，乘釁齊進，以臨河洛。大勢一舉，衆知存亡，開反善之路，[14]宥逼脅之罪，因天時，順人情，誅逋逆，雪大耻，實聖朝之所先務也。願陛下許其所陳，濟其此舉。淮泗、壽陽所宜進據，[15]臣輒簡練部分。乞槐棘參議，[16]以定經略。”帝下其議。時王導與亮意同，郗鑒議以資用未備，不可大舉。亮又上疏，便欲遷鎮。會寇陷邾城，毛寶赴水而死。亮陳謝，自貶三等，行安西將軍。[17]有詔復位。尋拜司空，[18]餘官如故，固讓不拜。

[1]石勒：字世龍，本書卷一〇四有載記。

[2]輔國將軍：官名，屬將軍名號，三國、兩晋皆置。三品。

[3]西陽：郡名，治所在西陽縣（今湖北省黄岡市東）。　樊峻：中華本校勘記：“《成紀》‘峻’作‘俊’。”

[4]邾城：即繹邑，地名，在今山東省鄒城市東南。

[5]陶稱：陶侃子，本書卷六六有傳。　南中郎將：官名，與東、西、北中郎將並稱四中郎將，統兵征戰，權職甚重。四品。江夏：郡名，三國魏治所在上昶城（今湖北省雲夢縣），西晋移治安陸縣（今湖北省安陸市西南）。　相：官名，郡國相，也稱内史。五品。

[6]沔中：泛指以今湖北省襄陽市爲中心漢水中游一帶。

[7]南蠻校尉：官名，亦稱護南蠻校尉，府鎮襄陽，東晋改鎮江陵。掌荆州及江州少數民族事務，統兵。四品。　南郡：治所在江陵縣（今湖北省江陵縣）。

[8]梁州：三國曹魏治所在沔陽縣（今陝西省勉縣東），西晋移治南鄭縣（今陝西省漢中市東）。

[9]子午：即子午關，位於今陝西省西安市長安區西南子午鎮。

[10]江陽：縣名，治所在今四川省瀘州市。

[11]李閎：中華本校勘記：“《石季龍載記》作‘李宏’。”巴郡：治所在江州縣（今重慶市）。

[12]石城：地名，原本、宋本、殿本作“石頭城”，據中華本

校勘記删。

［13］襄陽：郡名，東漢建安十三年（208）置，治所在襄陽縣（今湖北省襄陽市），西晋移治宜城縣（今湖北省宜城市南）。宛：縣名，治所在今河南省南陽市。　許：即許昌縣，治所在許昌城（今河南省許昌市東）。

［14］開反善之路：原本、宋本無“之路”二字，殿本有，據殿本補。

［15］淮泗：地區名，淮水和泗水流域。　壽陽：縣名，治所在今安徽省壽縣東南。

［16］槐棘：周代朝廷種三槐、九棘，公卿大夫分坐其下，以定三公九卿之位。後因以“槐棘”喻指三公九卿之位。

［17］行：兼攝官職。　安西將軍：官名，東漢建安年間置，與安東、安南、安北將軍合稱四安將軍，爲出鎮某一地區的軍事長官，或作爲刺史等兼理軍務的加官，權任頗重。三品，加持節都督者二品。

［18］司空：官名，魏晋南北朝爲名譽宰相，多爲大臣加官。晋八公之一，位在三公之末。一品。

亮自邾城陷没，憂慨發疾。會王導薨，徵亮爲司徒、揚州刺史、録尚書事，[1]亮又固辭，帝許之。咸康六年薨，時年五十二。追贈太尉，[2]謚曰文康。喪至，車駕親臨。及葬，又贈永昌公印綬。亮弟冰上疏曰：“臣謹詳先事，亦曾聞臣亮對臣等之言，懇懇於斯事。是以屢自陳請，將迄十年。豈直好讓而不肅恭，[3]顧曩時之釁近出宇下，[4]加先帝神武，算略兼該，是以役不逾時，而凶强馘滅。計之以事，則功歸聖主；推之於運，則勝非人力。至如亮等，因聖略之弘，得效所職，事將何論！功將何賞！及後傷蹶，責逾先功，是以陛下優詔聽許。亮實思自效以報天德，[5]何悟身潛聖世，微志長絶，存亡哀恨，痛貫心膂。願陛下發明詔，遂先恩，則臣亮死且不朽。”帝從之。亮將葬，何充會之，[6]嘆曰：“埋玉樹於土中，使人情何能已。”

[1]司徒：官名，西漢哀帝元壽二年（前1）改丞相爲大司徒，東漢光武帝時改名爲司徒，東漢末又改爲丞相。三國魏恢復三公制，改丞相爲司徒，管理民政。兩晋沿制，爲八公之一，在太尉之下、司空之上。與丞相通職，一般不並置，爲名譽宰相。一品。　揚州：三國魏、吴各置揚州，魏治所在壽春縣（今安徽省壽縣），吴治所在建業縣（今江蘇省南京市）。西晋統一後復合，治所在建鄴縣（今江蘇省南京市）。　録尚書事：官名，初爲職銜名，重臣加此名義始得總知國事，綜理政務，成爲真宰相。魏晋多以公卿權重者居之，總領尚書省政務，凡重號將軍、刺史皆得命曹授用，位在三公之上。

[2]太尉：官名，曹操爲丞相後，太尉府屬官歸相府，晋時太尉雖爲八公之一、三公之首，實爲名譽宰相，多爲大臣加官。一品。

[3]豈直好讓而不肅恭：直，殿本作“侍臣”。

[4]宇下：屋下，屋内。比喻很近。

[5]亮實思自效以報天德：效，原本、宋本作“百”，殿本作“效”，據殿本改。

[6]何充：字次道，本書卷七七有傳。

初，亮所乘馬有的顱，殷浩以爲不利於主，[1]勸亮賣之。亮曰：“曷有己之不安而移之於人！”浩慚而退。

亮在武昌，諸佐吏殷浩之徒，乘秋夜往共登南樓，俄而不覺亮至，諸人將起避之。亮徐曰："諸君少住，老子於此處興復不淺。"便據胡床與浩等談咏竟坐。[2]其坦率行己，多此類也。三子：彬、羲、龢。

[1]殷浩：字深源，本書卷七七有傳。

[2]胡床：魏晋時傳入中原的少數民族用的輕便坐具，又稱交床。朱大渭先生《中古漢人由跪坐到垂脚高坐》一文中有論述。(參見朱大渭《六朝史論》，中華書局1998年版)

彬，年數歲雅量過人。温嶠嘗隱暗怛之，[1]彬神色恬如也，乃徐跪謂嶠曰："君侯何至於此！"論者謂不減於亮。蘇峻之亂，遇害。

[1]隱暗怛之：隱含恫嚇之意。

羲，少有時譽，初爲吴國内史。[1]時穆帝頗愛文義，羲至郡獻詩，頗存諷諫。因上表曰："陛下以聖明之德，方隆唐虞之化，而事役殷曠，百姓凋殘。以數州之資，經贍四海之務，其爲勞弊，豈可具言！昔漢文居隆盛之世，躬自儉約，斷獄四百，殆致刑厝。賈誼嘆息，猶有積薪之言。[2]以古况今，所以益其憂懼。陛下明鑒天挺，無幽不燭，弘濟之道，豈待瞽言。臣受恩奕世，[3]思盡絲髮。受任到東，親臨所見，敢緣弘政，獻其丹愚。伏願聽斷之暇，少垂察覽。"其詩文多不載。羲方見授用而卒。

[1]吴國：郡國名，治所在吴縣（今江蘇省蘇州市）。國，殿本作“興”。

[2]積薪之言：西漢賈誼給文帝上書説：“臣竊惟事勢，可爲痛哭者一，可爲流涕者二，可爲長太息者六，若其它背理而傷道者，難遍以疏舉。進言者皆曰天下已安已治矣，臣獨以爲未也。曰安且治者，非愚則諛，皆非事實知治亂之體者也。夫抱火厝之積薪之下而寢其上，火未及燃，因謂之安，方今之勢，何以異此！”語見《漢書》卷四八《賈誼傳》。

[3]奕世：奕，原本、宋本、殿本作“弈”，據中華本改。

子準，太元中，自侍中代桓石虔爲豫州刺史、西中郎將，[1]鎮歷陽，卒官。準子悦，義熙中江州刺史。準弟楷，自有傳。

[1]桓石虔：小字鎮惡，本書卷七四有傳。　西中郎將：官名，東漢末所置四中郎將之一。帥師征伐或鎮守。魏、西晋多兼凉州刺史，東晋多兼豫州刺史。四品。

龢，字道季，好學，有文章。叔父翼將遷襄陽，龢年十五，以書諫曰：“承進據襄陽，耀威荆楚，且田且戍，漸臨河洛，使向化之萌懷德而附，凶愚之徒畏威反善，太平之基，便在於旦夕。昔殷伐鬼方，[1]三年而克；樂生守齊，[2]遂至歷載。今皇朝雖隆，無有殷之盛；凶羯雖衰，猶醜類有徒。而沔漢之水，無萬仞之固；方城雖峻，無千尋之險。加以運漕供繼有泝流之艱，征夫勤役有勞來之嘆。[3]若窮寇慮逼，送死一決，東西互出，首尾俱進，則稟糧有抄截之患，遠略乏率然之勢。進退惟思，不見其可。此明暗所共見，賢愚所共聞，[4]况於臨事者乎！願回師反旆，詳擇全勝，修城池，立壘壁，勤耕農，練兵甲。若凶運有極，天亡此虜，則可泛舟北濟，方軌齊進，水陸騁邁，亦不逾旬朔矣。願詳思遠猷，算其可者。”翼甚奇之。

[1]殷伐鬼方：鬼方，上古種族名。殷商西北境强敵。《易·既濟》：“高宗伐鬼方，三年克之。”

[2]樂生：即樂毅，戰國時靈壽（今河北省靈壽縣西北）人，魏將樂羊後代，燕昭王時入燕，帥聯軍大敗齊國，攻下齊七十餘城。後因燕惠王中反間計，樂毅遂離開燕國入趙國。

[3]勞來之嘆：《詩·小雅·大東》：“東人之子，職勞不來。”意爲東國譚人之子勞作辛苦，盡財以供王賦，而不曾被慰勞。

[4]共聞：聞，宋本作“同”。

升平中，代孔嚴爲丹楊尹，[1]表除衆役六十餘事。[2]太和初，代王恪爲中領軍，卒於官。子恒，尚書僕射，[3]贈光禄大夫。[4]

[1]孔嚴：字彭祖，本書卷七八有傳。　丹楊尹：官名，東晋京城所在郡府長官，掌京城行政諸務並詔獄，亦稱“京尹”。三品。楊，原本、殿本作“陽”，宋本作“楊”，據宋本改。

[2]表除衆役：衆，殿本作“重”。

[3]尚書僕射：官名，秦漢爲尚書令副貳，東漢建安四年（199）分置左、右，爲尚書省次官。三品。

[4]光禄大夫：官名，三公等大臣告老回家即拜此職，或作爲在朝顯職的加官。三品，開府位從公者一品。

懌，字叔預，[1]少以通簡爲兄亮所稱。弱冠，西陽王羕辟，不就。東海王沖爲長水校尉，[2]清選綱紀，以懌爲功曹，[3]除暨陽令，又爲沖中軍司馬，[4]轉散騎侍郎，[5]遷左衛將軍。以討蘇峻功，封廣饒男，出補臨川太守，[6]歷監梁雍二州軍事，[7]轉輔國將軍、梁州刺史、假節，鎮魏興。[8]時兄亮總統六州，以懌寬厚容衆，故授以遠任，爲東西勢援。尋進監秦州氐羌諸軍事。[9]懌遣牙門霍佐迎將士妻子，[10]佐驅三百餘口亡入石季龍。[11]亮表上，貶懌爲建威將軍。[12]朝議欲召還，亮上疏曰："懌御衆簡而有惠，州户雖小，賴其寬政。佐等同惡，大數不多。且懌名號大，不可以小故輕議進退。其文武之心轉已安定，賊帥艾秀遣使歸誠，上洛附賊降者五百餘口，[13]冀一安隱，無復怵惕。"從之。後以所鎮險遠，糧運不繼，詔懌以將軍率所領還屯半洲。[14]尋遷輔國將軍、豫州刺史，進號西中郎將、監宣城廬江歷陽安豐四郡軍事、假節，[15]鎮蕪湖。

[1]叔預：預，殿本作"豫"。

[2]東海王沖：司馬沖，字道讓，元帝司馬睿第三子，本書卷六四有傳。　長水校尉：官名，五校尉之一，統宿衛兵，魏晋時隸屬中領軍。四品。

[3]功曹：官名，即功曹史。郡縣屬官，職掌人事，參與郡縣政務。兩晋時，不開府將軍、太子二傅、特進、郡縣皆置。

[4]中軍司馬：官名，中軍將軍府高級幕僚。掌參讚軍務、管理府内武職，位僅次於長史。七品。

[5]散騎侍郎：官名，三國魏置。隸屬散騎省，侍從皇帝左右，

顧問應對，諫諍拾遺，與散騎常侍、侍中等共平尚書奏事。五品。

[6]臨川：郡名，治所在臨汝縣（今江西省撫州市臨川區西）。

[7]監梁雍二州軍事：即監梁雍二州諸軍事，上述二州軍事行政長官，位次於都督。

[8]魏興：郡名，東漢建安二十年（215）分漢中郡置西城郡，曹魏黄初二年（221）改名魏興，治所在西城縣（今陝西省安康市西北）。

[9]監秦州氐羌諸軍事：秦州氐羌聚集地區軍事行政長官，位低於都督。

[10]牙門：官名，牙門將簡稱，三國魏晋南北朝皆置，統兵武職，位在裨將軍下、郡守上。五品。

[11]石季龍：即石虎，石勒從子，本書卷一〇六有載記。

[12]建威將軍：官名，領兵征戰，曹魏、孫吴、西晋皆置。四品。

[13]上洛：縣名，治所在今陝西省商洛市商州區。

[14]半洲：半洲城，三國吴築，位於今江西省九江市西。

[15]監宣城廬江歷陽安豐四郡軍事：即監數郡諸軍事，宣城、廬江、歷陽、安豐四郡軍事行政長官，位次於都督。

懌嘗以白羽扇獻成帝，帝嫌其非新，反之。侍中劉劭曰："柏梁雲構，[1]大匠先居其下；管弦繁奏，[2]夔牙先聆其音。[3]懌之上扇，以好不以新。"後懌聞之，曰："此人宜在帝之左右。"又嘗以毒酒餉江州刺史王允之。[4]王允之覺其有毒，飲犬，犬斃，乃密奏之。帝曰："大舅已亂天下，小舅復欲爾邪！"懌聞，遂飲鴆而卒，時年五十。贈侍中、衛將軍，[5]謚曰簡。子統嗣。

[1]柏梁雲構：形容華宫麗厦。

[2]管弦：弦，原本、宋本作“弘”，殿本作“弦”，據殿本改。

[3]夔：舜時樂官。　牙：伯牙，春秋時的琴師。

[4]王允之：字深猷，本書卷七六有傳。

[5]贈侍中、衛將軍：原本、宋本“侍”下脱“中”字，殿本有，據殿本、中華本校勘記補。衛將軍，官名，魏晋時位在名號將軍之上，多爲軍府名號，加給大臣、重要州郡長官。二品，開府位從公者一品。

統，字長仁，少有令名，司空、太尉辟，皆不就。調補撫軍、會稽王司馬，[1]出爲建威將軍、寧夷護軍、尋陽太守。[2]年二十九，卒，時人稱其才器，甚痛惜之。子玄之，官至宣城内史。

[1]撫軍：官名，即撫軍將軍。三品。　會稽王：即簡文帝司馬昱，本書卷九有紀。

[2]寧夷護軍：官名，領兵武職。魏晋時常隨征伐目的，置諸雜號護軍統兵，如征蜀護軍、平虜護軍、揚威護軍等，職如將軍，而地位稍遜同號將軍，資歷稍淺之統帥常授此。

冰，字季堅。兄亮以名德流訓，冰以雅素垂風，諸弟相率莫不好禮，爲世論所重，亮常以爲庾氏之寶。司徒辟，不就，徵秘書郎。[1]預討華軼功，封都鄉侯。王導請爲司徒右長史，出補吴國内史。[2]

[1]秘書郎：官名，秘書令屬官，掌管文書機要，亦掌整理典籍、考核舊文。六品。

[2]吴國：國，殿本作“興”。

會蘇峻作逆，遣兵攻冰，冰不能御，便棄郡奔會稽。會稽内史王舒以冰行奮武將軍，[1]距峻别率張健於吴中。[2]時健黨甚衆，諸將莫敢先進。冰率衆擊健走之，於是乘勝西進，赴于京都。又遣司馬滕含攻賊石頭城，[3]拔之。冰勛爲多，封新吴縣侯，固辭不受。遷給事黄門侍郎，[4]又讓不拜。司空郗鑒請爲長史，不就。出補振威將軍、會稽内史。[5]徵爲領軍將軍，[6]又辭。尋入爲中書監、揚州刺史、都督揚豫兗三州軍事、征虜將軍、假節。[7]

[1]會稽内史：宋本無“會稽”二字。　王舒：字處明，本書卷七六有傳。　奮武將軍：官名，雜號將軍，地位較高。四品。

[2]吴中：泛指今太湖流域一帶。

[3]司馬：官名，府署高級幕僚。掌參讚軍務、管理府内武職，位僅次於長史。魏晋南北朝時王府、公府、軍府、邊郡均置。八至六品。　滕含：東晋人，任奮威長史、奮武司馬、輕車長史、建威長史、平南將軍、廣州刺史等職。

[4]給事黄門侍郎：官名，魏晋時爲侍中省或門下省次官。與侍中俱掌門下衆事，職掌略同，地位隨皇帝旨意或侍中地位而定。五品。

[5]振威將軍：官名，雜號將軍，統兵出征。四品。

[6]領軍將軍：官名，三國曹丕置，職掌同於中領軍，但任職者資位重於中領軍。爲禁衛軍最高統帥，常由皇帝親信或宗室擔任。兩晋沿置。三品。

[7]都督揚豫兗三州軍事：即都督揚豫兗三州諸軍事，上述三

州最高軍事行政長官。　征虜將軍：既是武官名，也作爲高級文職官員的加官。三品。

是時王導新喪，人情恇然。冰兄亮既固辭不入，衆望歸冰。既當重任，經綸時務，不捨夙夜，[1]賓禮朝賢，升擢後進，由是朝野注心，咸曰賢相。初，導輔政，每從寬惠，冰頗任威刑。殷融諫之，[2]冰曰："前相之賢，猶不堪其弘，況吾者哉！"范汪謂冰曰：[3]"頃天文錯度，足下宜盡消禦之道。"冰曰："玄象豈吾所測，正當勤盡人事耳。"又隱實户口，料出無名萬餘人，以充軍實。詔復論前功，冰上疏曰："臣門户不幸，以短才贊務，釁及天庭，殃流邦族，若晋典休明，夷戮久矣。而于時顛沛，刑憲暫墜，遂令臣等復得爲時陳力。徇國之臣，因之而奮，立功於大罪之後，建義於顛覆之餘，此是臣等所以復得視息於天壤，王憲不復必明於往愆也。此之厚幸，可謂弘矣，豈復得計勞納封，受賞司勛哉！願陛下曲降靈澤，哀恕由中，申命有司，惠臣所乞，則愚臣之願於此畢矣。"許之。

[1]夙夜：夙，殿本作"晝"。

[2]殷融：東晋陳郡長平（今河南省西華縣東北）人，字洪遠，殷浩叔父，好《老》《易》，善玄言。歷任司徒左西屬、吏部尚書、太常卿。

[3]范汪：字玄平，本書卷七五有傳。

成帝疾篤，時有妄爲尚書符，[1]敕宫門宰相不得前，左右皆失色。冰神氣自若，曰："是必虛妄。"推問，果詐，衆心乃定。進號左將軍。[2]康帝即位，又進車騎將軍。[3]冰懼權盛，乃求外出。會弟翼當伐石季龍，於是以本號除都督江荆寧益梁交廣七州豫州之四郡軍事、領江州刺史、假節，[4]鎮武昌，以爲翼援。冰臨發，上疏曰：

臣因循家寵，冠冕當世，而志無殊操，量不及遠。頃皇家多難，釁故頻仍，朝望國器，與時殲落，遂令天眷下墜，降及臣身。俯仰伏事，於今五年。上不能光贊聖猷，下不能緝熙政道，[5]而陛下遇之過分，求之不已，復策敗駕之駟，以冀萬里之功，非天眷之隆，將何以至此！是以敢竭狂瞽，以獻血誠，願陛下暫屏旒纊，[6]以弘聽納。

[1]尚書符：尚，殿本作"中"。

[2]左將軍：官名，漢代爲重號將軍，與前、後、右將軍並爲上卿。魏晋時爲常設官職，權位較兩漢漸低，僅爲武官名號，略高於一般雜號將軍，不典禁兵。三品。

[3]車騎將軍：官名，魏、晋、南北朝時位次於驃騎將軍，在諸名號將軍之上，多作爲軍府名號，以加授大臣及重要州郡長官。二品，開府位從公者一品。

[4]都督江荆寧益梁交廣七州豫州之四郡軍事：江、荆、寧、益、梁、交、廣七州及豫州所轄四個郡的最高軍事行政長官。

[5]緝熙：光明。《詩·大雅·文王》："穆穆文王，於緝熙敬止。"毛亨傳："緝熙，光明也。"

[6]旒纊：有垂旒與黈纊爲飾的帝王冠冕。此意爲勸帝王廣開視聽。

今强寇未殄，戎車未戢，兵弱於郊，人疲於內。寇之侵逸，未可量也；黎庶之困，未之安也；群才之用，未之盡也。而陛下崇高，事與下隔，視聽察覽，必寄之群下。群下宜忠，不引不進；百司宜勤，不督不勸。是以古之帝王勤於降納，雖日總萬機，[1]猶兼聽將相；[2]或借訟輿人，[3]或求謗芻蕘，[4]良有以也。况今日之弊，開闢之極，而陛下曆數屬當其運，否剥之難嬰之聖躬，[5]普天所以痛心於既往而傾首於將來者也。實冀否終而泰，屬運在今。誠願陛下弘天覆之量，深地載之厚，宅冲虚以爲本，勤訓督以爲務。廣引時彦，詢于政道，朝之得失必關聖聽，人之情僞必達天聰。[6]然後覽其大當，以總國綱，躬儉節用，堯舜豈遠！大布之衣，[7]衛文何人！[8]是以古人有云："非知之難，行之難；非行之難，安之難也。"願陛下既思日側於勞謙，納其起予之情，則天下幸甚矣。臣朝夕伏膺，[9]猶不能暢，臨疏徘徊，不覺辭盡。

[1]萬機：機，殿本作"幾"。

[2]兼聽將相：殿本無"聽"字。

[3]借訟輿人：傾聽卑賤下人的訴訟。

[4]求謗芻蕘：尋求草野之人的批評。

[5]否：卦名。六十四卦之一。坤下乾上。表示天地不交、上下隔閡、閉塞不通之象。　剥：卦名。六十四卦之一。全卦六爻，僅一條陽爻在上，而五條陰爻在下。陰氣盛，陽氣衰，象徵小人得勢，君子不利。後謂時運不利爲剥。

［6］人之情僞必達天聰：宋本無“人”字。

［7］大布之衣：粗麻布製成的衣服。

［8］衛文：衛文公，春秋時衛國國君，昭伯頑之子，戴公申之弟。名辟疆，後改名燬。公元前695至前635年在位。在位期間“輕賦平罪，身自勞，與百姓同苦，以收衛民”。語見《史記》卷三七《衛康叔世家》。

［9］伏膺：傾心，尽心。

頃之，獻皇后臨朝，徵冰輔政，冰辭以疾篤。尋而卒，時年四十九。册贈侍中、司空，謚曰忠成，[1]祠以太牢。[2]

［1］謚曰忠成：成，原本、宋本作“誠”，殿本作“成”，據殿本改。

［2］太牢：用牛羊豕三牲祭祀稱太牢。《莊子·至樂》：“具太牢以爲膳。”成玄英疏：“太牢，牛羊豕也。”

冰天性清慎，常以儉約自居。中子襲嘗貸官絹十匹，冰怒，捶之，市絹還官。臨卒，謂長史江虨曰：[1]“吾將逝矣，恨報國之志不展，命也如何！死之日，斂以時服，無以官物也。”及卒，無絹爲衾。又室無妾媵，家無私積，世以此稱之。冰七子：希、襲、友、藴、倩、邈、柔。

［1］長史：官名，掌顧問參謀，爲所在官署掾屬之長。魏晋南北朝時王府、公府、軍府、邊郡均置。八至六品。　江虨：字思玄，本書卷五六有傳。

希，字始彦。初拜秘書郎，累遷司徒右長史、黄門侍郎、建安太守，[1]未拜，復爲長史兼右衛將軍，遷侍中，出爲輔國將軍、吴國内史。希既后之戚屬，冰女又爲海西公妃，故希兄弟並顯貴。太和中，[2]希爲北中郎將、徐兖二州刺史，[3]藴爲廣州刺史，[4]並假節，友東陽太守，[5]倩太宰長史，[6]邈會稽王參軍，柔散騎常侍。倩最有才器，桓温深忌之。[7]

[1]司徒右長史：官名，司徒府置長史，分左、右，領府中各曹。六品。　建安：郡名，治所在建安縣（今福建省建甌市南松溪南岸）。

[2]太和中：中華本校勘記："周校：'太和中'當作'隆和初'。"

[3]北中郎將：官名，與東、西、南中郎將並稱四中郎將，統兵征戰，權職甚重。四品。　徐：徐州，治所在彭城縣（今江蘇省徐州市）。　兖：兖州，魏晋時期治所在廩丘縣（今山東省鄆城縣西北），晋惠帝末，兖州闔境淪没於石勒。東晋元帝僑置兖州，治京口（今江蘇省鎮江市）。

[4]廣州：治所在番禺縣（今廣東省廣州市）。

[5]東陽：郡名，治所在長山縣（今浙江省金華市）。

[6]太宰長史：官名，太宰府屬官，掌顧問參謀，爲太宰府掾屬之長。六品。

[7]桓温：字元子，本書卷九八有傳。

初，慕容厲圍梁父，[1]斷澗水，太山太守諸葛攸奔鄒山，[2]魯、高平等數郡皆没，[3]希坐免官。頃之，徵爲護軍將軍。希怒，固辭。希初免時，多盗北府軍資，[4]

温諷有司劾之，復以罪免，遂家於晋陵之暨陽。[5]初，郭璞筮冰云：[6]“子孫必有大禍，唯用三陽可以有後。”故希求鎮山陽，[7]友爲東陽，家于暨陽。

[1]慕容厲：十六國前燕人，任撫軍將軍。　梁父：縣名，治所在今山東省新泰市西。

[2]太山：郡名，治所在奉高縣（今山東省泰安市東）。　鄒山：一作繹山、嶧陽山、嶧山、鄒繹山、朱繹山，位於今山東省鄒城市東南。

[3]魯：郡名，治所在魯縣（今山東省曲阜市東古城）。　高平：郡名，治所在昌邑縣（今山東省巨野縣南）。

[4]北府：東晋初指北中郎將府。《世説新語·排調》“郗司空拜北府”注引《南徐州記》：“舊徐州都督以東爲稱，晋氏南遷，徐州刺史加北中郎將，北府之號自此起也。”後習慣稱駐在京口、廣陵的軍府。

[5]家於：家，殿本作“客”。　晋陵：縣名，治所在今江蘇省常州市。

[6]郭璞：字景純，本書卷七二有傳。

[7]山陽：郡名，治所在昌邑縣（今山東省金鄉縣西北）。

及海西公廢，桓温陷倩及柔以武陵王黨，[1]殺之。希聞難，便與弟邈及子攸之逃于海陵陂澤中。[2]藴於廣州飲鴆而死。及友當伏誅，友子婦，桓祕女也，[3]請温，故得免。故青州刺史武沉，[4]希之從母兄也，潛餉給希經年。温後知之，遣兵捕希。武沉之子遵與希聚衆於海濱，略漁人船，夜入京口城。[5]平北司馬卞耽逾城奔曲阿，[6]吏士皆散走。希放城内囚徒數百人，[7]配以器杖,[8]遵於外聚衆，宣令云逆賊桓温廢帝殺王，稱海西公密旨，誅除凶逆。[9]京都震擾，内外戒嚴，屯備六門。平北參軍劉奭與高平太守郗逸之、游軍督護郭龍等集衆距之。[10]卞耽又與曲阿人弘戎發諸縣兵二千，并力屯新城以擊希。[11]希戰敗，閉城自守。温遣東海太守周少孫討之,[12]城陷，被擒。希、邈及子侄五人斬于建康市,[13]遵及黨與並伏誅，唯友及藴諸子獲全。

[1]武陵王：即司馬晞，字道叔，本書卷六四有傳。

[2]海陵：縣名，治所在今江蘇省泰州市。

[3]桓祕：字穆子，本書卷七四有傳。

[4]青州：治所在臨淄縣（今山東省淄博市臨淄區）。

[5]京口：地名，即今江蘇省鎮江市。

[6]平北司馬：官名，平北將軍府高級幕僚。掌參讚軍務、管理府内武職，位僅次於長史。八品。　曲阿：縣名，治所在今江蘇省丹陽市。

[7]放城内囚徒：放，宋本作“於”。

[8]器杖：杖，殿本作“仗”。

[9]誅除：殿本無“誅”字。

[10]平北參軍：官名，平北將軍府僚屬。參軍，亦作參軍事，謂參謀軍事。兩晋公府、軍府皆置。　郗逸之：郗，原本、宋本、殿本作“郄”，據中華本改。

[11]新城：地名，在今江蘇省揚州市北。

[12]東海：郡名，治所在郯縣（今山東省郯城縣北）。

[13]建康：地名，即今江蘇省南京市。

友子叔宣，右衛將軍。藴子廓之，東陽太守。

條，字幼序。初辟太宰府，累遷黄門郎、豫章太守。[1]徵拜秘書監，[2]賜爵鄉亭侯，[3]出爲冠軍將軍、臨川太守。[4]豫章黄韜自稱孝神皇帝，臨川人李高爲相，聚黨數百人，乘犢車，衣皂袍，攻郡縣，條討平之。條於兄弟最凡劣，故禄位不至。卒官，贈左將軍。

[1]黄門郎：官名，黄門侍郎或給事黄門侍郎的省稱。五品。　豫章：郡名，治所在南昌縣（今江西省南昌市）。

[2]秘書監：官名，秘書省長官，掌管藝文圖籍、課試署吏，統著作局，掌國史修撰並管理中外三閣圖書。三品。

[3]鄉亭侯：宋本無“亭”字。

[4]冠軍將軍：官名，曹魏、孫吴、西晋皆置。西晋時領營兵。三品。

翼，字稚恭。風儀秀偉，少有經綸大略。京兆杜乂、陳郡殷浩並才名冠世，[1]而翼弗之重也，每語人曰：“此輩宜束之高閣，俟天下太平，然後議其任耳。”見桓温總角之中，[2]便期之以遠略，因言於成帝曰：“桓温有英雄之才，願陛下勿以常人遇之，常婿畜之，宜委以方邵之任，必有弘濟艱難之勛。”

[1]京兆：郡名，治所在長安縣（今陕西省西安市西北）。杜乂：字弘理，本書卷九三有傳。　陳郡：治所在陳縣（今河南省周口市淮陽區）。

[2]總角：童年。

蘇峻作逆，翼時年二十二，兄亮使白衣領數百人，備石頭。亮敗，與翼俱奔。事平，始辟太尉陶侃府，轉參軍，累遷從事中郎。[1]在公府，雍容諷議。頃之，除振威將軍、鄱陽太守。[2]轉建威將軍、西陽太守。撫和百姓，甚得歡心。遷南蠻校尉，領南郡太守，加輔國將軍、假節。及邾城失守，石城被圍，翼屢設奇兵，潛致糧杖。石城得全，翼之勛也。賜爵都亭侯。

[1]從事中郎：官名，東漢時爲大將軍屬官，地位較高。魏晋時爲將軍府或公府屬官。六品。此爲太尉府從事中郎。

[2]鄱陽：郡名，治所在廣晋縣（今江西省鄱陽縣東北）。

及亮卒，授都督江荆司雍梁益六州諸軍事、安西將軍、荆州刺史、假節，[1]代亮鎮武昌。翼以帝舅，年少超居大任，遐邇屬目，慮其不稱。翼每竭志能，勞謙匪懈，戎政嚴明，經略深遠，數年之中，公私充實，人情翕然，稱其才幹。由是自河以南皆懷歸附，石季龍汝南太守戴開率數千人詣翼降。又遣使東至遼東，[2]西到凉州，[3]要結二方，[4]欲同大舉。慕容皝、張駿並報使請期。[5]翼雅有大志，欲以滅胡平蜀爲己任，言論慷慨，形于辭色。將兵都尉錢頎陳事合旨，[6]翼拔爲五品將軍，賜穀二百斛。時東土多賦役，百姓乃從海道入廣州，刺史鄧嶽大開鼓鑄，[7]諸夷因此知造兵器。翼表陳東境國家所資，侵擾不已，逃逸漸多，夷人常伺隙，若知造鑄之利，將不可禁。

[1]都督江荆司雍梁益六州諸軍事：上述六州最高軍事行政

長官。

[2]遼東：郡名，治所在襄平縣（今遼寧省遼陽市）。

[3]凉州：東漢治所在隴縣（今甘肅省張家川回族自治縣），三國魏移治姑臧縣（今甘肅省武威市）。

[4]要結二方：結，中華本作“給”，原本、宋本、殿本均作“結”，“結”較合文意。

[5]慕容皝：字元真，本書卷一〇九有載記。　張駿：字公庭，本書卷八六有傳。

[6]將兵都尉：官名，晋朝置，領兵。多爲戰時臨時設置，故未假以名號。

[7]鄧嶽：字伯山，本書卷八一有傳。

時殷浩徵命無所就，而翼請爲司馬及軍司，[1]並不肯赴。翼遺浩書，[2]因致其意。先是，浩父羡爲長沙，[3]在郡貪殘，兄冰與翼書屬之。翼報曰：“殷君始往，雖多驕豪，實有風力之益，亦似由有佳兒、弟，故不令物情難之。[4]自頃以來，奉公更退，私累日滋，亦不稍以此寥蕭之也。[5]既雅敬洪遠，又與浩親善，其父兄得失，豈以小小計之。大較江東政，[6]以傴僂豪强，以爲民蠹，時有行法，輒施之寒劣。如往年偷石頭倉米一百萬斛，皆是豪將輩，而直打殺倉督監以塞責。[7]山遐作餘姚半年，[8]而爲官出一千户，[9]政雖不倫，公强官長也，而群共驅之，不得安席。紀睦、徐寧奉王使糾罪人，船頭到渚，桓逸還復，而二使免官。雖皆前宰之惛謬，[10]江東事去，實此之由也。兄弟不幸，横陷此中，自不能拔脚於風塵之外，當共明目而治之。荆州所統一二十郡，唯長沙最惡。惡而不黜，與殺督監者復何異邪！”[11]翼有風力格裁，發言立論皆如此。

［1］軍司：官名，即軍師，因避司馬師諱，故改。爲軍府主要屬僚，佐主帥統軍隊，負有匡正監察主帥之責，地位很高，常繼任主帥。

［2］遺浩書：遺，宋本作“遣”。

［3］羨：殷羨，東晋陳郡長平（今河南省西華縣東北）人，字洪喬。殷浩之父，任豫章太守、光禄勛等職。　長沙：郡名，治所在臨湘縣（今湖南省長沙市）。

［4］不令：令，原本、宋本、殿本作“小”，據中華本改。　物情：物理人情。

［5］寥蕭：冷落，冷清。

［6］江東政：政，原本、宋本作“致”，殿本作“政”，據殿本改。

［7］倉督監：東晋縣府屬官，掌糧倉官理。

［8］山遐：字彦林，山濤之孫，本書卷四三有傳。　餘姚：縣名，治所在今浙江省餘姚市。

［9］一千户：一，殿本作“二”。

［10］惛謬：糊涂荒謬。

［11］何異邪：邪，殿本作“耶”。

康帝即位，翼欲率衆北伐，上疏曰：“賊季龍年已六十，[1]奢淫理盡，醜類怨叛，又欲决死遼東。皝雖驍果，未必能固。若北無掣手之虜，則江南將不異遼左矣。臣所以輒發良人，不顧忿咎。然東西形援未必齊舉，且欲北進，移鎮安陸，[2]入沔五百，湞水通流。[3]輒率南郡太守王愆期、江夏相謝尚、尋陽太守袁真、西陽太守曹據等精鋭三萬，[4]風馳上道，并勒平北將軍桓宣撲取黄季，[5]欲并丹水，[6]摇蕩秦雍。御以長轡，用逸待勞，比及數年，興復可冀。臣既臨許洛，竊謂桓温可渡戍廣陵，[7]何充可移據淮泗赭圻，[8]路永進屯合肥。[9]伏願表御之日便決聖聽，不可廣詢同異，以乖事會。兵聞拙速，不聞工之久也。”於是並發所統六州奴及車牛驢馬，百姓嗟怨。時欲向襄陽，慮朝廷不許，故以安陸爲辭。帝及朝士皆遣使譬止，車騎參軍孫綽亦致書諫。[10]翼不從，遂違詔輒行。至夏口，[11]復上表曰：

臣近以胡寇有弊亡之勢，暫率所統，致討山北，並分見衆，略復江夏數城。臣等以九月十九日發武昌，[12]以二十四日達夏口，輒簡卒搜乘停當上道。而所調借牛馬，來處皆遠，百姓所蓄，穀草不充，並多羸瘠，難以涉路。加以向冬，野草漸枯，往反二千，或容躓頓，[13]輒便隨事籌量，[14]權停此舉。又山南諸城，每至秋冬，水多燥涸，運漕用功，實爲艱阻。

[1]賊季龍年已六十：《資治通鑑》卷九七《晋紀》康帝建元元年將庾翼上疏事繫於此年。本書卷一〇六《石季龍載記上》：“永興中，與勒相失。後劉琨送勒母王及季龍于葛陂，時年十七矣。”《太平御覽》卷一二〇《偏霸部》引《十六國春秋·後趙録》：“嘉平元年，劉琨送勒母王及虎于葛陂，時年十七。”《魏書》卷九五《羯胡石勒傳》：“永嘉五年，劉琨送勒母王氏及虎於葛陂，時年十七矣。”前漢劉聰嘉平元年即西晋永嘉五年（311），時石虎年十七歲，至康帝建元元年（343），石虎當四十九歲，“年已六十”顯誤。

[2]安陸：縣名，治所在今湖北省雲夢縣。

[3]溳水：位於今湖北省漢川市境内。

[4]王愆期：東晋人，歷任都護、南郡太守、陶侃右司馬等職。　謝尚：字仁祖，本書卷七九有傳。　袁真：東晋人。歷任廬江太守、龍驤將軍、西中郎將、豫州刺史等職。桓温北伐失利，歸罪袁真，將其廢黜。因懷恨叛降前燕。　曹據：東晋人，任西陽太守、冠軍將軍，死於庾翼部將叛亂。

[5]平北將軍：官名，與平東、平西、平南將軍合稱四平將軍。多持節都督或監某一地區的軍事，有時作爲刺史等地方官員監理軍務的加官。三品，加持節都督者二品。　桓宣：東晋人，本書卷八一有傳。

[6]丹水：縣名，治所在今河南省淅川縣南。

[7]廣陵：郡名，治所在廣陵縣（今江蘇省揚州市西北蜀岡上）。

[8]赭圻：赭圻城，位於今安徽省繁昌縣西北長江南岸赭圻嶺下。

[9]合肥：縣名，治所在今安徽省合肥市西。

[10]車騎參軍：官名，車騎將軍府佐官。參軍，亦作參軍事，謂參謀軍事。兩晋公府、軍府皆置。　孫綽：字興公，本書卷五六有傳。

[11]夏口：即沔口，位於今湖北省武漢市，漢江入長江之口。

[12]臣等：等，宋本作“登”。

[13]躓頓：挫折，困頓。

[14]籌量：籌，原本、宋本作“桃”，殿本作“籌”，據殿本改。

計襄陽，荆楚之舊，西接益梁，與關隴咫尺，[1]北去洛河，不盈千里，土沃田良，方城險峻，水路流通，轉運無滯，進可以掃盪秦趙，退可以保據上流。臣雖不武，意略短淺，[2]荷國重恩，志存立效。是以受任四年，唯以習戎爲務，實欲上憑聖朝威靈高略，下藉士民義慨之誠，因寇衰弊，漸臨逼之。而八年春上表請據樂鄉，[3]廣農蓄穀，以伺二寇之釁，而值天高聽邈，未垂察照，朝議紛紜，遂令微誠不暢。

［1］關隴：地區名，指關中和今甘肅省東部一帶地區。　咫尺：原本、宋本作“指斥”，殿本作“咫尺”，據殿本改。

［2］意略短淺：短淺，殿本乙作“淺短”。

［3］樂鄉：縣名，治所在今湖北省鍾祥市西北。鄉，原本、宋本作“昌”，殿本作“鄉”，據殿本改。

自爾以來，上參天人之徵，下采降俘之言，胡寇衰滅，其日不遠。臣雖未獲長驅中原，馘截凶醜，亦不可以不進據要害，思攻取之宜。是以輒量宜入沔，徙鎮襄陽。其謝尚、王愆期等，悉令還據本戍，須到所在，馳遣啓聞。

翼時有衆四萬，詔加都督征討軍事。[1]師次襄陽，大會僚佐，陳旌甲，親授弧矢，曰：“我之行也，若此射矣。”遂三起三疊，[2]徒衆屬目，其氣十倍。初，翼遷襄陽，舉朝謂之不可，議者或謂避衰，唯兄冰意同，桓温及譙王無忌贊成其計。至是，冰求鎮武昌，爲翼繼援。朝議謂冰不宜出，冰乃止。又進翼征西將軍，領南蠻校尉。胡賊五六百騎出樊城，[3]翼遣冠軍將軍曹據追擊於撓溝北，破之，死者近半，獲馬百匹。翼綏來荒遠，務盡招納之宜，立客館，置典賓參軍。[4]桓宣卒，翼以長子方之爲義成太守，[5]代領宣衆，司馬應誕爲龍驤將軍、襄陽太守，[6]參軍司馬勛爲建威將軍、梁州刺史，戍西城。[7]康帝崩，兄冰卒，以家國情事，留方之戍襄陽，還鎮夏口，悉取冰所領兵自配，以兄子統爲尋陽太守。詔使翼還督江州，又領豫州刺史，辭豫州。復欲移鎮樂鄉，詔不許。繕修軍器，大佃積穀，欲圖後舉。遣益州刺史周撫、西陽太守曹據伐蜀，[8]破蜀將李桓於江陽。[9]

[1]都督征討軍事：中華本校勘記："《通鑑》九七、《御覽》七四四引'軍事'上有'諸'字。"

[2]三起三疊：三發三中。三疊，三次敲擊軍鼓。凡軍中閲射，中的則以擊鼓爲號。

[3]樊城：地名，在今湖北省襄陽市樊城區。

[4]典賓參軍：官名，西晋末司馬睿鎮東丞相府僚屬，典兵曹長官。

[5]義成：郡名，東晋置，治所在襄陽縣（今湖北省襄陽市）。成，原本、宋本作"城"，殿本作"成"，據殿本、中華本校勘記改。

[6]龍驤將軍：官名，高級軍事將領。三品。

[7]西城：縣名，即魏興郡治。治所在今陝西省安康市西北。

[8]益州：治所在成都縣（今四川省成都市）。　周撫：字道和，本書卷五八有傳。

[9]李桓：李，殿本作"季"。中華本校勘記："勞校：《康紀》作'李恒'。"

翼如厠，見一物如方相，俄而疽發背。疾篤，表第二子爰之行輔國將軍、荆州刺史，司馬朱燾爲南蠻校尉，以千人守巴陵。[1]永和元年卒，時年四十一。追贈車騎將軍，謚曰肅。翼卒未幾，部將干瓚、戴羲等作亂，[2]殺將軍曹據。翼長史江虨、司馬朱燾、將軍袁真等共誅之。

[1]巴陵：縣名，治所在今湖南省岳陽市。

[2]干瓚：干，宋本、殿本作“于”。

爰之有翼風，尋爲桓温所廢。温既廢爰之，又以征虜將軍劉惔監沔中軍事，[1]領義成太守，代方之。而方之、爰之並遷徙于豫章。

[1]劉惔：字真長，本書卷七五有傳。　監沔中軍事：沔中地區軍事行政長官，位低於都督。

史臣曰：外戚之家，連輝椒掖，[1]舅氏之族，同氣蘭閨，[2]靡不憑藉寵私，階緣險謁。[3]門藏金穴，地使其驕；馬控龍媒，勢成其逼。古者右賢左戚，用杜溺私之路，愛而知惡，深慎滿覆之灾，是以厚贈瓊瑰，[4]罕升津要。塗山在夏，[5]靡與离稷同驅；[6]姒氏居周，[7]不預燕齊等列。聖人慮遠，殊有旨哉！晋昵元規，參聞顧命。然其筆敷華藻，吻縱濤波，方駕搢紳，足爲翹楚。[8]而智小謀大，昧經邦之遠圖；才高識寡，闕安國之長算。璿萼見誅，[9]物議稱其拔本；牙尺垂訓，[10]帝念深於負芒。是使蘇祖尋戈，宗祧殆覆。已而猜嫌上宰，謀黜負圖。向使郗鑒協從，[11]必且戎車犯順，則與夫臺、産、安、桀，[12]亦何以異哉！幸漏吞舟，[13]免淪昭憲，是庾宗之大福，非晋政之不綱明矣。懌恣凶懷，[14]鴆加連率，再世之後，三陽僅存，[15]餘殃所及，蓋其宜也。

[1]連輝：輝，殿本作“耀”。　椒掖：指后妃所居的宫室。

[2]蘭闈：后妃宫室。《後漢書》卷一〇《皇后紀》贊：“班政蘭闈，宣禮椒屋。”李賢注：“班固《西都賦》曰：‘後宫則掖庭椒房，后妃之室，蘭林、蕙草，披香、發越。’蘭林，殿名，故言蘭闈。”

[3]險謁：不正當的請托。語出《詩·周南·卷耳序》：“《卷耳》，后妃之志也。又當輔佐君子求賢審官，知臣下之勤勞，内有進賢之志，而無險詖私謁之心。”孔穎達疏：“無險詖不正私請用其親戚之心。”

[4]瓊瑰：珠寶玉石。

[5]塗山：指大禹的妻子，爲塗山國人，稱塗山女。《史記》卷二《夏本紀》：“禹曰：予娶塗山辛壬，癸甲，生啓予不子，以故能成水土功。”

[6]卨：傳説中的殷人始祖。《史記·三代世表》：“高辛生卨，卨爲殷祖。”　稷：即后稷，周先祖，虞舜命爲農官，教民耕稼，稱爲“后稷”。

[7]姒氏：即姜姒，周文王妃太姒，有莘氏女，姒姓。

[8]翹楚：語本《詩·周南·漢廣》：“翹翹錯薪，言刈其楚。”鄭玄箋：“楚，雜薪之中尤翹翹者。”本指高出雜樹叢的荆樹。後用以比喻傑出的人才或突出的事物。

[9]璿蕚：即瓊蕚。“璿”同“瓊”。猶言金枝玉葉。指皇親宗室。

［10］牙尺垂訓：《困學紀聞》卷十三《考史》："《后妃傳贊》：'持尺威帝。'《庾亮傳論》：'牙尺垂訓，帝深念於負芒。'按殷芸《小説》：晉成帝時，庾后臨朝，諸庾誅南頓王宗。帝問：'南頓何在？'答曰'黨峻作賊已誅。'帝知非黨，曰：'言舅作賊，當復云何？'庾后以牙尺打帝頭，云：'兒何以作爾語！'帝無言，惟張目熟視，諸庾甚懼。"周一良先生曾引此事。（參見《魏晉南北朝史札記》，中華書局1985年版）

［11］郗鑒：鑒，原本作"竪"，宋本、殿本作"鑒"，據宋本、殿本改。

［12］臺：吕臺，西漢單父（今山東省單縣）人，吕后侄子。高帝八年（前199）嗣父爵爲周吕侯，次年更封鄜侯。吕后稱制後封吕王。臺，殿本作"吕"。　産：吕産，西漢單父（今山東省單縣）人，吕后侄子。吕后執政時歷封汶侯、吕王、梁王。吕后病危時任相國，與上將軍吕禄分掌南北軍。吕后死，圖謀作亂，被朱虚侯劉章所殺。　安：上官安，西漢隴西上邽（今甘肅省天水市）人，上官桀之子。妻爲霍光長女。昭帝時其女立爲皇后，以此得封桑樂侯，任驃騎將軍。後與霍光争權結怨，與燕王旦等謀誅霍光，事泄被殺。　桀：上官桀，西漢隴西上邽（今甘肅省天水市）人，字少叔。武帝末受封爲左將軍、安陽侯，與大將軍霍光受遺詔輔佐少主。後與霍光争權結怨，與燕王旦等謀誅霍光，事泄被殺。桀，原本、宋本、殿本作"傑"，據中華本校勘記改。

［13］幸漏吞舟：宋本無"吞"字。

［14］懌恣凶懷：殿本"懌"下有"敢"字。

［15］三陽：指庾希求鎮山陽，庾友爲東陽，家於暨陽，以避禍患之事。

贊曰：元規矯迹，寵階椒掖。識暗釐道，[1]亂由乘隙。下拜長沙，有慚忠益。季堅清貞，毓德馳名。處泰逾約，居權戒盈。穉恭慷慨，亦擅雄聲。

[1]釐道：治國之道。